차세대 축구명장 36

★ ★ ★

나겔스만, 아르테타, 레인데르스…

차세대 축구 명장

New
Generation
of

36

Great
Football
Coaches

유키 코헤이 지음 │ 홍재민 옮김

통역 담당 시절의 조제 모리뉴는 바르셀로나에서 만났던 펩 과르디올라가 축구 전술사가 될 것이라고는 상상조차 하지 못했을 것이다. 물론 과르디올라도 마찬가지였으리라.

통역관으로 보비 롭슨을 보좌했던 포르투갈 출신의 모리뉴는 고향으로 돌아가 감독이 되어 재능을 만개한다. 포르투를 이끌어 돌풍을 일으키더니 경이적 속도로 유럽 축구 무대로 치달았다. 챔피언스리그를 제패한 실적을 인정받아 첼시 감독으로 취임한 이래 강호 클럽들을 거치고 있다. '우승 청부사'라는 별명으로 알려진 모리뉴는 현실주의적 축구 스타일로 확실하게 승리하는 철학을 고집한다.

과르디올라도 바르셀로나에서 황금시대를 만들고 바이에른 뮌헨의 감독으로 취임해 독일 축구에 강렬한 인상을 남겼다. 잉글랜드 맨체스터시티에서 우승을 달성한 과르디올라는 화려한 공격으로 상대를 압도하는 '포지셔널 풋볼 전도사'로서 세계 축구에 큰 영향을 미치고 있다. 이 둘의 맞대결은 무대를 바꿔 가면서 지금까지 이어지고 있는데, 사실 모리뉴(1963년생)와 과르디올라(1971년생) 모두 더는 '젊은 지도자'가 아니다. 동시에 과르디올라의 새로운 숙적으로 떠오른 위르겐 클롭(1967년생)도 이미 50대다. 물론 감독으로서 왕성하게 활동할 시기이지만, 신진 세력의 도전을 받는 자리란 사실에는 이견의 여지가 없다. 모리뉴, 과르디올라, 그리고 클롭. 2000년대부터 유럽 축구를 선도해온 명장 3인 뒤에도 막시밀리아노 알레그리(1967년생), 안토니오 콘테(1969년생), 마우리시오 포체티노(1972년생), 디에고 시메오네(1970년생) 등 비슷한 연배의 지도자들이 활동 중이다.

젊은 세대가 새로운 시대를 만들어가듯이, 축구계에서도 현재의 명장에 도전하는 젊은 재능이 요구된다. 하지만 그들이 넘어야 할 벽은 축구 역사에서도 기록적인 수준이다. 과르디올라와 모리뉴, 클롭은 유럽 축구 최정상으로 군림하며 프리미어리그를 달구고 있다. 우수한 지도자들이 군집한 프리미어리그에는 현재의 레전드 지도자인 마르셀 비엘사도 참여 중이다. 왓퍼드는 로이 호지슨(1947년생)이, 웨스트브로미치는 샘 앨러다이스(1954년생)가 지휘봉을 잡는 등 베테랑 지도자들은 자리를 내줄 기미를 보이지 않는다.

프리미어리그에서 젊은 감독들이 경쟁하기 어려운 상황이긴 하지만 조금씩 우수한 지도자들의 약진이 진행 중이다. 미켈 아르테타가 이끄는 아스널처럼 팀에서 직접 뛰었던 선수 출신 지도자도 눈에 띈다. 아울러 클롭이나 모리뉴는 자신의 축구와는 다른 가치관을 팀에 이식하기 위해 젊은 지도자를 직접 코치로 발탁한다.

특히 클롭의 축구를 크게 바꾼 참모 페페인 레인데르스(1983년생)는 잠재력을 높이 평가받는다. 젊은 감독이 쉽게 기회를 잡을 만한 환경은 아니지만 스페인, 이탈리아에서도 실적을 남기는 지도자들이 출현하고 있다.

특히 이탈리아에서는 선수 출신 지도자들의 약진이 뚜렷한데, 라치오에서 장기집권 체제를 다지는 시모네 인자기가 대표적이다. 새로운 지도자들이 호시탐탐 세대교체를 노리는 가운데 독일에서는 젊은 감독의 대담한 기용이 잇따르고 있다. 그중에서도 율리안 나겔스만(1987년생)은 젊은 감독군을 상징하는 독보적 존재가 되었다.

나겔스만에 자극받은 젊은 지도자들이 폭발적으로 늘어나 유럽 5대 리그를 제압한다는 예상은 단순한 꿈 이야기가 아니다. 이런 상황이기에 '미래 명장'을 소개하는 일도 가치가 있다고 생각한다. 나겔스만의 뒤를 따를 후보들은 톱레벨 선수 경험을 가진 스타 출신들일까? 혹은 나겔스만처럼 최연소 감독 기록을 갈아치우는 또 다른 젊은 피일까?

Contents

신진 감독들의 성공 스토리

축구의 미래를 책임질 雙壁

프리미어리그의 미래 레전드

라리가의 젊은 피

분데스리가의 혁명가들

세리에A의 카리스마 지도자들

유럽 밖의 저평가 블루칩

신진 감독들의 성공 스토리

본격적으로 시작하기에 앞서 현대 축구가 탄생시킨 차세대 감독의 역사에 대해 살펴보자.

아울러 젊은 감독의 철학과 이론적 배경이 되는

'전술 주기화'와 '게임모델'에 대해서도 탐구해보자.

과르디올라,
신진 감독들의 롤모델

　노련한 리더십이 요구되는 감독직 수행에 있어서, 경험이 크게 부족한 젊은 감독이 성공하기란 쉬운 일이 아니다. 이러한 일반적 인식을 뒤집은 주인공이 펩 과르디올라와 조제 모리뉴다.

　바르셀로나 시절 과르디올라는 경기 흐름을 조절하는 선수로 활약했고, 현역 은퇴 후 지도자로 변신했다. 바르셀로나B에서 경험을 쌓은 과르디올라는 37세에 프랑크 레이카르트의 후임자로 1군 감독에 취임했다. 과르디올라의 사례에서 중요한 점은 그가 클럽 철학을 상징하는 '유소년' 지도로 시작했다는 것이다.

　라리가에서 강호 클럽의 유소년 팀은 하부 리그에 참여한다. 다양한 연령대가 뒤섞인 리그에서 승리해야 하는 극한 환경은 과르디올라의 각성을 북돋웠다. 과르디올라는 혹독한 하부 리그에서 뛰어난 실력을 드러냈고, 요한 크루이프로부터 감독의 재능을 인정받았다.

아무리 과르디올라라고 해도 단기간에 자신의 철학을 팀에 심기는 어려웠을 것이다. 팀 지도를 시작할 당시에는 고민이 컸기에 매일 다른 접근 방법을 썼다고 말한다. 점차 선수들이 자신의 철학에 익숙해지자 과르디올라는 연속성의 중요함에 눈을 떴고, 평소 믿었던 스타일로 돌아갈 수 있었다.

결과적으로 과르디올라는 바르셀로나B라는 환경에서 성공을 거뒀다. 유소년 팀 지도의 또 다른 이점은 장래 1군의 주축으로 성장할 선수를 키울 수 있다는 것이다. 과르디올라가 바르셀로나B 시절 키운 애제자들은 1군 성공의 초석이 되었다.

그중 가장 걸출한 존재가 세르히오 부스케츠다. 과르디올라가 '세계 최고 미드필더'라고 극찬한 중원의 지배자는 바르셀로나B에서 인연을 맺었다. 절묘한 움직임으로 공격의 총알이 된 페드로 로드리게스도 과르디올라가 바르셀로나B에서 발굴한 인재다. 페드로는 리오넬 메시 같은 슈퍼스타를 돋보이게 하는 존재로서 과르디올라에 의해 중용되었다.

바르셀로나의 황금시대를 구축한 과르디올라의 성공 스토리는 많은 클럽에 의해 모방되었고, 성공한 케이스가 지네딘 지단이다. 레알마드리드의 스타플레이어 출신인 지단은 모리뉴나 카를로 안첼로티를 보좌하면서 감독 업무를 배웠다.

과르디올라와 마찬가지로, 지단이 처음 맡은 업무가 클럽의 육성 부문인 레알마드리드 카스티야다. 하지만 지단은 보다 힘든 시기를 보내야 했다. 그는 스타들을 다루는 고충을 맛보면서도 규율을 요구하기 시작했다. 카스티야에서는 만족할 만한 성과를 남기지 못했지만, 당시 경험은 지단을 '책임감 있고 냉정한 판단을 내리는 감독'으로 조련했다.

성공 압박감에 스스로를 옥죄게 되는 거대 클럽 레알마드리드에서도 지단은 흔들리지 않고 신념에 찬 결단을 이어간다. 수비력이 장점인 카세미루를 중원에 발탁한 결정이 대표적이다. 그는 공수 균형을 갖추면서도 화려한 전력을 살린다. 말로는 쉬워 보여도 이런 결단에는 부단한 노력이 요구된다. 지단은 누구보다도 우직하게 힘을 비축하면서 레알마드리드에서 챔피언스리그 3연패란 위업을 달성한다. 한 차례 사퇴 후에도 불사조처럼 돌아와 '팀이 하나 되는 것의 중요성'을 설파하고 있다.

유소년 감독을 경험한 스타플레이어 출신을 발탁하는 케이스가 실패한 경우도 적지 않다. 예를 들어, 밀란은 필리포 인자기에게 운명을 맡겼다가 실패로 끝났다. 감독에게 유소년과 성인 리그의 수준 차이에 금세 적응하라고 하는 것은 애초에 무리였다. 인자기는 베네벤토 승격으로 실력을 증명했지만, 첫 1부 시즌에 결과를 내지 못했다.

유소년 팀 경력 없이 1군 감독으로 발탁되는 경우는 성공률이 더 떨어진다. 밀란의 클라렌스 세도르프는 총명한 두뇌로 평가받던 선수였지만, 1군 무대 도전은 분명히 시기상조였다. 수준 높은 해설로 유명한 개리 네빌도 발렌시아에서 맛본 실패 덕분에 지금까지도 동료들로부터 놀림을 당한다.

유럽 밖에서 감독 경력을 시작한 지도자들이 '유럽 축구'에 연착륙하는 일 역시 어렵다. 아틀레티코 마드리드에서 장기집권 중인 디에고 시메오네조차 세리에A 카타니아 시절을 "힘들었다"라고 말한다. 당시 아르헨티나인 선수가 많았던 카타니아는 시메오네에게 지휘봉을 맡겼는데, 팀을 강등권에서 구해야 한다는 고난도 과제에 고전할 수밖에 없었다.

아틀레티코의 전술 특성인 콤팩트 수비와 날카로운 역습으로 팀 잔류에 성
공하긴 했지만, 시메오네 본인도 "카타니아에서는 많은 난제를 해결해야 했
고, 그 경험이야말로 개인적으로 중요한 교훈이 되었다"라고 고백한다.

청년 감독 모리뉴를 떠받친 이론 지식

30세에 UEFA프로 자격을 취득한 케빈 니컬슨은 영국에서 가장 촉망받는
차세대 지도자 중 한 명이다. 니컬슨은 자격증 수료 논문을 쓰면서 매우 흥
미로운 주제를 선택했다. 바로 감독 계약기간에 영향을 미치는 '취임 90일'의
중요성이다. 니컬슨은 감독 계약 직후의 경기력이 모든 것을 결정한다고 주
장한다. 톱레벨에서 활약하는 감독의 인터뷰도 소개했는데, 감독들은 언론과
의 관계를 중요 포인트로 꼽았다고 한다.

선수와 직접 대화하는 시간이 줄어들고 있는 강호 클럽의 감독에게 언론
인터뷰의 영향력은 상대 팀에게만 국한되지 않는다. 팀에 메시지를 전하거나
선수에게 동기 부여를 하는 효과도 있다. 반대로 쓴소리로 분발을 촉구하는
쓰임새도 있다. 언론과의 관계 유지라는 관점에서는 스타 출신 감독들이 유
리할 수 있다. 다만, 선수의 시선에서 감독의 시선으로 옮겨 가는 부분이 가
장 어렵다는 지적도 있다.

많은 업계 관계자들은 레전드가 지도자로 대성하기 어려운 이유 중 하나로
오랜 습관을 꼽는다. 선수들은 그라운드 위 본인 포지션에서 주관적으로 경

기를 바라보는데, 감독은 경기장 옆에서 관찰자적 시선으로 경기를 분석해야한다. 이런 차이를 해결하지 못하면 감독은 영원히 선수의 관점에서 벗어나지 못한다.

선수 관점을 탈피하지 못하는 감독은 각 개인의 플레이를 개선했다고 해도 팀의 전체적 과제를 해결하기 어렵다. 이런 차이를 메우려면, 선수 시절부터 지도자 공부를 시작해야 한다. 많은 국가들이 이런 방식을 격려한다. 선수들은 은퇴 후 진로를 의식하면서 선수 생활을 해나가는 것이다.

스타 출신에서 지도자로 진화하는 흐름과 반대되는 케이스가 평범한 선수 경력을 지닌 지도자들이다. 과거의 사례로는 밀란에서 전술 혁명을 일으킨 아리고 사키가 있고, 현대 축구에서는 패러다임 전환을 상징하는 모리뉴가 있다.

포르투갈 출신의 모리뉴는 통역관에서 보비 롭슨의 오른팔로 승진했다. 한 시대를 풍미한 명장의 총애를 받아 바르셀로나에서는 선수로 뛰던 과르디올라와 인연을 맺었다. 그 후 모리뉴는 포르투에서 전설을 만든다. 첫 감독 도전이었던 명문 벤피카에서는 결과를 내지 못했지만, 우니온 레이리아에서는 리그 4위란 성과를 남겼다.

그는 총체적 난국에 빠졌던 명문 포르투 감독으로 취임한 후, 강한 개성으로 팀을 변모시켰다. 자신감을 상실한 클럽에 취임했던 당일, 모리뉴는 "다음 시즌 우승은 우리다!"라고 공언했다. 많이 이를 놀라게 했던 모리뉴는 치밀하게 계산된 훈련으로 선수들의 능력을 끌어냈고, 실제로 자국 리그를 제패했다. 포르투는 UEFA컵 우승에 만족하지 않았다. 2003-2004시즌 포르투는 챔피언스리그 정상에 섰고, 모리뉴라는 우승 청부사의 명성은 유럽에 퍼

져나갔다.

모리뉴는 41세에 유럽 최고봉을 경험했다. 2004년에는 잉글랜드 강호 첼시의 감독직에 올랐고, 이후 인테르와 레알마드리드라는 유럽 굴지의 빅클럽을 이끌었다. 첼시를 통해 프리미어리그에 복귀한 뒤로는 맨체스터유나이티드와 토트넘을 거쳐 현재 세리에A 인기 팀 AS로마를 지휘 중이다.

모리뉴의 성공은 뒤따르는 이들에게 용기를 주는데, 그의 성공 비결은 바로 이론 지식이다. 모리뉴를 동경하는 지도자 후보들은 배움에 시간을 투자함으로써, 선수로서 경험하지 못했던 영광을 지도자로서 만회하고 있다. 브렌던 로저스는 부상으로 일찍 현역에서 은퇴했는데, 첼시 시절 모리뉴와 함께 일했다. 유소년 지도자로서 경험을 쌓은 로저스는 스페인에서 적극적으로 훈련 과정을 관찰했다. 스스로 학습 기회를 발굴해 감독으로서 시야를 넓혔다고 할 수 있다. 마데이라대학에서 스포츠과학을 전공한 레오나르두 자르딤 모나코 전 감독처럼 이제는 대학 졸업장을 가진 지도자가 드물지 않다.

조용한 변혁 '전술 주기화'

일본 럭비 대표팀을 이끈 에디 존스는 다른 스포츠에서 배우는 자세를 중시하는 것으로 유명하다. 2014년 존스는 뮌헨에 살고 있는 과르디올라를 찾아갔다. 의기투합한 결과, 존스는 과르디올라로부터 '전술 주기화Tactical Periodization'라는 아이디어를 얻는다. 포르투대학 명예교수로 알려진 비토르 프라데Vitor Frade가 고안한 이 이론은 현대 축구에서 성공 레시피로 통한다.

물론 전술 주기화가 만병통치약은 아니지만, 현대 축구계에 조용한 변혁을 일으키는 중이다. 아마도 축구계는 전술 주기화 이전과 이후로 나눌 만하다고 생각한다.

실제로 모리뉴는 혜성처럼 등장해 유럽 무대를 석권했지만, 전술 주기화가 보급된 지금은 서서히 우위를 잃어 간다는 인상을 지울 수 없다. 당시만해도 전술 주기화는 과학적인 최첨단 이론이었지만, 이제는 지도자 교육에서 필수가 되었다. 이론 선구자였던 모리뉴가 성공할 수 있었던 비결인 동시에 강한 임팩트를 남기는 '제2의 모리뉴'가 등장하지 않는 이유 중 하나일지도 모르겠다.

그렇다면 '전술 주기화'란 무엇일까? 독학으로 이론을 공부한 존스는 스페인 출신 지도자 한 사람을 찾아간다. 주인공은 알베르토 멘데스 비야누에바. 카타르가 국책 프로젝트의 일환으로 운영하는 아스파이어 아카데미에서 피트니스 코치로 일하면서, 학술지에 많은 논문을 기고하는 연구자겸 전문가다. 카타르까지 날아간 존스는 멘데스 비야누에바로부터 이론을 배울 수 있었다. 다양한 해석이 공존하는 복잡한 이론이지만, 이 책에서는 '왜 전술 주기화가 유럽의 젊은 지도자들에게 큰 무기가 되었는가'를 고찰해 보려고 한다.

참고로 멘데스 비야누에바는 전술 주기화 이론을 창안한 프라데 교수로부터 직접 배운 제자는 아니다. 그는 프라데의 이론에 감탄한 나머지 그의 논문을 섭렵한 것은 물론, 전술 주기화를 신봉하는 다른 지도자들과 많은 의견을 교환했다. 특히 같은 스페인 출신 지도자인 후안 루이스 델가도 보르도나우와의 토론이 큰 영향을 미쳤다고 한다.

4개의 단계와 4개의 차원

다양한 학문에 정통한 프라데는 축구를 학술적으로 이해하는 과정에서 복잡계complex system 개념을 중시한다. 상대와 우리를 합쳐 선수 22명이 필드에서 움직이고, 선수들은 다양한 상호작용 안에서 플레이한다. 결과적으로 무질서하고 불확실한 상태에 빠진다. 이런 상태를 제어하겠다는 목표를 세웠다면 어떤 준비가 필요할까?

프라데는 지금까지 알려진 전술만으로는 예측 불가능한 환경에 적응하기 어렵다고 말한다. 예측 불능 상태 앞에서 감독은 무력한 존재이기 때문이다. 준비했던 전술 시나리오가 통하지 않으니 새로운 방법론과 개념이 필요해진다. 물론 '전술 주기화'라는 말 그대로 전술은 필수적이다. 역설적으로 들릴 수 있겠지만, 이 이론이 전술만으로는 불충분할지라도 전술 자체가 필요 없다고 하는 것은 아니다. 자세한 설명을 위해 우선 경기를 부분으로 나눠보자.

포르투대학 교수인 조세 기예르메 올리베이라는 프라데의 사상을 흡수하고 카를로스 케이로스의 측근으로 활약했다. 기예르메는 경기 요소를 4개(볼 미소유, 긍정적 전환, 볼 소유, 부정적 전환)로 나눌 경우, 어느 단계에서나 존재하는 '4개 차원'에 관해 언급한다. 기술, 심리상태, 전술, 체력이다. 공수를 4단계로 나누는 방법은 현대 축구의 이론가들에게 매우 중요하다. 특히 '전환' 단계에 주목하게 된 것은 독일식 압박 전술의 유행과 무관치 않다.

많은 지도자가 볼 소유와 미소유 사이에 존재하는 '전환' 단계가 공수 양면에서 중요하다는 생각에 이른 것이다. 4개 단계가 과거에 비해 훨씬 빠르게 전환된다는 점을 생각하면, 특정 단계에서만 능력을 발휘하는 선수를 기용하기가 어려워진다. 그렇기에 만능 선수, 판단 속도가 뛰어난 선수가 필요해지는 변화는 당연한 흐름이다.

그렇다면 왜 이론의 핵심이 전술일까? 경기를 하면 4개의 단계를 오가게 되는데 이때 기술, 심리상태, 체력이라는 3가지 차원은 필수불가결하다. 다만 이 세 가지는 크게 변하는 요소가 아니다. 단계가 전환될 때, 체력이 변하지 않고 기술이 갑자기 향상되는 일도 없다. 단계 변화에 따라 심리상태가 계속 바뀐다고도 할 수 없다.

하지만 전술은 다르다. 전술은 다른 요소를 바꾸는 스위치 역할을 한다. '4개 단계에 맞춘 기술'을 결정하는 것은 결국 전술이다. 선수들은 전술 전환을 통해 다른 요소까지 상황에 맞춰 바꿔 나간다. 따라서 전술 주기화 신봉자들은 '전술'이 선수의 판단을 바꾸는 열쇠라고 믿는다.

젊은 지도자를 편애하는 '게임모델' 탄생

이런 전술 중시의 반작용으로서 '전술 탈피'를 지향하는 것이 '전술 주기화'이기도 하다. 선문답 같을지 모르겠지만 복잡하지 않다. 지금 소개하는 이론은 전술 개념을 새로운 영역으로 인도하는 중이다. 전술 주기화에서 전술의 범위는 일반적 단어로 사용되는 '전술'보다 훨씬 넓고 복잡하다.

기예르모가 "경기에서 선수의 의사에 따라 벌어지는 모든 것이 전술이다"라고 말하듯이, 지금까지 사용했던 용어로는 '조직적 지침으로서의 전술'을 제대로 표현하기가 어렵다. 특히 전술이라는 단어는 '단계별로 최적화된 지시'라는 인상이 강하다.

여기서 프라데가 발명한 개념이 '게임모델'인데, 광범위한 개념인 탓에 다양한 요소에 영향을 받는다고 여겨진다. 축구 경기를 할 때는 감독의 게임모델뿐 아니라 클럽 전체를 관통하는 게임모델이 존재한다. 국가에도 고유의 게임모델이 존재한다. 그렇게 생각하면 감독이 혼자 게임모델을 상정하기란 어렵다. 상호 관계성에 의해 만들어진 게임모델을 클럽 전체가 추구한다고 할 수 있다. 단순히 선수들의 포메이션에 머무는 개념이 아니다.

맨체스터시티를 예로 들어 보자. 전통적인 잉글랜드 클럽에 과르디올라의 게임모델을 이식할 때 중요한 역할을 했던 인물이 티키 베기리스타인이었다. 경영진의 지원이나 전력 보강을 통해 클럽 전체의 게임모델로 배양해 가는 것이다. 이처럼 게임모델은 집단이 만들기 때문에 대다수 감독은 코칭스태프 교체를 꺼린다. 반면 클롭이나 과르디올라처럼 새로운 코칭스태프 기용을 통해 게임모델을 세밀하게 조정하는 방법도 존재한다.

이렇게 총력전을 요구하는 경향은 알렉스 퍼거슨 전 맨체스터유나이티드 감독, 아르센 벵거 전 아스널 감독 체제와 같은 상명하복 조직을 분업화시키는 효과를 가져온다. 우두머리 한 사람이 모든 것을 해치울 필요가 없어지는 상황은 젊은 지도자들에게 긍정적 변화다.

클럽 전체의 책임을 혼자 짊어지지 않으면 젊은 감독도 부하를 견딜 수 있다. 실제로 과르디올라는 감독 업무에만 집중함으로써 본인의 에너지를 관리한다. 젊은 감독들이 혼자서 베테랑 선수를 상대할 필요가 없다는 점도 긍정적 변화다. 그들이 베테랑 수석코치를 선택하는 이유도 여기에 있다.

플레이 원칙이
선수의 이해를 돕는다

'피아니스트는 피아노 주변에서 달리기를 하지 않는다'는 모리뉴의 유명한 어록이다. 피아노를 잘 치는 방법은 피아노 연습뿐이다. 하지만 전술 주기화 신봉자라면 피아노 연주를 반복 훈련하는 일도 선호하지 않을 것이다. 경기는 복잡하고 예측이 어려워 특정 상황에 한정된 훈련으로는 변화에 적응하기 어렵다고 믿기 때문이다.

피아노로 비유하자면, 복잡계는 '즉흥연주'에 해당한다. 상대가 어떤 멜로디와 리듬을 선택할지는 연주를 시작하기 전까지 알 수 없다. 같은 곡을 백날 훈련해봤자 효과를 거두기 어렵다는 얘기다. 그렇다면 어떻게 훈련해야 즉흥연주에 대응할 수 있을까? 즉흥연주 연습에는 즉흥연주가 가장 효과적이다. 실제로 즉흥연주를 하면서 상대의 다양한 연주에 대처하는 경험이야말로 피아니스트의 즉흥연주력을 향상시킨다.

축구도 마찬가지다. 경기에서 플레이를 배우려면 직접 뛰어봐야 한다. 하지만 아무 생각 없이 경기만 반복하면, 전술이라는 씨앗이 발아하기 어렵다. 매초마다 상황이 바뀌는 경기에서 선수의 판단을 돕는 지침이 게임모델에 있어서의 '플레이 원칙'이다. 게임모델이란 복잡한 콘셉트를 주원칙, 준원칙, 준준원칙으로 분류함으로써 선수의 이해를 돕는다. 선수들은 상황에 맞춰 '어떤 목적으로 플레이하는가'라는 원칙을 부여받는다. 이는 명령이 아니라 나침반이다. 이를테면 '북북동 10km'라는 구체적 지시가 아니라 북쪽을 향해 뛰어야 한다는 이미지의 공유다. 게임모델은 해석의 여지를 남겨둠으로써 선수들이 예상하기 어려운 경기에 적응하도록 돕는다.

프라데는 "게임모델은 선수들의 머릿속에 가장 먼저 떠오르는 것"이라고 말한다. 선수의 사고를 자동화한다는 의미다. 그렇다고 오해를 해서는 안 된다. 비야누에바는 "전술 주기화의 목적은 선수를 로봇처럼 다루는 것이 아니다"라고 강조한다. 명확한 게임모델은 불확실한 요소를 제거한 뒤에 선수가 창의력을 발휘하도록 돕는다. 선수 11명이 게임모델을 공유하면 복잡한 경기 안에서도 연계성을 유지할 수 있다.

미래를 점치는 열쇠는 '전술주기화+1'

영국의 수학자 데이비드 섬프터David Sumpter는 바르셀로나에 대해 "기하학적으로 삼각형을 형성하면서 영양분을 이동시키는 점균slime에 가깝다"라고 표현했다. 게임모델이 고차원으로 승화되면 하나의 생명체처럼 경기를 운영할 수 있다. 과르디올라나 클롭의 팀을 떠올려보자.

결과적으로 심플한 원칙을 설정함으로써 '놀이의 여지'를 남긴다. 어떤 위치 관계에 선수를 배치한다는 지시는 급변하는 상황에 대처하기 힘들다. 반면 '삼각형을 만든다'라는 원칙은 선수의 움직임에 '판단'이란 불확실 요소가 더해진다. 중요한 것은 이것이 자기 팀의 불확실 요소이면서 상대 팀의 불확실 요소이기도 하다는 점이다.

이처럼 굳이 불확실 요소를 남겨둠으로써 팀은 상대가 예상하기 어려운 공격을 전개할 수 있다. 단기간에 성과를 내야 하는 젊은 지도자로서는 모든 것을 치밀하게 정해둘 필요가 없으므로 이 또한 메리트가 된다. 결과적으로 팀을 강화하는 프로세스를 짧은 시간에 끝낼 수 있다. 이는 모리뉴, 과르디올라가 두 번째 시즌에 성과를 내는 경향으로 이어졌다. 플레이 원칙을 팀에 완전히 이식하는 데 대략 2년 정도면 충분하다.

동일한 프로세스를 지속할 때 발생하는 폐해 중 하나가 패턴의 정체다. 선수가 플레이 원칙에 묶여버리면 플레이의 여백이 좁아진다. 그렇게 되면 결국 새로운 선수를 보강하고 기존 선수를 갈아치우는 방법을 통해 새로운 여백을 추가해야 한다. 과르디올라가 호안 칸셀루, 클럽이 티아고 알칸타라를 팀의 중추로 기용하는 이유에는 그런 여백으로서의 가치도 있을 것이다.

전술 주기화는 '조직이 기능하는 플레이 구조'에서 훈련으로 넘어가는 영역을 커버하는 개념이 된다. 그렇다면 '주기화'라는 용어를 쓰는 이유는 무엇일까? 원래 주기화는 시간 주기에 맞춰 훈련을 계획하는 방법이다. 축구에서는 일요일 경기를 중심으로 훈련이 구성되며 선수단의 부하 균형이 관리된다. 이렇게 시간 주기를 의식한 훈련은 반복에 의해 선수에게 플레이 원칙을 이식하는 역할도 수행한다. 게임모델과 플레이 원칙은 개별적으로 선수에게 가르칠 수 있는 개념이 아니다. 따라서 시간 개념이 전술 주기화의 주요 구성요소가 된다.

최신 이론이었던 전술 주기화도 지도자의 필수 항목이 되어버린 요즘, 신세대 감독이 두각을 나타내기란 쉽지가 않다. 유럽 톱클래스에서는 '전술주기화 + 1'을 요구한다. 각자의 무기가 되는 '+1'이야말로 미래를 점치는 일종의 열쇠가 될 것이다.

전술 주기화

조직이 기능하는 플레이 구조

4개 단계

볼 소유	긍정적 전환
볼 미소유	부정적 전환

4개 차원

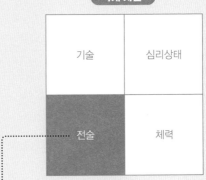

기술	심리상태
전술	체력

다른 3개 차원을 변화시키는 트리거

게임모델

명령이 아닌 보조 도구

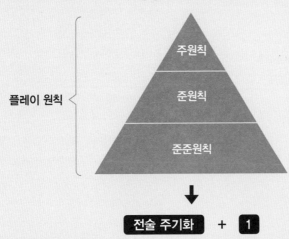

플레이 원칙 ⟨
- 주원칙
- 준원칙
- 준준원칙

전술 주기화 + **1**

축구의 미래를 책임질 쌍벽

현대 축구의 선두를 달리는 두 주인공은 율리안 나겔스만과 페페인 레인데르스다.
포지션이란 속박에서 벗어나 의도적 혼란을 만들어내는
새로운 차원의 축구를 선보이는 두 지도자의 미래는 매우 밝다.

율리안 나겔스만
Julian Nagelsmann

젊은 감독의 선두를 달리는
탈脫 포지션의 기수

경력 Career	
국적	독일
생년월일	1987년 7월 23일

선수 경력(DF)

2006-2007	1860뮌헨 2팀(GER)
2007-2008	아우크스부르크 2팀(GER)

지도자 경력

2008	아우크스부르크(GER) 유소년 코치
2008~2010	1860뮌헨(GER) U17 코치
2010~2011	호펜하임(GER) U17 코치
2011~2012	호펜하임(GER) U17 감독
2012~2013	호펜하임(GER) 코치
2013~2016	호펜하임(GER) U19 감독
2016~2018-9	호펜하임(GER) 감독
2019~2021	RB라이프치히(GER) 감독
2021~	바이에른 뮌헨(GER) 감독

지도자 자격증 *License*

UEFA 프로
2016년 취득
독일

UEFA A
시기 불명

유럽 축구에 미치는 영향은 모리뉴에 필적

분데스리가 최연소 기록으로 호펜하임 감독에 부임한 것이 벌써 6년 전
이다. 당시 '베이비 모리뉴'라는 별명으로 알려진 28세의 나겔스만은 놀라
울 정도로 빨리 현대 축구의 주역으로 떠올랐다. 유럽 축구에 미친 영향력
은 이론과 지식을 무기로 삼는 감독의 선두주자가 된 조제 모리뉴에 필적
할 만하다. "펩 과르디올라로부터 많은 아이디어를 얻었다"라고 말하는 나
겔스만은 아우크스부르크 시절, 분석 담당관 직책으로 토마스 투헬을 돕
기도 했다. 전술의 폭이 넓고 어떤 상대를 만나서도 유연하게 대응하는 투
헬의 영향도 간과할 수 없다. 특히 다양한 패턴의 창의적 훈련법으로 유명
한 투헬에게 배운 덕분에 나겔스만의 선수들은 따분할 틈이 없다. 전방압

박과 전환을 중시하는 랄프 랑닉 스타일 축구에 다양한 요소를 추가해 구축한 다국적 현대 축구야말로 나겔스만의 본령이다.

집요한 수준의 수적 우위 창출

나겔스만이 집요하게 추구하는 것이 포지셔널 플레이의 3가지 우위°다. 그중에서도 나겔스만은 수적 우위를 최우선시한다. 호펜하임 시절에는 현대적으로 다듬은 터치다운 패스를 선보였다.

2014년 월드컵에서 미겔 에레라가 이끈 멕시코 국가대표팀이 구사한 전술로, 후방에 있는 선수의 빌드업 능력을 믿고 공격수를 전진시키는 것이 특징이다. 멕시코는 백5에 가까운 전형으로 나온 네덜란드를 깨기 위해 전방에 다섯 명을 올려보냈다.

이 전술의 조타수 역할을 담당한 선수가 센터백 라파엘 마르케스°°였다. 정확한 롱킥을 보내는 최후방 패서passer의 존재는 높이에서 밀리는 멕시코 공격수들이 승부를 걸 수 있도록 핀포인트 패스를 공급하는 효과를 만들었다. 센터백 3인에 옵션 하나를 더한 빌드업으로 비교적 안전한 상태를 유지하다가, 기회를 포착한 마르케스가 롱패스를 전방에 보낸다.

마치 최후미에서 롱패스를 노리는 미식축구NFL의 쿼터백°°°처럼 센터백

°포지셔널 플레이 우위 3요소 | 수적 우위, 위치적 우위, 질적 우위
°°라파엘 마르케스 | 바르셀로나에서도 활약했던 멕시코 센터백. 2018년 7월 현역 은퇴
°°°쿼터백 | 미식축구에서 공격의 기점이 되는 포지션. 판단력과 전술 능력이 요구된다. 경기 중에는 감독을 대신해 공격 패턴을 선택하기도 한다.

이 볼을 공급하는 방식이다. 이 전술의 핵심은 전방의 수적 우위에 있다. 백5를 상대하는 경기에서도 수적 동수를 이룰 수 있는 것이다.

호펜하임 시절 나겔스만은 이 전술에 자기만의 특징을 추가해 분데스리가에서 돌풍을 일으켰다. 전술의 기본 아이디어는 멕시코 대표팀과 안토니오 콘테 시절 유벤투스에서 얻었을 것이다. 안드레아 피를로를 쿼터백처럼 사용한 시스템도 큰 힌트가 되었다. 나겔스만은 중원을 비운 후방 빌드업으로도 수적 우위를 창출하는 방법을 고안해냈다.

이런 전술이 가능했던 이유는 계산된 전형의 운영이다. 전방에 다섯 명이 올라가는 전술에 대응하려면 '상대의 공격 숫자 + 1명'을 갖추는 방법이 이상적이다. 하지만 선수 6명을 수비로 내리면 팀 균형이 나빠지기 때문에 맨투맨 대응이 그나마 최선이다. 특히 객관적 전력이 앞서는 팀이라면 호펜하임을 상대로 그렇게까지 수비를 조정하기 어렵다. 그러면 상대팀보다 선수 개인 능력이 떨어져도 수적 동수 상황으로 공격수가 전진할 수 있다.

상대 수비를 맨투맨으로 몰아가면 공격수들은 포지션 체인지나 뒷공간을 노리는 플레이로 결과를 만들 수 있다. 5명을 뒤에 세운 상태에서는 전방 압박이 어려우므로 상대로서는 빌드업을 방해하기도 어려워진다.

이런 배경에서 나겔스만이 추가한 요소는 전방 선수가 종패스를 받아 다시 내주는 레이오프 패스lay-off pass°다. 다른 공격수가 수비 라인을 견제하고, 센터포워드가 아래로 내려오면서 전진해 올라오는 동료에게 볼을

°레이오프 패스 | 전방에 있는 선수가 종패스를 받은 뒤, 전진해 들어오는 동료에게 내주는 패스를 가리킨다.

내준다. 멕시코 대표팀에서는 이런 플레이가 적었지만, 호펜하임에서는 공격의 축이 되었다.

레이오프 패스는 라인 사이에서 전방을 향해 있는 선수가 볼을 받는 방법인데, 공격수 5인이 이런 플레이를 융합한 덕분에 나겔스만은 파괴력을 배가할 수 있었다. 실제로 호펜하임은 의도적으로 설계한 레이오프 패스를 이용해 상대 수비를 중앙으로 쏠리게 한 뒤에 측면으로 공격을 전개하는 옵션을 갖췄다. 터치다운 패스를 주축으로 하면서 빠르게 공격을 가하는 방법을 여러 버전 준비한 덕분에 호펜하임은 귀중한 승리를 챙겼다.

가장 중요한 '전술 유연성'

나겔스만은 용병술에도 뛰어난 재능을 보인다. 호펜하임 시절에는 본래 포지션이 홀딩미드필더인 케빈 포그트를 센터백으로 중용해서 '롱패스를 공급하는 쿼터백'이란 새로운 역할을 부여했다. 키 194cm의 산드로 바그너를 전방에 배치해 멕시코 대표팀에는 없었던 단순한 공중볼 공격 옵션도 추가했다. 상대에게 터치다운 패스가 간파되면 하프스페이스를 이용한 공격이나 역습 옵션을 추가해 대응했다. 임기응변으로 공격 카드 숫자를 늘려서 경기 상황에 훌륭하게 대처한 것이다.

이런 식으로 볼을 받는 선수의 숫자를 늘려 가는 전술에 있어서 나겔스만이 가장 중시한 것은 전술 유연성이다. 이는 복수 포지션에 대응하는 능력을 의미하므로 '멀티 포지션 능력'이라고도 할 수 있다. 보유 선수가 최소한 2가지 이상 포지션에서 뛸 수 있는 팀의 능력은 나겔스만의 '포지션 체인지 반복' 축구에서 가장 중요한 요소다. 나겔스만이 2019~20시즌부터 지휘를 맡은 RB라이프치히에서도 선수 한 명이 포지션을 이동하면서 3-4-2-1, 4-3-3, 4-2-2-2 식으로 전형을 바꾸는 스타일을 선보였다.

라이프치히의 전술 유연성을 상징하는 존재는 콘라드 라이머, 마르셀 자비처였다. 오스트리아 출신 미드필더인 두 선수는 플레이의 폭이 넓고 어떤 영역에서도 유연하게 대응한다. 중원에 이런 선수들을 배치한 덕분에 나겔스만이 이상적으로 추구하는 유동적 축구가 구현된다. 포지션 개념에서 벗어난 전술을 '탈脫 포지션 축구'라고 해야 할지 모르겠다.

라이프치히에서는 레드불 그룹이 추구하는 이념인 전방압박을 실현하기 위해 체력적 측면을 중시했다. 194cm의 장신 스트라이커인 노르웨이 출신 알렉산더 솔르로스를 영입해 원래 팀의 주축인 유스프 폴센과 함께 기용해 선수층을 확충하는 데에 성공했다. 레드불 그룹의 최상위 클럽인 라이프히치는 잘츠부르크와 뉴욕레드불스 등 산하 클럽으로부터 랑닉 철학에 적합한 선수를 보강할 수 있다는 이점을 누린다.

측면까지 넓게 사용해 상대 전형을 가로 방향으로 늘이는 접근법을 선호하지 않는다는 점에서, 나겔스만은 랑닉 철학을 공유한다. 나겔스만은 압박과 공격 속도, 적극적 콤비네이션 플레이를 구사하려면 동료 간 거리감이 중요하다고 믿기에, 횡 방향으로 지나치게 벌리는 전형은 단점이 많다고 생각하는 것 같다.

챔피언스리그에서는 수적 우위를 만들기 위해 케빈 캄플이 활약했다. 그는 중원 아래쪽에서 빌드업을 돕다가 갑자기 하프스페이스로 침투하는 경이적 운동량으로 공격 스위치를 켜는 새로운 공격수 모델을 제시했다. 나겔스만은 수비형 미드필더를 홀딩 6번°이라는 조어로 표현했는데, 보유한 선수들을 새롭게 구성해 참신한 전술을 만들어내는 유연성이야말로 성공 열쇠라고 할 수 있다. 캄플이 올라가면서 비운 공간을 다요 우파메카노가 전진해 메우고, 그 지점에서 다시 공격을 가하는 변화무쌍한 전술을 구현했다. 풍부한 공격 옵션을 앞세워 아틀레티코 마드리드의 수비를 공략했던 경기는 해당 시즌 하이라이트 중 하나였다.

나겔스만은 독특한 전술용어를 사용하는 것으로도 유명하다. 그는 중앙으로 뛰어들어가 공격 중추를 담당하는 윙백을 '조커'라고 불러 관심을 모았다. 나겔스만은 팀 전술을 선수들의 무의식에까지 이식할 방법으로 자기 팀 안에서만 통용되는 용어를 만든 것이다.

테크놀로지 신봉과 섬세한 선수 관리

독일에서는 새로운 테크놀로지를 적극적으로 활용하는 감독을 '노트북 감독'이라고 부른다. 대표적인 '노트북 감독'인 나겔스만은 실패를 두려워하지 않고 실험을 반복한다. U19 감독과 분석담당관이라는 관계로 시작해 나겔스만의 오른팔로 일하는 벤자민 글뤼크는 "나이도 같고 취미나 관심 분야도 비슷하다. 무엇보다도 두 사람 모두 상식을 크게 신경 쓰지 않는 구석이 닮았

°홀딩 6번 | 수비를 위해 중원 아래쪽을 메우는 미드필더

다. 주파수가 딱 맞는다"라고 말한다.

두 사람은 재미있는 기술이 있으면 고민하지 않고 시험해본다. 예를 들어 드론을 날려 공중에서 영상을 촬영해 훈련 분석을 좀더 쉽게 바꾸려는 발상도 곧바로 시도했다. 하지만 드론의 소음이 선수들의 집중을 방해한다는 예상 외의 문제가 발생해 포기할 수밖에 없었다.

여기서 교훈을 얻은 두 사람은 드론 대신 촬영탑을 설치하는 방법을 시도했다. 호펜하임 시절에는 필드 옆에 거대한 스크린을 설치해 분석과 선수 지시에 활용하기도 했다. 영상분석 담당관으로서 글뤼크는 나겔스만의 요구 사항에 대한 이해도가 매우 높다. 이는 펩 과르디올라와 일하는 카를라스 플란차트°, 위르겐 클롭과 일하는 피터 크라비츠°°와 비슷하다.

명장은 우수한 분석가를 도우미 역할로 지명하는 경향이 있는데 나겔스만도 예외가 아니다. 뛰어난 분석 능력을 소유한 글뤼크는 전술적으로 중요한 분석 영상을 짧게 편집해서 선수들의 스마트폰으로 전송해, 경기 전 이동 시간에 확인할 수 있도록 했다. 선수들은 항상 자습과 복습이 가능한 환경에 있는 것이다.

나겔스만은 유럽 굴지의 전술 연구가인 동시에 조직 내 인원을 관리하는 능력도 갖춘 대단한 지도자다. 챔피언스리그에서도 약진하고 있는 라이프치히는 최소한 전술 면에서는 톱클래스 팀이다. 나겔스만은 본인이 전술에 특화된 지도자이면서도 "코칭의 30%가 전술, 70%는 사회적 능력"

°카를라스 플란차트 | 바르셀로나B 시절부터 펩 과르디올라와 함께 일하는 영상 분석가
°°피터 크라비츠 | 마인츠 시절부터 클롭의 오른팔로 일해 '클롭의 눈'이라 불리는 분석가

이라고 단언한다.

나겔스만은 "톱레벨 팀에서는 긍정적 심리상태를 갖춰야 한다. 그래야 전술에 적응하는 동시에 수준 높은 경기력을 발휘할 수 있다"라는 철학을 지녔다. 확실히 나겔스만의 축구는 치밀한 동시에 많이 뛰는 것을 강조하는 경향이 있다. 개인의 특성을 고려해 치밀하게 선수들을 다루는 데에도 정평이 났다. "축구에서는 항상 다른 팀을 상대로 다른 해결 방법을 찾아야 한다. 동시에 선수 22~23명은 각각이 독립된 주체다. 그런 선수들을 한 방향으로 이끄는 것이 지도자가 해야 할 일이고 바로 그 점이 가장 재미있는 부분이다."

라이프치히 시절 나겔스만은 선수와의 커뮤니케이션을 원활하게 하겠다면서, 홈 경기장인 레드불 아레나의 라커룸을 "선수들이 서로의 얼굴을 모두 볼 수 있도록 원형으로 바꿨으면 좋겠다"라고 요청한 일도 흥미롭다. 전술, 선수단 관리 양면에서 경쟁자들을 압도하는 나겔스만은 틀림없이 한 세대를 대표하는 감독으로 성장할 것이다. 나겔스만의 미래가 어떤 모습일지 매우 궁금하다.

사제지간 — **랄프 랑닉**
레드불 그룹 산하
RB라이프치히 감독

토마스 투헬
사제지간

펠레그리노 마타라조
지도자 라이선스 과정에서
함께 활동

펩 과르디올라
"바르셀로나의 게임모델이
내 롤모델이다"라고 언급

알프레드 슈뢰더
호펜하임 시절 코치

디노 톱멜러
라이프치히,
바이에른 뮌헨의 코치

울리안 나겔스만

벤자민 글뤼크
바이에른의 영상분석 담당관이자
나겔스만의 오른팔

자버 쳄브로드
바이에른의 코치

주의(종축) × 단계(횡축)

이상주의

전환

볼 미소유 ← → 볼 소유

현실주의

전환과 볼 소유를 철저하게 추구하는 스타일이면서도
현실적 선택을 주저하지 않는다.

게임모델

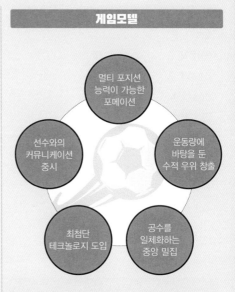

멀티 포지션
능력이 가능한
포메이션

선수와의
커뮤니케이션
중시

운동량에
바탕을 둔
수적 우위 창출

최첨단
테크놀로지 도입

공수를
일체화하는
중앙 밀집

미래상

펩 과르디올라 Pep Guardiola

독일의 최고 두뇌 나겔스만은 현대 축구의 근간을 뒤흔든
펩 과르디올라 같은 존재가 될 충분한 잠재력을 지녔다.

페페인 레인데르스

Pepijn Lijnders

혼란마저도
자유자재로 다루는
클롭의 호위무사

경력 *Career*

국적	네덜란드
생년월일	1983년 1월 24일
선수 경력	없음

지도자 경력

2002~2006	PSV에인트호번(NED) 유소년 코치
2006~2014	포르투(POR) 코치
2014~2018	리버풀(ENG) 코치
2018	NEC(NED) 감독
2018~	리버풀(ENG) 코치

지도자 자격증 *License*

UEFA 프로
2017년 취득
웨일스

UEFA A
2014년 취득
웨일스

챔피언 리버풀에 새로운 이론을 입힌 하이브리드

위르겐 클롭은 두 사람의 중요한 어시스턴트와 함께 감독직을 수행해
왔다. 마인츠 시절부터 클롭을 보좌한 피터 크라비츠는 영상 분석가로서
경력을 시작했는데, 당시 사이드백으로 포지션을 막 바꾼 선수 클롭°의
플레이 분석을 담당했다. 수비 경험이 적어 위치 선정에 실수가 많았던 클
롭의 플레이를 개선해준 사람이 바로 크라비츠다. 클롭이 감독이 된 후에
도 그는 함께하는 소중한 존재가 되었다.

'클롭의 눈'으로 불리는 크라비츠의 무기는 분석력이다. 그는 프리미어
리그 클럽에도 정통하다고 알려졌다. 리버풀의 압박 전술이 통하는 원동

°선수 위르겐 클롭 | 현역 시절 클롭은 주로 포워드로 뛰었다.

력은 상대 팀에 대한 정확한 분석이다. 보루시아 도르트문트 시절에도 크라비츠는 영상 분석을 통해 상대의 약점을 정확하게 파악해 선수들에게 자신감을 심어주었다. 압박 대상을 정할 때, 그의 분석은 필수적이다.

또 다른 한 명은 제리코 부바치다. 일카이 귄도간에 따르면, 전환을 중시하는 도르트문트의 전술을 제어하는 주인공이 부바치였다. 누리 사힌도 "부바치의 말이 곧 팀의 법이었다"라고 말한다. '클럽의 뇌'로 알려진 부바치는 유고슬라비아 출신이다. 보스니아 & 헤르체고비나와 독일에서 선수 경력을 쌓은 뒤에 마인츠에서 클롭의 동료가 되었다. 1998년 은퇴한 후에는 현역 생활을 마무리한 노이키르헨의 감독으로 취임했고, 이후 마인츠에서 클롭의 코칭 스태프에 합류했다.

마인츠 시절의 성공은 두 사람과의 관계를 견고히 다져주었다. 젊은 도르트문트에서도 성적을 내자, 클롭은 리버풀에서도 두 사람과 함께했다. 하지만 출중한 실력 탓에 세 사람의 협업은 오래가지 못한다. 부바치의 명성이 유럽에 알려지면서 한때 아스널 감독 후보°로 거론될 정도였기 때문이다. 2019년 겨울 부바치가 리버풀을 떠난 일도 클럽으로서는 중요한 전환점이 되었을 것이다. 17년 동안 성공을 공유했던 동료가 팀을 떠나자 클럽은 새로운 두뇌가 필요했다.

이런 상황에서 눈에 띈 존재가 있었다. 바로 코칭스태프 안에서 이미 걸출한 존재감을 드러내고 있던 네덜란드 출신 코치 페페인 레인데르스였다. 과거 인터뷰에서 레인데르스는 부바치에 대해 "코칭 컴퓨터처럼 풍부한 지식으로

°아스널 감독 후보 | 아르센 벵거의 후임자 후보 중 한 명이었다.

정평이 난 지도자였다"라고 칭송했다. 변혁을 요구하는 클럽에게도 팀의 전술 철학에 큰 영향을 미치는 오른팔 교체를 위한 절호의 기회였다.

특히 레인데르스는 현대 축구에서 중요해진 다양한 이론을 습득해 '하이 브리드'로 불릴 만한 지도자였다. 그의 발탁으로 리버풀은 지금까지 팀에 없었던 이론을 추가할 수 있었다. 2018년에는 NEC 감독에 취임하면서 잠시 리버풀을 떠났지만, 해임되자마자 리버풀로 돌아왔다.

참고로 레인데르스가 리버풀 코칭스태프에 합류하게 된 것은 리버풀 아카데미 코치로 일했던 마이클 빌 덕분이다. 아약스 합류를 위해 최종 교섭을 시작했던 레인데르스는 웨일스에서 UEFA 지도자 자격증 과정을 하면서 인연을 맺었던 빌과 의기투합하기로 했다. 레인데르스의 이론과 열정에 감명받은 빌이 리버풀에 그를 소개하면서 운명의 수레바퀴가 돌기 시작했다. 현재 빌은 스코틀랜드 강호 레인저스에서 스티븐 제라드의 코치로 일한다. 명문 리버풀의 미래를 짊어질 것으로 기대되는 지도자 두 사람이 잉글랜드 코치 한 사람에 의해 연결된 셈이다.

일찌감치 본인의 후임을 내정하는 용의주도함

레인데르스는 요한 크루이프가 토탈 풋볼 개념을 발명했던 네덜란드 남부에 있는 부르크하이젠 출신이다. 17세에 부상으로 선수의 길을 포기해야 했지만, 축구를 사랑했기에 지도자로서 새로운 인생을 시작한다. 레인데르스는 네덜란드 아마추어팀인 SVRB에서 유소년 지도를 총괄하면서 뛰

41

어난 잠재력을 발휘한다.

　네덜란드 명문 PSV의 인턴십에 합격한 후에는 더욱 걸출한 실력을 뽐낸다. 당시 레인데르스는 쿠버 메소드(비엘 쿠버가 개발한 축구 훈련법)에 심취해 개인 능력 지도에 흥미를 가졌다고 한다. 3-4-3 포메이션을 선호하면서 네덜란드 축구에 유용한 기술을 선수들에게 가르쳤다. PSV 시절 제자 중 한 명이 멤피스 데파이°다.

　5년간 유소년 지도로 경험을 쌓은 레인데르스는 포르투갈 명문 FC포르투의 영입 제안을 받는다. 포르투 시절 그는 자신의 가치관이 흔들리는 경험을 한다. 당시 24세였던 레인데르스는 포르투 U19를 지도했는데, 유소년 부문의 총괄 책임자가 바로 전술 주기화를 고안한 비토르 프라데였다. 프라데와의 만남으로 조직적 경기 준비와 복잡계에 흥미를 느낀 그는 현대 축구 이론을 경이적 속도로 흡수해 나간다.

　레인데르스는 단순한 이론 신봉자에서 벗어나 유소년 선수들과 매일 소통하면서 실용적으로 이론을 해석하는 지도자로 발전한다. 전술 주기화 이론에 바탕을 둔 팀 훈련과 개인 기술 훈련의 적절한 균형을 맞추는 과정을 통해, 레인데르스 철학이 완성된 셈이다. 그는 포르투 유소년이라는 최상의 환경에서 전술 주기화를 배운 덕분에 "팀 성공에는 뛰어난 개인이 필요하지만, 뛰어난 개인만으로는 팀이 성공할 수 없다"라는 신념도 얻는다. 개인 능력 지도에 집중했던 과거와 달리 포르투에서의 관심 대상은 조직으로 넘어간다.

　레인데르스가 네덜란드와 포르투갈에서 배운 지도법은 리버풀에서도 젊은

°멤피스 데파이 | 네덜란드 국가대표팀과 바르셀로나에서 활약 중인 공격수

선수들에게 성장의 기회를 제공한다. 트렌트 알렉산더 아놀드가 좋은 예다. 6세부터 리버풀 아카데미에서 축구를 배운 알렉산더 아놀드는 늘 제라드를 동경했다. 어려서부터 재능을 뽐낸 덕분에 당시 맨체스터유나이티드를 지휘했던 명장 알렉스 퍼거슨도 관심을 표한 바 있다.

그는 현재 프리미어리그 굴지의 공격형 풀백으로 활약하고 있지만, 원래 포지션은 미드필더였다. 알렉산더 아놀드가 자신의 재능을 풀백 포지션에서 만개할 수 있었던 배경이 바로 레인데르스와 코칭스태프다. 포지셔널 플레이 개념과 선수의 인지 및 판단을 중시하는 레인데르스 철학이 알렉산더 아놀드의 성장을 촉진한 것이다.

젊은 선수를 적극적으로 발탁하는 클럽은 레인데르스의 육성 능력을 높이 평가한다. 아울러 레인데르스는 1군 코치로 올라가면서 직접 자신의 후임을 추천했다. 리버풀은 그의 요청에 응답해 포르투 출신 비토르 마토스를 기용했다. 레인데르스와 마찬가지로, 마토스도 네덜란드와 포르투갈 축구의 하이브리드 지도자다.

포르투갈에서 태어난 마토스는 조제 모리뉴의 포르투에 심취해 지도자의 길을 걷기로 한다. 네덜란드로 건너가 아약스 철학을 공부한 뒤에 포르투갈의 발라다레스 가이아°에서 U19 감독직을 맡는다. 이후 포르투에서 유소년 책임자로 일하다가 32세라는 젊은 나이에 리버풀에 영입되어 유소년과 1군 사이의 가교 역할을 한다. 그야말로 '제2의 레인데르스'라 할 만하다. 레인데르스로부터 육성 업무를 넘겨받은 마토스는 팀의 근간을 이

°발라다레스 가이아 | 포르투갈 아마추어 클럽

루는 게임모델을 유소년에도 이식하는 중책을 맡고 있다. 블랙번 임대 이적 중인 하비 엘리엇도 레인데르스와 마토스의 신뢰를 얻어 1군에서 활약하기 시작했다.

포지셔널 플레이 개선과 혼란을 운영하는 기술

레인데르스의 조국 네덜란드는 크루이프가 체계화한 포지셔널 플레이로 유명하다. 실제로 볼 소유를 개선하려고 생각한 레인데르스가 리버풀에 미친 영향은 크다. 서서히 우승 후보로 인식되기 시작한 리버풀에서는 상대의 수비를 깨트릴 방법론이 필요했다. 특히 빌드업 단계에서 레인데르스의 공헌이 크다. 조던 헨더슨과 제임스 밀너가 풀백 위치로 이동함으로써 양쪽 풀백이 전진하고 윙어들은 하프스페이스에 위치하는 빌드업이 서서히 팀에 녹아들면서, 리버풀은 볼을 소유한 단계부터 상대의 수비 블록을 파괴할 수 있는 팀으로 변모했다.

예를 들어 11:11 자체 연습 경기에서 A팀을 포지셔널 플레이 원칙에 따라 뛰게 하고, B팀을 수비적으로 뛰는 훈련법을 고안했다. 양쪽 팀에 다른 원칙을 부여해서 공수 양면에 필요한 포인트를 동시에 지도할 수 있었다. 말로는 쉬워 보이지만, 양팀의 경기를 동시에 분석하는 레인데르스의 능력과 리버풀의 우수한 코칭스태프 덕분에 가능한 훈련법이다. 볼을 소유한 단계부터의 수비 전환은 포지셔널 플레이에 있어서 매우 중요한 포인트다.

바이에른뮌헨에서 영입한 티아고 알칸타라는 팀의 변화를 상징하는 존재다. 티아고는 상대 선수들의 틈으로 패스를 보내는 능력뿐 아니라 다양한 페이크와 테크닉으로 상대의 예상에서 벗어나는 플레이에 능하다. 티아고를 중용한 덕분에 리버풀의 공격은 크게 개선되었다. 동시에 기대주인 미드필터 커티스 존스도 볼을 다루는 기술이 뛰어나, 티아고와 동시 기용을 시험 중이다. 2020/21시즌에는 수비진에 부상자가 다수 발생해 고육지책의 스쿼드 운영이 불가피했지만, 장기적으로 포지셔널 플레이의 안착을 시도하고 있다.

원래 게겐프레싱에 익숙했던 리버풀은 볼을 빼앗는 기술을 개선할 필요가 없었지만, 볼 소유를 고민함으로써 볼을 쉽게 빼앗는 상황을 유도하는 것이 레인데르스의 노림수다. 레인데르스는 "게겐프레싱에 성공하기 위해서 우리는 각자가 공격을 시도할 때에 수비 시 상황까지 염두에 둔다"라고 말한다.

밀집 상태에서 볼을 빼앗는 리버풀의 압박에 있어서 레인데르스가 중시하는 또 하나의 키워드가 '혼란'이다. 공수가 뒤섞이는 혼란 속에서 레인데르스는 등대 역할을 하는 선수를 발견한다. 브라질 국가대표 출신인 파비뉴다. 레인데르스는 혼란 상태에서도 자신들이 상황을 제어할 수 있다면서 "우리는 조직된 혼란을 선호한다. 이런 상황에서 파비뉴는 등대 같은 존재다. 그는 혼란을 제어한다"라고 말한다.

상대 선수가 볼 쪽으로 쏠리는 '전환' 단계는 가장 읽기 쉬운 단계인 동시에, 리버풀에 있어 가장 중요한 공격 기점°이다. 클럽의 접근법을 보완

°**공격 기점** | 클롭은 과거 "게겐프레싱이야말로 최고의 플레이 메이커"라고 말한 적이 있다.

하는 존재로서 레인데르스는 시간이 흐를수록 존재감을 키운다. 역경을 겪은 클럽을 부활시킨 비결은 레인데르스의 발상일지도 모른다. 올 시즌 리버풀과 레인데르스는 혼란의 지배자로서 군림하는 파비뉴를 중원으로 복귀시키고 호시탐탐 반격의 때를 기다리고 있다.

스티븐 제라드
레인저스에서
감독과 코치 관계

마이클 빌
리버풀을
소개해준 은인

위르겐 클롭

사제지간이자 오랜 동료

피터 크라비츠
코치로 함께 활동

비토르 프라데
포르투 시절 은사

사제지간

펩 과르디올라
영감 제공자

조제 모리뉴
동경의 대상

요한 크루이프
조국 네덜란드의
대선배 지도자

페페인 레인데르스

비토르 마토스
자신의 후임자로 지명

비엘 쿠버
조국 네덜란드의
대선배 지도자

주의(종축) × 단계(횡축)

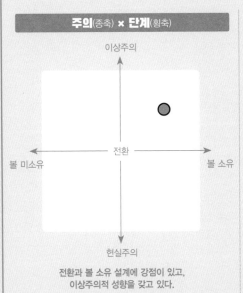

이상주의

볼 미소유 ← 전환 → 볼 소유

현실주의

전환과 볼 소유 설계에 강점이 있고,
이상주의적 성향을 갖고 있다.

게임모델

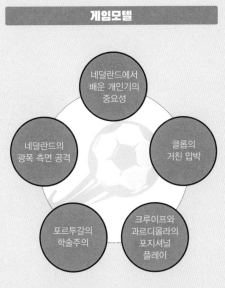

네덜란드에서
배운 개인기의
중요성

네덜란드의
광폭 측면 공격

클롭의
거친 압박

포르투갈의
학술주의

크루이프와
과르디올라의
포지셔널
플레이

미래상

위르겐 클롭 Jürgen Klopp

포지셔널 플레이와 압박을 융합하면서 새로운 아이디어를 찾는
레인데르스에게는 위르겐 클롭의 축구를 계승해야 할 과제가 있다.
유연한 의사소통 능력도 겸비해 클럽의 애제자로서 기대가 크다.

지도자들로 다시 주목받는
영국 축구

스코틀랜드가 발명한 콤비네이션 플레이

유럽 축구 역사에서 영국(잉글랜드, 스코틀랜드, 웨일스, 북아일랜드)의 역할
은 크다. 축구 종가로 알려진 곳은 잉글랜드이지만, 패스와 콤비네이션을 주
축으로 하는 축구의 기원은 스코틀랜드다. 1867년 여름 스코틀랜드 최초의
축구클럽인 퀸즈파크FC가 탄생한다. 지금도 퀸즈파크는 스코틀랜드 축구 역
사에서 절대적 비중을 차지한다.

퀸즈파크는 상대를 압도하는 경기 지배력으로 유명했다. 1872년 잉글랜드
대표팀과 만났던 평가전에서 스코틀랜드 대표팀 선발 11인 전원이 퀸즈파크

소속 선수들이었다. 스코틀랜드 대표팀 역사에서 특정 클럽으로 선발 라인업이 채워진 처음이자 마지막 사례다. 그만큼 당시 퀸즈파크 선수들은 자국 내에서 가장 뛰어났다. 이러한 클럽의 역사는 스코틀랜드 대표팀으로 계승된다. 현재 스코틀랜드가 착용하는 감색 유니폼은 전성기의 퀸즈파크 유니폼 컬러였다. 현재 대표팀의 홈 경기장인 햄든파크도 100년 넘게 퀸즈파크가 홈 경기장으로 사용했다.

스코틀랜드 축구 역사를 찬란히 빛낸 퀸즈파크는 짧은 패스로 상대를 무너트리는 스타일을 발명했다고 알려졌다. 선수들의 즉흥적인 콤비네이션과 기술을 바탕으로 한 퀸즈파크의 공격 전술은 덩치가 큰 선수들이 롱볼을 다투던 킥&러시 스타일이 지배했던 당시 축구계에 충격을 던졌다. 이렇게 매력적인 축구는 '파인아트fine art' 즉 '순수예술'이라고 불렸다. 많은 예술가를 배출한 '예술 거리'로 유명한 글래스고에서 발전한 예술적 축구관은 잉글랜드에도 보급되었다.

퀸즈파크의 철학을 배운 많은 선수와 지도자가 잉글랜드로 가서 영국 축구 전체를 변화시켰다. 당시 스코틀랜드와 잉글랜드가 맞붙었던 국가 대항전에 대해 한 지역 신문은 이렇게 보도했다.

"잉글랜드 선수들은 확실히 체격 면에서 앞섰고 스피드에서도 스코틀랜드 선수보다 뛰어났다. 그러나 스코틀랜드가 보여준 축구는 아름다울 정도로 조화로웠다."

포지셔널 플레이의 씨앗을 뿌린 호건

지미 호건은 스코틀랜드 축구로부터 큰 영감을 받았다. 20세기 초반에 볼턴원더러스와 풀럼에서 활약한 호건은 체구가 작은 미드필더였기 때문에 콤비네이션을 추구하는 스코틀랜드 스타일에 심취했다. 그는 볼턴 시절 원정으로 방문했던 네덜란드에서 콤비네이션 축구의 전도사로 변신했고, 유럽 전역에 포지셔널 플레이의 씨앗을 뿌렸다.

서독 명장 헬무트 쇤은 호건에 대해 "지도자의 이상"이라고 극찬했다. 호건의 이상은 네덜란드에서 잭 레이놀즈, 리누스 미헬스를 거쳐 명문 아약스에서 만개한다. 펩 과르디올라의 스승인 요한 크루이프의 원류가 사실은 스코틀랜드였던 것이다.

잉글랜드가 '방랑하는 축구 감독의 아버지'라고 칭송하는 호건은 유럽 대륙에서 상징적인 두 팀을 탄생시켰다. 첫 번째가 오스트리아 국가대표팀이다. 호건은 당시 '분더팀'이라는 별명으로 유명했던 오스트리아 대표팀에서 코치로 일했다. '종이 인간'으로 불린 마티아스 신델라가 제로톱의 원형처럼 폭 넓은 범위를 커버하면서 공격에 액센트를 추가했고, 동료 공격수들이 즉흥적 콤비네이션을 앞세워 상대 진영을 무너트렸다. 오스트리아는 스코틀랜드나 독일, 잉글랜드를 상대로 대량 득점을 퍼부으며 유럽 최강으로 거듭났다.

제1차 세계대전에서 호건은 전쟁 포로가 되었는데 MTK부다페스트의 발론 디스티 부회장의 도움으로 풀려난다. 호건은 헝가리에서도 절대적 영향력을 발휘했고, 그의 철학은 1950년대 천하무적 '매직 마자르'로 승계된다. 유럽 축구 역사에 굵직한 족적을 남긴 두 팀의 뒤에는 한 사람의 잉글랜드 출신 지도자가 있었다.

네덜란드와 스페인의 원류가 된 퀸즈파크FC는 현재 아마추어로서 명맥을 유지하고 있다. 축구를 즐긴다는 개념을 중시했기 때문에 프로축구 리그가 창설된 시점에서 불참을 선언했다. 스스로 즐기는 축구야말로 퀸즈파크의 근본 철학이기 때문이다. 물론 그 결정으로 인해 많은 선수들이 팀을 떠났다.

셀틱, 레인저스를 비롯해 프로가 된 클럽이 퀸즈파크의 주력 선수들을 야금야금 빼앗아 간 결과, 스코틀랜드 최강 클럽이란 명예는 역사의 뒤안길로 사라졌다. 현재 퀸즈파크는 스코틀랜드 2부에 참가 중이다. 부활을 노리는 전 프로선수나 프로 클럽에서 빌려온 선수(원 소속팀이 월급을 지급한다)를 활용해 아마추어로서 고독한 싸움을 이어가고 있다. 스코틀랜드 대표팀과 리버풀에서 활약하는 풀백 앤드류 로버트슨도 퀸즈파크 출신이다.

스코틀랜드는 우수한 지도자 교육 제도로 유명하다. 보비 롭슨이 조제 모리뉴에게 "스코틀랜드에서 지도자 자격증을 취득하라"라고 추천한 에피소드는 유명하다. 데이비드 모예스와 안드레 빌라스 보아스도 스코틀랜드에서 지도자 자격증을 땄다. 포르투갈 축구계에서는 실전 중심인 훈련법을 배울 수 있는 스코틀랜드 지도자 과정이 하나의 옵션으로 인식된다. 영어로 코스를 수강할 수 있다는 이점도 크다. 토트넘 홋스퍼의 누누 에스피리투 산투 역시 스코틀랜드 지도자 과정에서 이안 캐스로 현 코치와 인연을 맺었다.

스코틀랜드는 독일과 스페인의 지도자 교육에서 영향을 받았는데, 최근 들어서는 우수 유소년 배출로 정평이 났다. 세인트미렌의 짐 굿윈 감독(1981년생)과 세인트존스턴의 칼럼 데이비슨 감독(1976년생)처럼 스코틀랜드 리그에서도 젊은 감독들이 약진하고 있다.

지도자 교육의 중심지 웨일스

티에리 앙리와 파트리크 비에이라는 지도자 자격증 과정을 조국 프랑스가 아니라 웨일스에서 취득했다. 미켈 아르테타, 게리 몽크, 프레데릭 융베리 등 많은 스타 출신 지도자들도 웨일스 과정을 선택했다. 페페인 레인데르스, 주앙 사크라멘투 등 선수 경험이 없는 지도자에게도 웨일스는 귀중한 배움의 기회를 제공했다.

웨일스 대표팀에서 감독으로 일했던 게리 스피드 등 많은 지도자가 중시하는 모델이 바로 '웨일스 웨이Welsh Way'다. 웨일스의 독자적 게임모델인 '웨일스 웨이'는 유소년에서 국가대표 레벨까지 통용되도록 설계되었다. 이 모델의 원형을 고안한 사람은 웨일스 국가대표팀 전 감독 크리스 콜먼과 수석코치 오시언 로버츠다.

웨일스가 독특한 이유는 게임모델과 플레이 원칙을 분리했다는 점이다. 게임모델 자체는 비교적 정통파다. 볼 소유 단계에서는 자기 진영에서 빌드업을 만들어 가면서 중앙 영역에서 수적 우위를 창출한다. 이때 원칙은 사이드 체인지와 라인 돌파를 통해 종횡무진 볼을 움직이는 다이나믹 스타일이다.

플레이 원칙은 포지션별로 세분화된다. 필드플레이어와 골키퍼는 각각 단계에 맞춰 플레이 원칙을 부여받는다. 웨일스 축구는 포지셔널 플레이를 바탕으로 하지만, 언제든 백5로 바꿀 수 있는 백3 수비는 매우 실용적이다. 스완지시티의 기초를 닦은 로베르토 마르티네스와 브렌던 로저스의 영향도 무시할 수 없다. 이 원칙에는 스페인과 독일처럼 주도권을 쥐는 스타일, 그리고 객관적 전력에서 앞선 상대를 괴롭히는 방법론이 포함되어 있다.

가장 중요한 것은 수적 우위다. 수비 장면에서 웨일스는 반대편 상대 공격수를 의도적으로 포기한다. 필드 전체를 지키는 것이 아니라 한쪽 진영에 선수들을 밀집해 압박을 노리기 위함이다. 반대로 공격에서는 좁은 공간 승부보다 넓은 반대편 진영으로 전개한다. 본인들의 전력과 선수 특징에 맞춘 포지셔널 플레이의 유연한 해석은 웨일스 축구의 특징 중 하나다.

지도자 교육을 빠르게 개선 중인 잉글랜드

마지막으로 축구 종가인 잉글랜드의 지도자 교육도 살펴볼 필요가 있다. 최근 육성과 지도자 교육에서 고민이 컸던 만큼 잉글랜드는 빠르게 해당 부문을 개선하고 있다. 유망주를 다수 배출하고 있어 독일축구협회나 분데스리가도 잉글랜드를 주목한다. 실제로 보루시아도르트문트에서는 제이든 산초 (현 맨체스터유나이티드)에 이어 주드 벨링엄이 활약하고 있고, 바이에른뮌헨에서는 첼시를 거친 자말 무시알라가 점차 출전 기회를 얻는 중이다.

런던 지역은 외부 유입으로 인구 증가 추세를 보이는 데다 다양한 인종의 혜택까지 보태져 유망주의 보고가 되었다. 수준 높은 훈련 시설을 갖춘 런던의 각 아카데미가 그런 유망주들을 미래의 스타로 키우고 있다. 맨체스터시티의 필 포든, 리버풀의 커티스 존스, 맨체스터유나이티드의 메이슨 그린우드를 비롯해 10대의 약진이 두드러진다.

지도자 교육에 있어서도 잉글랜드축구협회는 큰 역할을 한다. 온라인 등의 창구에서 지도자 교육에 도움이 될 만한 교재를 적극적으로 공유하기도 한다. 유소년의 훈련 환경은 성공 요인 중 하나다. 전통만 고집하지 않고 해외에 나가서 배우겠다는 의식 변화도 성공으로 이어질 공산이 크다. 축구 종가 잉글랜드가 다시 한번 유럽 축구계에서 존재감을 키우고 있다.

젊은 감독을 지지하는
포지셔널 플레이

동적 개념으로서 포지션의 재정의

포지셔널 플레이는 요한 크루이프와 바르셀로나가 전통적으로 지향했던 스타일을 가리킨다고 할 수 있는데, 펩 과르디올라가 독일과 잉글랜드에 전파한 개념이다. 현대 축구에서 포지셔널 플레이 개념은 필수 과목이 되었다. 현실적인 축구를 지향했던 이탈리아나 남미에서도 볼 소유를 중시하는 지도자가 증가하는 추세다. 특히 젊은 지도자에게는 포지셔널 플레이가 무시할 수 없는 개념이다.

포지셔널 플레이는 유동적 경기에 있어서 선수의 포지션을 정하는 방법이다. 거리와 위치, 협력 타이밍, 각도 등 다양한 요소를 포함하며, 포메이션 도식처럼 고정화된 개념이 아니다. 후안 마누엘 리요는 포메이션 도식을 이용한 설명에 대해 "여기에는 움직임도, 발전도, 콘셉트도 없다. 이런 배치는 그라운드 위에 존재하지 않는다"라고 말했다. 리요가 주창하는 포지셔널 플레이는 '정지 상황에서 플레이를 표현하는 원칙'이 아니다. 젊은 지도자들도 이런 유동성에 주목해 왔다.

그중 한 명이 페페인 레인데르스일 것이다. 레인데르스는 '혼란'이란 단어를 써서 경기 중 복잡한 상황을 표현한다. 앞에서 리버풀의 파비뉴가 혼란 상황에서 팀을 이끄는 등대라고 말한 바 있다. 90분 내내 쉼 없이 움직이는 상황에서 선수들은 계속 동료를 돕는 위치에 있어야 한다. 우위 3요소, 즉 위치적 우위, 질적 우위, 수적 우위를 기본으로 하는 포지셔널 플레이가 그런 움직임을 가능하게 하는 원칙이다. 우위를 바탕으로 한 포지션의 재정의는 '경기 중 포지션'이라는 개념 자체에도 영향을 미쳤다. 그 결과로 '제로톱', '가짜 풀백' 등 새로운 포지션 개념이 만들어지고 있다.

여기서 선수는 그림판 위에 점으로 찍히는 포지션이 아니라, 팀 전체의 활동과 밀접도에 영향을 미치는 동적 요소를 포함하는 점이다. 이렇게 전술이 새롭게 해석되는 경향에 주목해야 한다. 젊은 지도자들은 공격수를 유동적으로 뛰게 하는 동시에 전방에서 포지션 체인지를 기본으로 한다. 예를 들어, 팀 발터(함부르크)와 가브리엘 에인세(애틀랜타유나이티드)는 중원 아랫부분에 해당하는 포지션을 비워두고 센터백을 오버래핑하게 하는 메커니즘을 무기로 삼는다. 동적 포지션을 이해하는 하나의 사례다.

공격에 있어서 정적 포지션 개념이 희박해지는 경향에 발맞춰, 전방압박 단계에서도 정적 포지션은 사라지고 있다. 선수들은 블록을 구축하지 않고 연속적으로 볼을 쫓는다. 결과적으로 원래의 포지션은 중요하지 않고, '어느 패스루트를 없앨 것인가'라는 관점이 요구된다. 그러면 포지셔널 플레이처럼 위치 관계를 인식해야 한다는 결론이 나온다.

'골을 넣는다'와 '골을 막는다'라는 가장 심플한 목적을 달성하기 위해 지금까지 많은 지도자가 다양한 전술을 고안했다. 하지만 공수를 유동적 개념으로 해석하는 포지셔널 플레이 안에서 공격과 수비는 동일한 플레이가 된다. 포지셔널 플레이의 목적은 자기 팀이 공격하기 쉽고 상대 팀이 공격하기 어려운 상황을 계속 창출하는 것이다. 포지셔널 플레이는 단순한 공격 개념이 아니다. 변화하는 상황 속에서 자기 팀을 조직화하는 동시에 상대 조직의 밸런스를 붕괴한다. 이를 위해서는 상황에 따라 모든 선수가 역할을 바꿀 필요가 있다. 이런 점은 요한 크루이프의 토탈 풋볼과 같은 맥락이다.

포메이션 해체가 가져오는 유동성

이런 개념 변화에 따라 포메이션도 유동적으로 바뀌고 있다. 많은 지도자가 백3와 백4의 혼용 패턴을 선호한다. 아스널의 미켈 아르테타는 스코틀랜드 대표 키에른 티어니를 팀의 중추로 신뢰한다. 티어니의 본래 포지션은 풀백이지만 센터백으로 기용될 때가 많다. 드리블로 볼을 전방으로 운반하는 티어니를 센터백 위치에 배치해서, 빌드업에 또 다른 패턴을 추가한 것이다.

수비 시 백3가 공격 시 백4가 되는 시스템도 드물지 않다. 공격할 때 티어니가 풀백 포지션으로 이동해 그 지점부터 빌드업해 올라가는 패턴도 있다. 결과적으로 복수 포지션에 대응 가능한 선수가 대세다. 율리안 나겔스만은 적극적인 '포지션 해석'을 무기로 삼는다. 중원에 있는 선수는 종횡 방향으로 계속 움직인다. 본래 포지션을 버린 채, 동료와 상대의 위치 관계에 따라 본인의 자리를 결정하는 방식이다.

복수 포지션에 유연하게 대응하는 멀티 능력을 키우기 위해서는 무엇보다 훈련이 중요하다. 선수들에게 따로 포지션을 주지 않고 골대의 위치와 숫자를 다양하게 설정하는 훈련은 전통적이지만 매우 효과적이다. 예를 들어, 하프스페이스에 골대를 놓으면 선수들은 무의식적으로 하프스페이스를 이용하는 패턴을 습득할 수 있다.

모든 상황에 대응해야 하는 현대 축구

현대 축구에서 게임모델의 중요성은 갈수록 커져 간다. 감독은 팀 내의 모두가 공유하는 정체성을 확립해야 한다. 펩 과르디올라나 위르겐 클롭은 프리미어리그에서 자신들의 가치관을 드러내는 팀을 구축하고 계속 강화하고 있다. 유소년 지도 경험은 팀 정체성을 개발하는 일에 도움이 된다. 젊은 나이에 지도자 경력을 시작했다면 해당 클럽의 정체성에 큰 영향을 받기 쉽다. 1군보다는 유소년 레벨에서 장기적 강화를 도모할 여지가 크다. 그런 의미에서 아카데미 지도는 권고할 만한 경력 쌓기 중 하나다.

1군의 코치로 일하는 경우는 팀 정체성보다 보스인 감독의 영향을 많이 받는다. 전력분석가로 시작해 감독이 되는 루트는 다소 험난하다. 상대 팀의 장단점을 분석하는 분석가는 누구보다 전술적 지식과 관찰력이 뛰어나지만, 게임모델 확립에 어려움을 겪기도 한다. 그러므로 분석가로 출발해서 코치로 발전해 가는 경로가 중요해진다.

코치로서 팀 훈련을 계획하고 실행하면 자신만의 게임모델을 깊이 고민할 수 있다. 상대를 객관적으로 분석하는 능력과 함께 자기 선수들에게 통용되는 가치관을 심는 능력도 요구되기에, 현대 축구의 감독이란 직업은 점점 어려워지고 있다. 코칭스태프 안에서 두 가지 일을 분리할 수도 있겠지만, 1군 감독 대부분은 두 가지 자질을 겸비한다.

나겔스만처럼 뛰는 것을 중시하는 '전방압박 스타일'과 과르디올라의 영향을 받은 '빌드업 스타일' 양쪽에 유연하게 대응하는 방식을 '전체론적 접근법'이라 부른다. 포지셔널 플레이에 대한 이해가 깊어지는 가운데 전술 주기화 이론도 보급되면서, 공격과 수비의 경계가 허물어졌다. 한 가지 상황에만 집중하는 것으론 부족하므로 4가지 단계에 모두 대응하는 팀을 만들 필요성이 커지고 있다.

이러한 변화를 상징하는 것이 디에고 시메오네의 포지셔널 플레이를 의식한 공격 전개다. 공간을 봉쇄하는 수비를 의식하는 감독일수록 볼 소유 단계를 무시하기가 어렵다. 안정적으로 승점을 쌓을 방법을 고민할 때 가장 필요한 것은 모든 단계에 맞춘 대응이다. 감독과 선수 양쪽에 요구되는 과제는 계속 늘어나고 있어서 지도자 교육이 더욱 중요해진다. 현대 축구를 이해하지 못하면 시대에 맞는 지도자와 선수를 육성하는 것도 불가능하다.

수요가 커지는
개인지도 전문가

레인데르스의 예측이 맞았다

'쿠버 메소드'는 네덜란드의 빌 쿠버가 체계화한 훈련 기법이다. 요한 크루이프의 세련된 볼 스킬에 감명을 받은 쿠버의 이론은 지금까지 기초 기술을 습득하는 주된 방법으로 애용된다. 개인지도 방면에서 전문가로 알려진 페페인 레인데르스도 네덜란드 시절 쿠버 메소드에 열중했다. 포르투 시절에는 철저한 개인 트레이닝으로 어린 선수들의 기술 육성에 힘썼다. 특히 선수의 능동적 태도를 중시했다. 레인데르스는 게임모델의 실행자가 될 수 있는 선수야말로 이상적 재원이라고 생각한다.

2014년 레인데르스는 흥미로운 예측을 내놓았다. 앞으로는 수비 블록의 밀도가 높아져 중앙에서 활용할 수 있는 공간이 좁아질 것이라는 전망이었다. 레인데르스의 말은 그대로 들어맞았다. 몇 년 뒤, 아틀레티코마드리드는 촘촘한 4-4-2 블록으로 강호들을 괴롭히기 시작했다.

레인데르스는 좁은 공간에서 상대의 수비 블록을 붕괴할 수 있는 공격수가 필요하다고 주장했다. 동시에 후방 선수들은 상대 진영을 단번에 무너트릴 종패스 능력을 갖춰야 한다. 레인데르스는 '상대 선수들을 처지게 하는 패스'라고 표현했는데 이는 '파킹레이트parking rate' 개념과 상통한다. 파킹레이트란 '패스 1개로 상대 선수를 몇 명이나 통과하는가'를 측정하는 지표다.

최후방에 있는 센터백이 전방에 있는 동료 포워드에게 종패스를 보내는 상황을 생각해보자. 이 패스가 상대 포워드 2명, 미드필더 4명, 수비수 2명을 합쳐 8명을 통과했다면 8점이다. 패스를 받는 장면에서 골대를 등졌다면 패스 자체의 공헌도가 떨어지기 때문에 점수는 20% 수준으로 감소한다. 즉, 포워드가 골문을 향하지 않은 상황에서는 '8점 × 20% = 1.6점'이 된다. 이 지표는 공수 양면의 경기력을 평가할 목적으로 사용된다.

패스가 블록 바깥에서 이루어져도 똑같은 가치로 측정하는 패스 성공률과는 달리, 파킹레이트는 패스의 효율을 나타낸다. 수비하는 입장에서는 파킹레이트가 높은 패스를 막으면 실점을 방지할 가능성이 커진다. 상대의 볼 점유율이 아무리 높아도 효과적인 볼이 없다면 그렇게 두려워할 필요가 없다. 상대 진영을 돌파하는 패스를 보내는 능력자는 톱클럽에도 흔치 않다. 맨체스터시티의 아이메릭 라포르트, 리버풀의 티아고 알칸타라, 트렌트 알렉산더 아널드가 대표적 사례다.

스트리트 풋볼 모방의 유행

　종합적으로 생각하면 레인데르스의 지향점은 간단하다. 밀집된 블록의 틈에 생긴 좁은 공간에 종패스를 통과시킬 선수, 그런 패스를 받을 수 있는 위치를 선정할 줄 아는 공격수를 합한 타개 능력이다. 레인데르스는 드리블 돌파를 장기로 삼았던 아리언 로번의 플레이가 아니라 '패스를 받는 위치 선정'을 중시한다. 젊은 선수들은 로번의 플레이를 교과서 삼아 패스를 받는 위치 선정을 개선했다.

　전술 주기화의 급속한 보급은 경기 방식의 훈련을 비약적으로 증가시켰다. 선수의 판단력과 맥락에 따르는 기술적 플레이의 촉진이란 관점에서는 긍정적이지만, 개인의 기본기 훈련에 할애하는 시간은 줄어드는 경향이 있다.

　전통적으로 프랑스는 기술 훈련을 중시해 타개 능력을 지닌 선수를 육성했지만, 이런 타입의 선수를 육성하는 일이 점점 어려워지고 있다. 동시에 스트리트 풋볼처럼 자유로운 발상과 플레이 기술을 연마할 장소가 사라진다는 문제도 있다. 최근 청소년들은 스마트폰으로 여가를 보내기 때문에 시간이 날 때마다 볼을 차는 일은 줄어들었다. 프로선수들은 대개 형을 따라 볼을 찼다는 에피소드를 갖고 있다. 개인 기술을 위해서는 볼을 다루는 횟수와 시간이 절대적으로 필요하다. 유소년 훈련만으로는 톱레벨 선수를 육성하기 어려운 것이다.

　이런 문제를 해결하기 위해 많은 클럽들이 스트리트 풋볼을 모방한 훈련을 한다. 과거 맨체스터유나이티드(이하 맨유) U18팀 코치였던 폴 맥기네스는 매주 7인제 스트리트 풋볼을 도입해, 선수들에게 본래 포지션에서 벗어난 상황을 훈련시켰다. 덴마크 강호 미틸란트도 동일한 발상으로 스트리트 풋볼을 모방한 6분 게임을 2세트 형식으로 추가했다.

이렇게 정리되지 않은 훈련은 선수들의 기술 향상에 도움이 된다. 미틸란트 U19 감독인 헨리크 옌센은 "스트리트 풋볼을 통해 선수들이 자기를 표현하는 플레이를 하도록 독려한다"라고 말한다. 선수들은 자유롭게 뛰는 환경 안에 들어가 평소와 다른 플레이를 적극적으로 시도한다. 심리적으로도 긍정적인 영향을 미친다는 보고가 있는 만큼, 스트리트 풋볼은 흥미로운 주제가 되고 있다.

컨설턴트 활용에 주목

앞에서 말한 육성 환경을 생각하면 레인데르스처럼 개인훈련 전문가가 각광받는 상황은 자연스럽다. 미로슬라프 클로제는 클럽에서 스트라이커 전문 코치로 일한다. 개인훈련 전문가라는 역할은 현역에서 이제 막 은퇴한 선수에게 적합하다. 미켈 아르테타도 맨시티에서 적극적인 개인훈련으로 선수들을 지원했다. 많은 클럽이 개인훈련 코치를 고용해 기술 측면을 보완하고 있다. 팀 훈련으로는 선수들의 개별 기술 수준을 한꺼번에 다루기 어려워 개인 훈련 코치의 중요성이 커지는 추세다.

앞서 언급한 미틸란트 유소년 팀은 선진적 훈련법으로 주목받고 있다. 우선 월요일 오전에 선수들은 스스로 훈련 계획을 짠다. 미틸란트는 다수의 개인훈련 코치를 고용해 선수들이 예약을 통해 스스로 부족한 기술 훈련을 보완하게 한다. 드리블이 약한 선수는 드리블 전문코치를 통해 팀의 전술 훈련에서 드리블 기술을 시도한다. 개인 능력의 향상과 조직적 훈련을 정기화함으로써 상호 보완이 가능해지는 것이다.

1군이 되면 개인훈련에 할애하는 시간이 유소년 시절보다 짧아지는 경향이 있다. 컨설턴트의 활용이 또 하나의 옵션으로 주목받는 이유다. 맨유의 브루노 페르난데스, 에버턴에서 뛰었던 하메스 로드리게스는 개인훈련 서비스를 이용한다. 원래 뛰어난 기술을 보유한 두 선수에게 기본기 훈련이 더 필요할까? 일단 선수 스스로가 그런 생각을 인정하지 않는다. 컨설팅 회사는 개인훈련 코치를 다수 확보하고 있어서 선수의 요청에 맞춘 지도자를 제안한다. 최근 들어서는 비대면 컨설팅 서비스도 늘었다.

사실 이런 분야에 일찍 눈을 뜬 지도자 중 한 명이 알렉스 퍼거슨 전 맨체스터유나이티드 감독이다. 맨유를 이끌던 시절, 퍼거슨은 네덜란드 출신 르네 뮬렌스타인 코치를 중용해 라이언 긱스, 폴 스콜스 등에게 일대일 훈련을 시켰다. 뮬렌스타인에 따르면, 스콜스가 킥 능력은 이미 완성된 상태였지만 패스를 받을 때 시야에 문제가 있다는 사실을 발견했고 신체의 방향을 교정해 경기력을 개선할 수 있었다고 한다.

퍼거슨은 최고 수준의 선수들을 보유한 빅클럽에서도 이런 역할이 필요하다는 사실을 입증했다. 특히 프리미어리그에서 개인훈련 코치가 주목받는 추세는 흥미롭다. 또한 유소년 클럽에서 정교한 훈련을 통해 1군 적응을 돕는 접근법은 매우 효과적이다. 이제 막 지도자의 길을 걷기 시작한 미래의 감독들이 새로운 경력을 개발할 수 있는 방법이기도 하다.

프리미어리그의 미래 레전드

세계 최고봉인 프리미어리그에서는 클럽 레전드 출신과 외부에서 수혈된 지도자들이 경쟁한다.
빅클럽의 가치관을 공유하는 스타 출신 지도자와 해박한 지식으로 무장한
젊은 지도자들이 벌이는 주도권 다툼은 흥미진진하다.

03

미켈 아르테타
Mikel Arteta

포지셔널 플레이를
유연하게 해석하다

경력 *Career*

국적	스페인
생년월일	1982년 3월 26일

선수 경력(MF)

1998~99	바르셀로나C(ESP)
1999-2000~2001-02	바르셀로나B(ESP)
2000-01~2002-02	파리생제르맹(FRA)
2002-03~2003-04	레인저스(SCO)
2004-05	레알소시에다드(ESP)
2004-05	에버턴(ENG)
2005-06~2011-12	에버턴(ENG)
2011-12~2015-16	아스널(ENG)

지도자 경력

2016-17~2019	맨체스터시티(ENG) 코치
2019~	아스널(ENG) 감독

지도자 자격증 *License*

UEFA 프로
2017년 취득
웨일스

UEFA A
2015년 취득
웨일스

UEFA B
불명

바스크가 배출한 그라운드 위의 감독

세계적 미식의 고장인 **바스크 지방**°은 축구에서도 우수 선수를 많이 배출하기로 유명하다. 바스크 출신인 미켈 아르테타는 어려서부터 축구에 푹 빠져 지냈다. 이후 안티구오코라는 클럽에 가입했는데 그곳에서 사비 알론소와 만나게 된다. 마치 영화에 나오듯, 해가 질 때까지 모래사장에서 볼을 차며 놀던 두 소년은 넓은 세상으로 발을 내디딘다.

작은 클럽에서 만난 그들은 나란히 중원 미드필더로서 경기를 만들어

°**바스크** | 스페인 북서부에서 프랑스 남서부로 이어지는 지역. 산과 바다에 둘러싸여 독특한 문화가 발달했다.

가는 플레이에 능해, 그라운드 위에서 각자의 능력을 유감 없이 발휘했다. 같은 팀에서 세계 축구를 제패하는 꿈을 키웠던 두 소년은 운명에 의해 각자의 길을 가게 된다. 바르셀로나의 제안을 받은 아르테타가 이적을 결심했기 때문이다.

안티구오코에서 아르테타와 사비 알론소를 가르쳤던 로베르토 몬티엘은 당시를 이렇게 회상한다. "두 아이는 언제나 축구 이야기만 했다. 전략, 볼 소유, 어떻게 하면 상대를 막을지 등을 의욕적으로 고민했다. 어릴 때부터 둘은 축구 전술에 관심이 컸다. 그때부터 이미 지도자가 될 자질이 보였다."

몬티엘에 따르면 아르테타의 전술 감각이 사비 알론소를 앞섰다. 소년 시절 아르테타는 감독의 의도를 금방 파악했을 뿐 아니라 멀리 떨어진 선수에게 패스를 정확히 보내는 능력도 좋았다. 중원에서 또래 선수를 압도하는 아르테타에게 빅클럽 스카우터가 관심을 표한 것은 당연한 일이다.

선수로서 단계를 밟아 올라가던 아르테타는 두뇌가 명석한 동시에 자신의 생각을 숨기지 않는 성격이었다. 현역 시절 아스널에서 150경기 이상 출전했던 스튜어트 롭슨°은 아스널TV에서 축구해설가로 활동하면서 "개인적 생각이지만 아르테타는 벵거 감독과 지나칠 정도로 닮은 주장이었다"라고 말한다. 아르테타는 아르센 벵거의 축구를 깊이 이해했지만, 다른 의견을 주장하는 일도 주저하지 않았다. 자신의 의견을 숨기지 않고 감독과 토론하는 것을 즐겼다. 마치 학자처럼 아르테타는 축구의 심연을 탐구했다.

아르테타의 경력에서 가장 오래 뛴 클럽 중 하나가 6시즌을 보낸 에버턴이

°스튜어트 롭슨 | 잉글랜드 U21 대표팀에서도 뛰었던 미드필더

다. 데이비드 모예스가 쌓아 올린 팀에서 아르테타는 중원의 중추적 역할을 맡았다. 아르테타는 모예스 감독에 대해 이렇게 말한다. "인간적으로 존경한다. 감독의 가치관과 아울러 선수를 다루는 방법이 멋있다. 모예스 감독은 팀에 문화를 심었고 선수 간 화학반응을 촉진한다. 그 덕분에 확신을 얻을 수 있었다. 정말 열심히 하는 타입이기도 해서 언제나 100%를 요구했다. 모예스 감독의 팀에서 뛰어서 정말 좋았다."

2011년 에버턴에서 아스널로 이적한 후에도 패스워크를 중시하는 새 팀에 완벽하게 적응했다. 총명한 두뇌를 인정받은 아르테타는 은퇴 후에 맨체스터시티에 합류한다. 펩 과르디올라의 코칭스태프가 되어 최신 축구를 흡수하며 실력을 인정받았고, 감독의 오른팔로서 큰 역할을 했다. 특히 선수 개인훈련에 정평이 났다. 공격수가 볼을 받는 자세 등을 열정적으로 지도해 효과적인 플레이를 습득하게 하는 데에 성공했다.

그리고 운명의 시간이 찾아온다. 2019년 12월 20일, 아르테타가 친정 아스널의 감독으로 부임한 것이다. 벵거가 은퇴한 후, 스페인 출신 **우나이 에메리**° 체제에서 팀 정체성을 확립하지 못한 아스널은 38세 젊은 감독에게 팀을 맡겼다.

°**우나이 에메리** | 2018년 5월 23일 아스널 감독으로 취임해 첫 시즌 리그 5위로 마감했다. 다음 시즌 개막부터 불안한 경기력을 보여 2019년 11월 29일 해임되었다.

현실적 접근을 선택할 수 있는 유연성

수비 안정에는 시간이 걸린다는 정설대로, 전임자도 골머리를 앓았던 아스널의 수비 조직을 수정하는 난제는 지금까지도 아르테타를 괴롭히고 있다. 아르테타는 백3로 방향 전환을 결심한다. 이 카드가 성공한 요인은 중앙에서 수비를 총괄하는 다비드 루이즈(2021년 11월 브라질 플라멩구 입단)의 존재감이다. 첼시에서 이적 마감 직전에 영입한 브라질 국가대표 센터백 다비드 루이즈는 로랑 코시엘니의 후임자로서 기대를 모았다. 가끔 집중력이 결여된 플레이가 나오긴 하지만 아르테타의 신뢰는 흔들리지 않았다.

백3의 가운데 자리라는 요직을 부여받은 다비드 루이즈는 리더로서 각성한다. 원래 대인 마크와 공중볼 다툼에서 절대적 자신감을 보이는 타입인데 코칭 효과가 나타나고 있음을 부인할 수 없다. 이렇게 백3에서는 가운데를 단단히 지키고, 왼쪽 센터백에는 기동력이 뛰어난 풀백을 기용해 뒷공간을 커버했다. 이런 상황에서 상대 공격수를 확실하게 무너트리는 다비드 루이즈의 적극성은 무기가 된다. 크로스 대응 면에서도 강한 헤딩으로 볼을 걷어낼수 있다. 상대가 역압박을 노리는 영역에서 벗어나도록 클리어링해서 2차 공격까지도 봉쇄할 수 있다.

양쪽 측면의 윙백이 내려오면 백5가 되는 포메이션은 견고해서 지금까지 강팀을 상대하는 중요한 옵션으로 사용한다. 좌우 센터백은 기동력을 발휘해 하프스페이스에서 적극적인 압박을 가한다. 아르테타는 수동적 이미지의 백5 전술을 쓰면서도, 백5로 공간을 없애 강한 압박을 2차 무기로 활용하는 방법을 선호한다. 백4를 기본으로 할 때도 시간대와 상황에 맞춰 백5를 구사하는 등, 다양한 대응력을 보인다.

맨시티를 상대한 FA컵 준결승전에서는 은사인 과르디올라를 누구보다 잘 아는 아르테타가 훌륭한 대책을 강구했다. 백5로 하프스페이스를 봉쇄하고, 홀딩미드필더는 맨시티의 득점원 중 하나인 중앙 중거리슛을 때릴 공간을 없앤다. 고육지책으로 시도하는 크로스는 다비드 루이즈가 어김없이 걷어내고 땅볼 크로스에도 침착하게 대응한다. 다비드 루이즈가 커버링을 통해 라힘 스털링의 슛을 블록한 플레이는 다비드 루이즈 경력을 통틀어 손에 꼽을 만한 명장면이다.

5-4-1로 공간을 지우면서 공격에서는 맨시티의 약점인 수비 전환 단계를 노린다. 맨시티는 수초에 걸친 전방압박의 강도는 높지만, 이후 수비로 전환하는 속도가 느린 것이 단점이다. 아스널은 전진을 서두르지 않고 착실하게 상대의 전방압박을 회피한다. 그리고 맨시티의 리듬이 끊긴 순간 종패스를 시도해 전진한다. 맨시티 공격수는 전방압박 실패 직후 수비 블록까지 내려간다는 인식이 별로 없기 때문에, 순간적으로 맨시티 측 5번 영역(홀딩미드필더의 기본 영역)에 공간이 생긴다. 그곳을 잘 노린 결과가 아스널의 선제골이었다.

홀딩미드필더가 내려가서 빌드업 숫자를 늘림으로써 맨시티의 전방압박에서 벗어나고, 왼쪽 측면에 치우쳤던 다비드 루이즈가 키에른 티어니에게 전개한다. 여기서 재미있는 점은 센터백으로 기용된 티어니가 빌드업 흐름에 맞춰 레프트백 자리로 이동했다는 것이다.

원래 포지션에서 볼을 받은 티어니는 종 방향으로 전진하다가 알렉상드르 라카제트에게 전진패스를 보낸다. 여기서 다비드 루이즈가 살짝 템포를 늦춘 플레이로 스틸링을 유인한 덕분에, 티어니가 시간을 벌었다는 점을 간과해선 안 된다. 라카제트는 절묘한 공간에서 패스를 받아 반대편으로 전개한다. 이곳에는 오버래핑한 헥토르 베예린이 있었다. 베예린의 오른쪽 측면 크로스를 피에르-에메릭 오바메양이 마무리했다.

사실 이날 0-1로 패한 맨시티는 2월 21일 프리미어리그 경기에서도 고전했다. 아스널은 맨시티의 빌드업에서 중요한 카드가 되는 호안 칸셀루에게 맨투맨 마크를 붙여 시간을 빼앗았다. 과르디올라도 "아르테타는 축구의 모든 것을 꿰뚫고 있다. 그의 팀을 관전하면서 많은 것을 배운다"라고 극찬했다. 포지셔널 플레이를 신봉하는 감독은 대부분 지나칠 정도로 볼 소유를 추구한다. 하지만 아르테타는 상대를 분석하면서 유연하게 팀을 정비한다. 이런 부분은 에버턴 시절 모예스로부터 배운 교훈일지 모른다.

군살 없는 전진이 제일 중요

FA컵 득점 장면에 있어서 가장 중요한 임무를 수행한 선수가 다비드 루이즈다. 그는 볼을 직접 운반하는 현대적 센터백에게 요구되는 기능을 훌륭하게 해냈다. 이 장면의 포인트는 다비드 루이즈가 단순한 볼 운반이 아니라, 티어니를 마크했던 스틸링을 유인함으로써 티어니가 전진패스를 노릴 수 있는 시간을 만들어줬다는 점이다.

전진 과정이 심플했기 때문에 다음 플레이로 부드럽게 넘어갈 수 있었다. 수비수 가브리에우°를 애써 데려온 이유도 아르테타가 '볼을 앞으로 운반하는 센터백'을 원했기 때문이다. 과르디올라의 은사로 알려진 후안 마누엘 리요는 "첫 전진이 심플하게 성공하면 모든 게 단순해진다"라고 설명한다.

실제로 아르테타는 아스널 감독 부임 후, 볼을 심플하게 전진시키는 훈련을 집중적으로 수행했다는 보도가 있었다. 아르테타는 이 심플한 훈련에서도 몇 차례나 선수들을 멈춰 세우고 세세한 주문을 했으며, 힐킥을 엄격하게 제한했다. 아르테타는 아크로바틱한 플레이를 시도하는 라카제트에게 "실제 경기에서 할 수 없는 플레이는 훈련 중에도 해서는 안 된다"라고 질책하며, 팀 전체에 훈련의 중요성을 재확인시켰다. 경기 중에도 종패스에 의한 전진 플레이를 고집하는 아르테타 스타일이 눈에 띈다.

한편 홀딩미드필더가 올바른 위치로 내려와 있지 않을 때, 다비드 루이즈는 전진 롱패스를 보내 팀 전체가 함께 볼을 운반한다는 의식을 일깨운다. 티어니는 풀백과 센터백의 위치를 오가면서 공수 양면에서 빼놓을 수 없는 옵션으로 기능한다. 마치 웨스트햄유나이티드의 애런 크레스웰처럼 팀의 전술 열쇠가 되고 있다. 티어니가 볼을 드리블로 운반할 때마다 상대 조직에는 틈이 생기기 십상이다. 레알마드리드에서 임대해온 '노르웨이 신동' 마르틴 외데고르는 상대 패스루트를 막는 플레이에 능하다. 아스널 아카데미 출신인 부카요 사카도 전진 플레이를 돕는다.

팀 문화 정립이라는 관점에서, 아르테타는 모예스나 벵거의 팀에서 중시되었던 '팀 케미'라는 표현을 자주 사용한다. 코로나19로 경기가 중단된

°가브리에우 | 맨유, 나폴리 등과의 경쟁을 뚫고 아스날이 2020년 여름 영입에 성공했다. 이적료는 2600만 유로로 추정. 아르테타가 선수에게 직접 전화해 설득한 것이 주효했다고 한다.

기간에 아르테타는 선수들과의 대화를 통해 '팀 케미'를 증진하려고 노력했다. 아르테타는 선수 간 상호 이해를 촉진해 장기적 관점에서 클럽에 철학을 심고 있다. 그는 역사적 명장으로부터 팀 구축법을 배웠고, 과르디올라로부터 선진 전술을 흡수했다. 젊은 감독 아르테타가 아스널을 어떻게 진화시킬지 지켜보자.

데이비드 모예스

아르센 벵거

사제지간

펩 과르디올라

사제지간

코치로서
에버턴에서도
함께 일함

사제지간

스티브 라운드
에버턴 시절은 사제지간,
현재는 코치

안드레아스 조지슨
세트피스 전문 코치

미켈 아르테타

알베르트 스투이펜베르그
웨일스 대표팀 코치를 겸임했던
아스널 코치

사비 알론소
어린 시절 절친

주의(종축) × 단계(횡축)

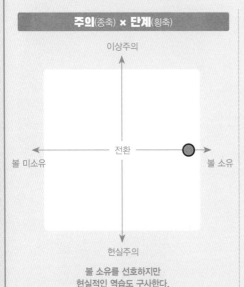

이상주의

전환

볼 미소유

볼 소유

현실주의

볼 소유를 선호하지만
현실적인 역습도 구사한다.

게임모델

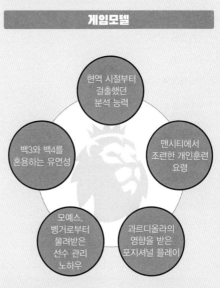

현역 시절부터
걸출했던
분석 능력

맨시티에서
조련한 개인훈련
요령

백3와 백4를
혼용하는 유연성

모예스,
벵거로부터
물려받은
선수 관리
노하우

과르디올라의
영향을 받은
포지셔널 플레이

토마스 투헬 Thomas Tuchel

전술가로서의 성향은 독일 출신 지도자들과 공통점을 갖는다.
백3와 백4를 혼용하면서 포지셔널 플레이를 전개하고,
역습에도 적응하는 능력이 강점이다.

04

이안 캐스로
Ian Cathro

철학을 굽히지 않는
육성 발명가

국적	스코틀랜드
생년월일	1986년 7월 11일
선수 경력	없음

지도자 경력

2008~2012	던디유나이티드(SCO) 유소년 코치
2012-13~2013-14	히우아베(POR) 코치
2014-15	발렌시아(ESP) 코치
2015-16	뉴캐슬유나이티드(ENG) 코치
2016-17	하트오브미들로시언(SCO) 감독
2018-19~2020-21	울버햄프턴원더러스(ENG) 코치
2021	토트넘홋스퍼(ENG) 코치

지도자 자격증 *License*

UEFA 프로
2015년 취득
스코틀랜드

UEFA A
시기불명
스코틀랜드

UEFA B
시기불명
스코틀랜드

육성 프로그램 서비스 '박스 사커' 발명

많은 유명 지도자처럼 이안 캐스로도 젊은 나이에 무릎 부상으로 선수 경력을 포기했다. 스코틀랜드 하위 리그°에 소속되었던 재능 있는 선수는 지도자의 길을 선택한다. 16세에 이미 코치가 되었고, 지역 클럽인 던디유 나이티드에서 유소년 코치로 일하면서 본인만의 코칭 비즈니스 회사를 창업한다. 사업 수완도 뛰어난 청년이 시작한 비즈니스가 바로 '박스 사커Box Soccer'다.

자신의 지도 철학을 응축한 훈련 방식에 스코틀랜드도 관심을 보여, 22

°스코틀랜드 하위 리그 | 현역 시절 브레친시티 유소년 팀에서 뛰었다.

세밖에 되지 않은 캐스로에게 유소년 육성 총책임자°의 직책을 맡긴다. 훈련의 기본은 풋살 코트처럼 필드의 크기를 제한하는 것이었다. 가로세로 24m의 박스 안에서 선수를 뛰게 하는 훈련으로 기술과 판단력을 갖춘 선수를 육성하고자 했다.

이 프로그램은 유소년 선수들에게 충분한 볼터치 기회를 제공해 '1시간 세션에서 볼터치 1천 회 이상'을 목표로 한다. 선수들에게 도전을 독려하며 리스크가 큰 플레이를 중시한다. 간단한 패스가 아니라 좁은 공간에서 아슬아슬한 패스에 익숙해짐으로써 결정적 플레이를 창출하는 선수를 키운다는 것이 캐스로의 철학이다.

2019년 8주년을 맞이한 '박스 사커'의 현 대표는 존 콜크혼°°이다. 2015년 캐스로로부터 사업을 넘겨받은 콜크혼은 셀틱과 하츠에서 뛰었던 선수로, 은퇴 후에는 에딘버러대학에서 학장으로 일했던 재원이다. 콜크혼은 이 훈련법을 해외에도 보급하고 있다. 17세에 프로에 데뷔한 콜크혼은 본인의 과거를 돌아보며 이렇게 말한다.

"내가 어렸을 때는 휴일에 8~9시간씩 공을 찼다. 그 외에 놀거리도 별로 없어서, 배에서 꼬르륵 소리가 날 때까지 공만 차고 놀았다. 내가 볼을 컨트롤하는 기술을 습득한 것은 그런 날들 덕분이다. 단순히 지도자가 시킨 것을 하는 게 아니라 볼을 갖고 스스로 판단한다. 그렇게 혼자 놀면서 문제해결 능력이란 기술도 습득할 수 있었다. 하지만 요즘은 그런 환경을 만들기가 어렵

°유소년 육성 총책임자 선임 | 캐스로의 재능을 높이 평가한 사람은 당시 감독이었던 크레익 레빈이었다.
°°존 콜크혼 | 선덜랜드, 밀월 등에서 뛰었던 스트라이커

다. 공원에서 8~9시간씩 뛸 수도 없고, 내 손자도 태블릿과 게임기로 시간을 보낸다. 그 녀석이 길거리에서 볼을 차고 논다면 나도 걱정될 것 같다. 아이들이 길거리에서 축구를 하며 노는 것이 어려운 세상이 되었다."

아카데미 환경에 모인 어린 선수들에게 스트리트 풋볼에 가까운 환경을 만들어주는 것이 특별하진 않지만, 콜크혼은 한 가지 과제를 지적한다. 본인의 어린 시절과 달리 최근 아카데미 훈련에는 시간 제한이 존재한다는 사실이다. 선수들에게는 3~4시간만 주어지는 탓에 시행착오를 무한 반복하기 어렵다. 그래서 캐스로의 훈련법은 매력적이다.

캐스로는 훈련을 부분으로 나누지 않는다. 한 가지 메뉴로 여러 가지 훈련을 해서 시간을 절약한다. 콜크혼에 따르면, 매일 아카데미 훈련 도중에 버려지는 시간을 활용하면 큰 차이를 만들 수 있다. '박스 사커'는 좁은 공간을 기본으로 하면서 마네킹의 위치와 훈련 룰만 바꾸는 방식이다. 예를 들어 양발로 터치하는 훈련에서 왼발만 쓰는 훈련으로 넘어갈 때 시간 낭비는 발생하지 않는다. 환경과 룰을 컨트롤하면서 선수의 판단 능력을 키운다.

현재 '박스 사커'는 14개 거점, 70명의 지도자를 보유할 정도로 사업을 확장했다. 캐스로가 감독으로 일했던 하츠의 유소년 팀도 이 기법을 도입했다. 이 훈련법으로 기술을 익힌 후, 하츠 1군을 거쳐 스코틀랜드 국가대표팀에서 활약하는 센터백이 존 수타°다. 수타는 본래 포지션인 센터백 외에 미드필더로도 뛰는 만능형 선수로, 뛰어난 테크닉으로 경기를 조율

°존 수타 | 센터백과 홀딩미드필더로 뛸 수 있는 장신 선수. 현재 하츠에서 뛴다.

한다.

던디유나이티드 시절에 캐스로가 키운 유명 선수는 총 3명이다. 앞서 소개한 수타와 엘긴시티°의 레프트백 유언 스파크, '스코틀랜드의 메시'로 불리는 라이언 골드다. 골드는 캐스로를 "내게 가장 큰 영향을 준 지도자"라고 말한다. 골드는 어린 나이에 두각을 나타내 포르투갈의 스포르팅으로 이적했다. 팀 내 경쟁에서 밀려 임대되었던 파렌세에서는 공격의 중심으로 활약하면서 주장 역할까지 했다.

15분 훈련을 극찬한 누누에게 이끌려 포르투갈로

2009년 육성 전문가로서 명성을 얻던 캐스로에게 하나의 계기가 찾아온다. 스코틀랜드축구협회의 지도자 육성 과정에서 누누 에스피리투 산투와 만난 것이다. 누누는 조제 모리뉴와 안드레 빌라스 보아스로부터 스코틀랜드 지도자 과정을 추천받았다. 실전 코스가 많다는 이유에서였다.

누누 본인도 말하듯이 포르투갈의 지도자 과정에는 이론 수업이 많다. 스코틀랜드 지도자 과정은 선수들과 직접 어우러져 훈련과 실전을 직접 경험하는 내용이 많은데, 그것이 누누의 성격과 잘 맞았다. 현역 시절 골키퍼였던 누누는 훈련 모습을 항상 골키퍼 위치에서 지켜보는 습관을 지적받았고, 이런 버릇을 고치기까지 애를 먹었다고 한다.

°엘긴시티 | 스코틀랜드 4부 클럽

이곳에서 누누는 자신과 축구 철학을 공유하는 최고의 파트너인 캐스로와 친해져 함께 포르투갈 무대 도전에 나선다. 누누는 당시 23세였던 캐스로가 디자인한 15분 훈련 세션을 극찬했다고 한다. 한편 캐스로도 자신의 훈련법을 발전시킬 아이디어를 제시하는 누누의 능력을 인정했다. 결과적으로 두 사람 사이에 서로의 성장을 도울 수 있다는 믿음이 생겼다.

히우아베에서 두 사람은 성공을 거두며 최상의 출발을 한다. 2013-14 시즌에는 컵 결승전만 두 차례 진출한다. 포르투갈에서도 작은 클럽인 히우아베는 당시 3관왕을 달성한 벤피카를 위협하는 존재가 되었다. 훈련 과정에서 누누는 주로 수비를 맡았고, 캐스로는 공격 훈련에 본인의 생각을 반영했다. 누누는 상대 공격을 봉쇄할 뿐 아니라 그 시점부터 연속적인 압박을 무효화하는 훈련을 짰다. 상대의 공격이 반칙을 저지를 때까지 볼을 지키는 플레이를 익히는 훈련도 실시했다. 포르투갈 시절, 캐스로는 콤비네이션 플레이를 좋아해 원투패스 연결을 중시했다.

공격수가 패스를 보낸 다음에 정지하는 플레이를 막기 위해 선수들에게 연속적 지원을 주문했다. 캐스로는 포르투갈어를 전혀 구사하지 못했는데, 후일 "최대의 도전이었다. 내게는 가장 성장할 수 있던 시기였다"라고 회상했다.

포르투갈에서 거둔 성공을 인정받아 누누는 스페인 발렌시아의 감독으로 취임했다. 물론 캐스로도 함께 갔다. 스페인 명문 클럽에서 결과를 중시하는 환경을 경험했기에 지도자로서 한 단계 더 성장할 수 있었다. 2015년 두 사람은 각자의 길을 간다. 캐스로가 뉴캐슬유나이티드를 지휘하던 스티브 맥클라렌의 제안을 받아 영국으로 복귀했기 때문이다. 라파엘 베니테스의 인정을 받은 덕분에, 감독 교체에도 불구하고 어시스턴트코치로서 뉴캐슬에 잔류할 수 있었다.

지나치게 앞서간 것이 실패 원인?

스코틀랜드에서 캐스로는 30세에 정식 감독에 취임한다. 에딘버러 명문 하츠에서의 도전은 스코틀랜드에서도 화제를 모았다. 캐스로를 옹호하는 사람들은 그를 율리안 나겔스만에 비유했고, 반대 측에서는 경험 부족을 우려했다. 특히 크리스 보이드°는 "노트북 감독은 1군 지도를 하기 어렵다"라고 말했다.

캐스로가 그동안 지도했던 선수들은 강력한 지지를 보냈다. 스페인, 포르투갈에서 충분히 결과를 냈고, 독창적인 훈련법까지 디자인한 기술을 높이 평가한 것이다. 뉴캐슬 시절 캐스로의 지도를 경험했던 스코틀랜드 대표팀 맷 리치는 "어두운 방에 틀어박혀 경기만 분석하는 지도자라는 이미지는 오해다. 캐스로의 지도는 톱레벨이다. 지도자뿐 아니라 선수들로부터도 호평받았다"라고 말했다.

갑론을박을 불렀던 캐스로의 감독 도전은 아쉽게 실패로 끝났다. 팀에 명확한 경기 계획을 제시하지 못했던 점이 치명적이었다. 감독을 보좌하는 역할에만 충실했던 캐스로는 결단력 부족을 드러냈고, 대부분 판단은 실패를

°크리스 보이드 | 스코틀랜드 대표팀에서도 활약했던 스트라이커

맛봤다. 특히 중요한 경기에서 결과를 내지 못해 클럽에서 해고됐다. 훈련 강도가 부족했다는 지적이 있듯이 스코틀랜드 축구에 적응하지 못했을지도 모른다.

브렌던 로저스는 캐스로의 해임을 두고 "팀의 보강과 캐스로가 추구하는 축구가 맞지 않았다"라고 변호했다. 스코틀랜드 언론들로부터도 쓴맛을 봐야 했기에 캐스로는 인생에서 처음 큰 좌절을 겪었다. 이 괴로운 경험은 캐스로에게 큰 경험이 되었을 것이다.

페페인 레인데르스가 네덜란드 리그의 도전을 거쳐 리버풀에서 더욱 빛날 수 있었듯이, 캐스로도 프리미어리그로 복귀했다. 은사 누누가 울버햄프턴원더러스의 코치직을 맡겼기 때문이다. 울버햄프턴은 슈퍼 에이전트 조르제 멘데즈와 깊은 관계를 유지하고 있을 뿐 아니라 많은 포르투갈 선수°를 보유하고 있기에 누누는 최적의 감독 후보였다. 2017년 감독으로 취임한 누누는 팀 강화를 위해 캐스로를 호출했다.

프리미어리그에서도 캐스로에 대한 평가가 높다. 본인의 지도 철학을 굽히지 않는 성격이 중요한 무기가 되었다. 하츠에서 경질되었을 때도 "우리의 축구 스타일은 버리지 않는다"라고 말했다. 캐스로는 프리미어리그에서도 분석과 훈련을 맡아 선수들의 성장을 견인한다. '최고의 천재'라는 누누의 평가에 걸맞게, 캐스로는 아다마 트라오레를 유럽 빅클럽이 눈독들이는 공격수로 변신시켰다. 포르투갈식 교육을 받은 젊은 선수들이 많은 팀인 만큼 울버햄프턴은 캐스로에게 이상적 근무 조건을 제공했을 것

°**포르투갈 선수** | 현재 포르투갈 출신 선수를 8명 보유 중이다. 팀 중심으로 뛰는 후벤 네베스는 한때 몸값이 5천만 유로까지 치솟았다.

이다.

캐스로는 늘 뒤에서 보좌하는 역할을 했기에 본인 스스로 앞에 나서서 팀을 이끄는 일에는 다소 어려움이 따를지 모른다. 선수들과의 커뮤니케이션이나 훈련 지도는 문제가 아니지만, 선수들을 춤추게 하는 듯한 카리스마는 캐스로가 더 습득해야 할 부분으로 보인다.

하지만 하츠의 실패조차 "시대를 너무 앞서갔다"라고 말하는 전문가도 있다. 캐스로의 전술 지식과 통찰은 유럽에서도 정상급이다. 영국 축구의 변혁을 이끌어 '스코틀랜드의 나겔스만'이 될 잠재력은 확실하다. 아직 30대 중반에 불과한 캐스로가 감독으로서 톱레벨에 오를 날이 멀지 않은 것으로 보인다.

관계도

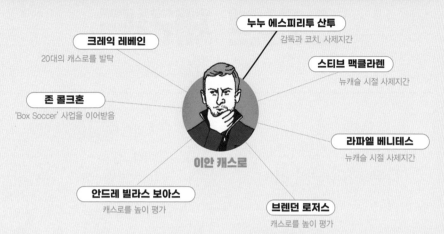

누누 에스피리투 산투
감독과 코치, 사제지간

크레익 레베인
20대의 캐스로를 발탁

스티브 맥클라렌
뉴캐슬 시절 사제지간

존 콜크혼
'Box Soccer' 사업을 이어받음

라파엘 베니테스
뉴캐슬 시절 사제지간

이안 캐스로

안드레 빌라스 보아스
캐스로를 높이 평가

브렌던 로저스
캐스로를 높이 평가

주의(종축) × 단계(횡축)

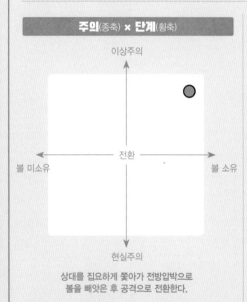

이상주의

전환

볼 미소유 ← → 볼 소유

현실주의

상대를 집요하게 쫓아가 전방압박으로
볼을 빼앗은 후 공격으로 전환한다.

게임모델

정교한
훈련기법 고안

독창적인
육성 이론과
철학

강인한 멘탈

뛰어난
환경 적응력

전방압박과
콤비네이션 선호

미래상

위르겐 클롭 Jürgen Klopp

압박에 그치지 않고, 압박과 콤비네이션 플레이를 융합하는 발상은
위르겐 클롭과 유사하다. 누누의 팀에 액센트를 추가하는 존재다.
클롭처럼 되기 위해서는 선수를 다루는 능력을 키워야 한다.

05

스티븐 제라드

Steven Gerrard

리버풀의 가치관DNA를
품은 리더 중의 리더

경력 *Career*

국적	잉글랜드
생년월일	1980년 5월 30일

선수 경력(MF)

1998-99~2014-15	리버풀(ENG)
2015~2016	LA갤럭시(USA)

지도자 경력

2017	리버풀(ENG) 아카데미 코치
2017-18	리버풀(ENG) U18 감독
2018~2021	레인저스(SCO) 감독
2021~	애스턴빌라(ENG) 감독

지도자 자격증 *License*

UEFA 프로
2019년 취득
잉글랜드

UEFA A
2017년 취득
잉글랜드

UEFA B
2015년 취득
잉글랜드

제라르 울리에가 점찍은 미래의 리더

잉글랜드 머지사이드의 휘스턴에서 태어난 소년은 누구보다 축구를 사랑했다. 집 근처에 있는 아이언사이드로드라는 거리에서 형제, 친구들과 함께 스트리트 풋볼에 정신이 팔려 지냈다. 아이들은 그곳을 '환희의 도로'라고 불렀다. 스티븐 제라드의 이야기다.

성인이 된 제라드는 잉글랜드 국가대표팀과 리버풀에서 주장으로 활약하면서 팀을 짊어진다. 부모는 어린 시절 제라드의 내성적인 성격을 걱정했다고 하는데 이는 기우였다. 알다시피 그는 팀 전체를 이끄는 위대한 캡틴으로 성장했다. 절대 포기하지 않는 의지, 마지막 남은 힘까지 쥐어짜는 자세야말로 제라드의 진면목이다.

지역 유소년 클럽에 가입한 제라드는 운동량과 기술로 바로 팀의 중심이 된다. 유소년 클럽에서 주장을 맡은 제라드를 보기 위해 많은 스카우트가 현장을 찾았다. 영재를 손에 넣은 클럽은 리버풀이었고, 제라드는 16세까지 아카데미에서 뛰었다. 리버풀의 지도자들은 성장기에 10cm나 자란 제라드에게 부하를 가하지 않기 위해 세심하게 훈련 메뉴를 짰다. 덕분에 제라드는 스피드와 민첩성을 잃지 않고 프로에서 충분히 통할 만한 신체를 지닐 수 있었다.

리버풀 데뷔 시즌에 제라드가 풀백으로 기용되었다는 사실은 스피드와 피지컬 면에서 인정받았다는 것을 의미한다. 1998-99시즌, 프랑스 출신 제라르 울리에°가 18세의 제라드를 발탁한다. 프리미어리그와 리버풀의 가치관을 혁신했던 울리에 감독은 생전 이렇게 회상했다.

"U19팀을 보러 갔다가 당시 U17 소속이었던 스티븐을 봤다. 부상자 공백을 메우기 위해 U19팀에 호출된 것 같았는데 플레이 수준이 아예 달랐다. 양쪽 페널티박스 사이를 쉼 없이 왕복하면서 태클로 볼을 빼앗았다. 동료들에게 지시를 내리는 모습이 딱 내가 찾던 리더의 자질이었다. 다음날 나는 제라드를 1군에 합류시키기로 했다."

울리에의 선택을 받은 제라드는 존재감을 발휘해 1999-2000시즌 중앙 미드필더로 뛰었다. 이때 허리 부상으로 고생하면서도 프로 첫 골도 기록했다. 2000-01시즌부터는 주전이 되어 팬들을 열광시킨다. 2003-04시즌에는 팀 주장으로 지명되어 어린 나이에 명문 클럽을 통솔하는 중책을 맡았다.

°제라르 울리에 | 리버풀 훈련장을 재건하는 등 훈련과 육성 면에서 리버풀을 개혁했다.

당시 제라드를 주장으로 만든 울리에는 "처음부터 리더의 자질을 지니고 있어 주장에 어울린다고 판단했다"라고 말했다. 걸출한 경기력으로 시즌 막판에 리버풀을 구했지만, 제라드는 첼시의 영입 제안을 받고 고민에 빠졌다. 에이스였던 마이클 오언을 레알마드리드에 팔았던 클럽의 정책에 의구심을 품었던 제라드는 "처음으로 이적이란 것을 생각했던 시기였다"라고 회상한다. 최종적으로는 누구보다 사랑하는 클럽에 남는 결단°을 내린다.

다음 시즌부터 지휘봉을 잡은 전술가 라파엘 베니테스가 제라드를 경력 최고의 경기로 이끈다. 바로 2004-05시즌 챔피언스리그 결승전인 '이스탄불의 기적'이다. 당시 밀란은 전력을 골고루 배분하며 토너먼트 단계를 통과해 올라온 상태였다. 반대로 리버풀은 접전들을 힘겹게 제압하는 모양새였다. 결승전은 초반부터 밀란이 압도했다. 전반전에만 밀란은 파올로 말디니의 선제 득점과 에르난 크레스포의 2연속 골로 3-0으로 앞서며 압도적 전력 우위를 선보였다.

후반전부터 리버풀의 역사에 남을 반격이 시작된다. 베니테스는 스티븐 피넌을 디트마르 하만으로 교체해 한 번도 시도해본 적 없는 백3로 전환한다. 제라드는 공격적 포지션으로 전진하면서 불굴의 활약을 펼친다. 54분 아르네 리세의 크로스를 헤더로 연결하자 팀의 기세가 살아난다. 56분에는 블라디미르 슈미체르가 중거리슛으로 득점을 터트렸고, 60분 제라드가 넘어지며 페널티킥을 획득한다. 한 번 막힌 페널티킥을 사비 알론소가 재

°잔류 결심 | 당시 두통약을 먹어야 할 정도로 고심했다고 밝혔다.

차 슛으로 연결해 리버풀은 동점으로 따라붙는다. 이날 결승전에서 제라드를 공격적 포지션으로 옮긴 베니테스의 결단이 빛을 본 순간이었다. 수비 임무에서 풀려난 제라드는 밀란의 문전을 계속 위협했다.

2006-07시즌의 챔피언스리그 결승전에서 다시 밀란과 만나게 되었지만, 복수심에 불탄 밀란에 0-2로 무릎을 꿇는다. 2007-08시즌에는 스페인 출신 포워드 페르난도 토레스가 합세해 제라드와 콤비 플레이로 팀 공격을 이끌었다. 2008-09시즌 들어 리버풀은 맨체스터유나이티드와 치열한 우승 경쟁을 벌인 끝에 2위에 그쳤다. 하지만 이후 리버풀은 활력을 잃었다. 사비 알론소의 이적이 결정적이었다. 중원에서 지원하는 도우미가 없어진 탓에 제라드의 부하가 커진 탓이 크다.

말년에는 브렌던 로저스에 의해 빌드업 전개 역할°로 기용되어 루이스 수아레스와 함께 우승에 도전했지만, 이번에도 2위에 그쳤다. 비원의 프리미어리그 우승을 이루지 못한 채 제라드는 미국 LA갤럭시로 이적한다. 데이비드 베컴이 거쳐갔던 미국 무대에서 두 시즌을 뛴 후에 현역 생활을 마감한다.

원래 제라드는 다이나믹한 운동량을 무기로 삼는 박스투박스 미드필더로 활약했지만, 경력 말기에는 뒤로 처진 포지션을 소화했다. 수비 라인을 도우면서 빌드업에 참가하는 플레이에서도 존재감을 드러내며 뛰어난 적응력을 입증했다.

°**빌드업 전개 역할** | 브렌던 로저스는 한쪽 측면에서 빌드업을 시작해 반대편 전개 역할로 제라드를 활용했다. 제라드의 킥 능력을 사이드체인지 단계에서 활용해 팀의 빌드업에 융합했다.

명문 레인저스를 비원의 우승으로

은퇴 후인 2017년 리버풀 아카데미의 코치로 일하기 시작했고, 2017-18시즌부터는 U18팀의 감독에 임명된다. 그리고 2018년 스코틀랜드의 명문 레인저스 감독 자리에 앉는다. 레인저스는 노동자 계급 서포터즈가 많은 옛 빅클럽으로 리버풀과 공통점이 많았다. 당시에는 최대 앙숙인 셀틱에 일방적으로 밀리는 수모°를 감수 중이었다.

성공을 달리는 셀틱을 바라보면서 와신상담의 마음으로 꾸준히 전력을 강화해온 레인저스로서는 제라드의 감독 부임이 최고의 기폭제가 되었다. 제라드는 취임 후 12경기 연속 무패로 순조롭게 출발해 유로파리그 출전권을 획득하는 성과를 남겼다. 이후 은사 로저스가 이끄는 셀틱을 꺾는 등 더비매치에서도 결과를 남겼고, 2020-21시즌 마침내 리그 우승이라는 비원을 이뤘다. 감독 경력에서도 본격적인 족적을 남긴 것이다.

감독 제라드는 백4를 선호한다. 기본적으로 후방을 백4로 세우는 4-2-3-1과 4-3-3을 혼용한다. 양쪽 날개에는 기술이 좋은 선수를 두고, 풀백이 높은 위치까지 전진해서 공격에 가담한다. 특히 오른쪽 측면부터 시작하는 공격은 정교하다. 레인저스에서 200경기 이상 뛴 라이트백 제임스 타버니에가 적극적으로 오버랩하고, 라이트윙은 연동해서 안쪽으로 들어간다. 이 포지션에는 최근 루마니아 대표 이아니스 하지가 자주 기용된다.

위대한 아버지°°의 능력을 물려받은 하지는 중앙으로 파고들어 골을 노

° **셀틱에 밀리다** | 2012년 파산을 겪었고, 2016-17시즌에야 겨우 1부로 복귀했다.
°° **위대한 아버지** | '발칸 마라도나'라고 불렸던 플레이메이커 게오르게 하지를 일컫는다.

리는 플레이가 장점이다. 하지가 측면 영역을 맡고 중앙미드필더가 하프스페이스로 올라간다. 이런 연동으로 중앙 숫자를 늘리는 것이 제라드의 노림수다. 오른쪽 중앙미드필더 자리에 기용되는 핀란드 대표 글렌 카마라는 공수 지원을 의식하면서 전진을 노린다. 반대편 중앙미드필더도 적극적으로 전진한다. 스콧 아필드는 4골, 조 아리보는 6골을 올린 사실에서 보듯이 제라드가 설계한 공격력 향상은 성과를 거뒀다.

명장들의 철학을 이어받아 테크닉 중시

레인저스의 최전방 멤버는 화려하다. 잉글랜드 전 국가대표 저메인 디포는 특유의 득점 감각으로 팀의 비밀병기 역할을 한다. 절대적 에이스는 콜롬비아 대표인 알프레도 모렐로스다. 거친 성격으로도 유명한데 뛰어난 득점력으로 빅클럽의 영입 제안을 받고 있다. 케마르 루페는 공격 면에서 자유롭게 움직이며 필드의 여러 영역을 휘젓는다. 루페를 최전방 스트라이커로 놓는 옵션은 예측하기 어려운 공격 전술이 된다.

왼쪽 측면부터 시작하는 공격에서는 보르나 바리시치의 전진이 유효하다. 크로아티아 대표인 바리시치는 키와 스피드를 겸비해 매우 공격적 플레이를 펼친다. 반대편에서 공격이 시작될 때도 높은 위치까지 올라가 패스를 받고 공중볼 다툼에도 능하다. 바리시치는 현대적 풀백에게 요구되는 공격의 기점 및 종점 역할에 모두 능하다.

바리시치의 전진 능력을 살리는 파트너는 라이언 켄트다. 제라드처럼 리버풀 아카데미 출신인 켄트는 날카로운 공격뿐 아니라 뒤에서 도와주는 능력도 뛰어나다는 평가를 받는다. 왼쪽 윙어로 기용되는데 오른발잡이라서 하프스페이스에서 풀백의 전진을 막지 않으면서 원투 패스 등 콤비네이션 플레이를 선보인다. 볼이 오른쪽으로 넘어가는 장면에서 켄트는 헌신적 움직임으로 반대편 영역까지 건너가 동료를 돕기도 한다. 그 덕분에 중앙 미드필더가 계속 전진한 상태를 유지할 수 있다. 득점 또는 도움 능력까지 갖춘 켄트는 레인저스에 없어서는 안 될 존재다.

또 한 명 중요한 선수가 홀딩미드필더인 스티븐 데이비스°다. 사우샘프턴에서도 압도적 전술 능력을 선보였던 데이비스는 레인저스의 심장이다. 역압박 단계에서 위치 선정과 상황을 읽는 속도가 상대를 압도한다. 볼을 빼앗긴 순간에 팀 전체를 정확히 조율해 공간을 차단한다.

수비 면에서는 높은 위치에서 시작하는 압박이 특징이다. 켄트가 상대 패스를 풀백 쪽으로 유도했다가 다시 안쪽으로 들어오는 볼을 노리는 움직임이 잘 먹힌다. 홀딩미드필더는 운동량과 피지컬을 앞세워 상대 침투를 막는다. 상대가 공격 숫자를 늘릴 때는 홀딩미드필더가 최후방 라인에 가담해 수적으로 대응한다. 센터백에는 잉글랜드 출신인 코너 골드슨과 스웨덴 대표 필립 헬란데르의 조합이 운용된다. 맨마크 능력이 강한 선수들로 꾸며 상대가 공세를 올려도 쉽게 무너지지 않는다.

'더블 10번'이라고도 불리는 제라드의 전술 시스템은 하프스페이스를 이용하는 공격을 중시한다. 스트라이커 뒤에 2선 중앙공격수를 두 명 두어서 풀백의 위치를 올리는 스타일에서는 위르겐 클롭의 영향이 감지된다. 하지만 클롭과 비교해서, 제라드는 선수들의 테크닉을 중시한다는 것이 특징이다. 콤비네이션으로 상대 수비진을 파헤치는 스타일은 본인이 현역 시절에 가르침을 받은 명장들의 철학을 계승한다고 할 수 있다. 누구보다 리버풀의 가치관을 잘 아는 제라드는 레인저스를 2020-21시즌 리그 우승으로 이끌었고, 2021년 11월 프리미어리그 전통의 명문 애스턴빌라 감독직에 부임했다.

관계도

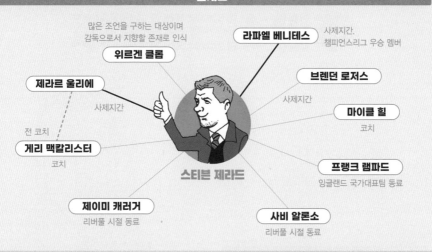

많은 조언을 구하는 대상이며
감독으로서 지향할 존재로 인식

위르겐 클롭

라파엘 베니테스
사제지간.
챔피언스리그 우승 멤버

제라르 울리에

브렌던 로저스
사제지간

사제지간

마이클 힐
코치

전 코치

게리 맥칼리스터
코치

프랭크 램파드
잉글랜드 국가대표팀 동료

스티븐 제라드

제이미 캐러거
리버풀 시절 동료

사비 알론소
리버풀 시절 동료

주의(종축) × 단계(횡축)

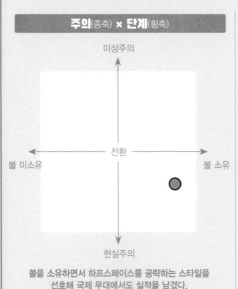

이상주의

전환

볼 미소유 ← → 볼 소유

현실주의

볼을 소유하면서 하프스페이스를 공략하는 스타일을
선호해 국제 무대에서도 실적을 남겼다.

게임모델

2선 중앙
2인으로
하프스페이스
공략

측면의
운동량과
홀딩미드필더의
공격 가담

절묘한
베테랑의 기용

선수 특성에
맞춘 전술 조정

높은 위치에서
전방 압박

미래상

위르겐 클롭 Jürgen Klopp

전방압박과 양 측면 공격에 의한 하프스페이스 공략을 장기로 한다는 점에서
위르겐 클롭의 축구에 가깝다. 단, 테크닉에 기초한 공격을 선호하는 성향을 보인다.

06

주앙 사크라멘투
João Sacramento

모리뉴가 점찍은
미래의 스페셜원

경력 Career

국적	포르투갈
생년월일	1989년 1월 31일
선수 경력	없음

지도자 경력

2014-15~2016-17	모나코(FRA) 스카우트
2016-17~2019-20	릴(FRA) 코치
	*2017-18시즌 감독대행
2019-20~2021	토트넘홋스퍼(ENG) 코치
2021	로마(ITA) 코치

지도자 자격증 License

UEFA 프로
없음

UEFA A
2017년 취득
웨일스

UEFA B
대학 재학 중 취득

무명 대학 팀 분석에 20시간을 쓰는 마니아

신세대 지도자 주앙 사크라멘투는 젊은 시절부터 선수가 아닌 지도자의 길에 관심을 가졌다. 사크라멘투는 아카데믹한 지식으로 무장한 지도자로 조제 모리뉴가 갈망하는 유형이다. 젊은 시절 고국 포르투갈을 떠나 2009년에 호주 사우스웨일스대학에 입학한다. 대학교가 위치한 웨일스의 트레포레스는 작은 마을로 가수 톰 존스°의 출생지라는 게 유일한 자랑거리다. 학업에 집중하기 좋은 환경에서 젊은 지도자의 도전이 시작된다.

사크라멘투의 부모는 아들이 엔지니어와 같은 평범한 직업을 갖길 원했

°톰 존스 | 영화 '007 선더볼 작전'의 주제가를 담당했던 웨일스 출신 가수

지만, 그는 인터넷으로 알아본 대학의 평판을 믿고 사우스웨일스에 입학하기로 마음먹는다. 이미 그때부터 축구 지도자를 꿈꾸며 유학 생활을 시작한다. 처음 '트레포레스'라는 지명을 들었을 때, 부모는 "도대체 그건 어디에 있는 거니?"라고 되물었다고 한다. 사크라멘투는 16세에 이미 컴포트존°을 벗어나는 요령을 알고 있었다. 결과적으로 이 판단은 사크라멘투를 최고의 경험을 얻을 수 있는 환경으로 인도했다.

사우스웨일스대학은 카디프시티나 스완지시티와 제휴가 이루어진 지도자 교육 명문이다. 덕분에 사크라멘투는 1학년 때부터 카디프의 스카우팅과 U15팀 지도를 경험할 수 있었다. 사우스웨일스대학 축구부 코치로서 지도 현장을 경험한 것은 물론, 웨일스 국가대표팀 경기력 분석팀에서 인턴 자격으로 일하기도 했다. 다른 대학팀을 철저히 분석한 보고서를 작성하고 개인 블로그에 전술 분석 글을 기고했다.

당시 사크라멘투가 관심을 기울였던 대상은 펩 과르디올라와 조르제 제수스의 팀이었다고 한다. 축구에 대한 탐구심이 넘친 덕분에 평범한 대학 축구팀을 16~20시간씩이나 공들여 분석했다. 분석 보고서는 상대 팀의 약점을 정확하고 상세하게 기술하고 있었다.

크리스 콜먼과 게리 스피드를 보좌하면서 사크라멘투의 이름이 조금씩 알려졌다. 게리 스피드는 인턴 자격으로 분석을 담당했던 사크라멘투의 보고서를 높이 평가해, 1군 레벨에서도 통하는 재능이라고 여겼다. 대학교 수업에서도 시험이나 과제에서 항상 80점 이상(영국의 대학교에서는 매우 높은 점수대

°**컴포트존**(Comfort Zone) | 편안한 공간이란 의미. 성장을 위해서는 이 공간을 벗어나 새로운 자극을 경험할 필요가 있다.

다—역주)을 유지할 정도로 우등생이었다. 대학 교수들에게도 모범생으로 평가받았다. 학사 논문 주제는 모리뉴의 대명사가 된 전술 주기화°였다. 사크라멘투는 당시 스완지 감독인 브렌던 로저스의 훈련법에도 관심을 기울였다.

로저스는 첼시 시절 모리뉴와 함께 일한 인연으로 전술 주기화를 추종했으므로 사크라멘투에게도 영향을 미쳤다. 결과적으로 사크라멘투는 전술 주기화를 신봉하게 된다. 그는 대학 시절부터 "프로에서 영입 제안을 받아도 훈련 이론이 맞지 않으면 거절한다"라고 말했다고 한다.

우수한 성적으로 대학을 졸업한 사크라멘투는 사우스웨일스대학에서 강사로 일하게 된다. 축구경기력코칭 학부에서 지도자를 육성하는 '테크니컬 데몬스트레이터'로 발탁된 것이다. 사크라멘투를 가르쳤던 데이비드 애덤스 교수는 "사우스웨일스대학이 사크라멘투 같은 재원을 잃는 것은 뼈아프다고 생각해서 졸업하자마자 강사로 채용했다. 갓 졸업한 젊은이가 대학 1, 2학년생을 가르치는 게 이상한 광경이었을지 모른다. 만약 포르투갈로 돌아가 버리면 평생 후회할 거라 생각했다"라고 회상한다.

모나코를 감탄하게 한 분석력

애덤스 교수가 걱정했던 대로 사크라멘투는 결국 톱클럽의 눈에 띈다.

°전술 주기화 | 포르투대학 비토르 프라데 교수가 제창한 이론. 조제 모리뉴도 이 이론을 기본으로 훈련을 설계한다.

2018년 여름, 브리스톨에서 개최된 콘퍼런스가 계기가 되었다. 사크라멘투는 상대 팀을 분석해 약점을 발견하는 방법을 주제로 발표했다. 발견한 약점을 공략하는 훈련 계획이라는 비교적 단순한 주제였지만, 청중들은 사크라멘투의 디테일한 분석에 깜짝 놀란다. 당시 동급생도 "사크라멘투야말로 챔피언스리그 수준에서 일해야 할 친구"라고 칭찬할 만큼, 그의 실력은 압도적이었다.

2014년 사크라멘투를 프로의 세계로 인도한 인물은 루이스 캄포스였다. 모나코의 스포츠디렉터로 일하던 캄포스는 영상분석가 미겔 모이타°의 어시스턴트를 구하는 중이었다. 캄포스는 자신의 정보망을 돌려 사크라멘투를 발굴하자마자 바로 만나자고 제안한다. 우연히도 두 사람은 포르투갈의 같은 지역 출신이었다. 캄포스는 이내 사크라멘투의 능력에 감탄한다.

이 자리에서 사크라멘투는 노트북을 이용해 훈련법을 설명했다. 분석력에 마음을 사로잡힌 캄포스는 사크라멘투를 모나코의 분석관으로 영입한다. 모나코에서는 클라우디오 라니에리, 레오나르두 자르딤 아래서 분석 업무를 담당한다. 통상적으로 코치는 감독과 가까워지기 마련인데 사크라멘투는 스포츠디렉터와 더 긴밀하게 일했다.

2017년, 캄포스가 릴의 스포츠디렉터로 옮겨가면서 애제자인 사크라멘투를 데려간다. 이곳에서 영상분석을 주된 업무로 하면서 정식 코치로 한 단계 올라선다. 하지만 마르셀로 비엘사와 프런트의 권력 다툼에 휘말리고 만다. 아르헨티나 출신인 비엘사 감독은 프런트와 우호적 관계를 쌓지 못했고, 그

°미겔 모이타 | 포르투갈 출신 지도자. 그리스 강호 올림피아코스, 포르투갈 명문 스포르팅에서 분석관으로 일했고, 모나코에서는 코치로 일했다. UEFA 프로 자격 소지자.

결과 사크라멘투는 1군 코칭스태프에서 밀려난다. 하지만 이곳에서 사크라멘투는 귀중한 경험을 했다. 모든 훈련 세션을 중시하는 비엘사를 만족시키기 위해 늘 혼자 훈련 준비를 맡았는데, 이 과정에서 단기간에 명감독의 철학을 흡수할 수 있었기 때문이다.

비엘사가 13경기 만에 퇴임하자 2017년 사크라멘투를 포함한 코치 4명°이 임시로 팀의 지휘봉을 잡는다. 당시 선수들은 훈련을 담당했던 사크라멘투의 유연성을 높이 평가했다. 비엘사가 세밀한 위치 선정을 중시한 탓에 반복 훈련을 선호했던 것과 달리, 사크라멘투는 볼터치 횟수를 늘리는 훈련으로 변화를 줬다.

경기에서는 역습으로 상대를 괴롭히는 등, 정확한 분석을 바탕으로 팀 분위기를 환기하는 데 성공했다. 릴 선수들은 사크라멘투의 실력에 감탄했다. 케빈 말퀴는 "사크라멘투가 뒤에서 우리를 든든하게 지원해줬다"라고 말한다.

지네딘 지단이 레알마드리드의 코칭스태프에 사크라멘투를 영입하려 한다는 보도가 있었지만, 그는 어릴 때부터 동경했던 모리뉴의 오른팔이 되는 길을 선택한다. 대학 시절부터 사크라멘투는 자신의 롤모델인 모리뉴의 지도철학과 훈련이론을 분석한 자료를 작성해 보냈고, 모리뉴는 보고서를 직접 확인하고 칭찬을 아끼지 않았다. 모리뉴는 원래 캄포스와도 관계가 좋아 릴의 경기 현장을 자주 찾았다.

모리뉴가 사크라멘투를 데려가자 릴의 크리스토프 갈티에 감독은 격노

°코치 4명 | 사크라멘투(현 로마)를 중심으로 페르난도 다 쿠르스(현 무소속), 베노아 테라팔(현 리즈유나이티드), 프랑크 만투(현 무소속)

했다. 공개 석상에서 토트넘이 코칭스태프를 강탈했다고 비난하기도 했다. 그만큼 릴에서 사크라멘투를 높이 평가했다는 증거다. 모리뉴와 사크라멘투는 토트넘을 거쳐 로마에서 함께 일했다. 포르투갈의 젊은 지도자 사크라멘투가 '전술 주기화'의 이상과 현대적 '포지셔널 플레이'의 융합을 어떻게 이뤄낼지 자못 궁금하다.

크리스토프 갈티에
릴 시절 사제지간

조제 모리뉴
토트넘, 로마 시절
사제지간

펩 과르디올라
개인적 관심으로
블로그에 분석 기사 기고

마르셀로 비엘사
릴 시절 사제지간

클라우디오 라니에리
모나코 시절 사제지간

조르제 제수스
개인적 관심으로
블로그에 분석 기사 기고

주앙 사크라멘투

레오나르두 자르딤
모나코, 릴 시절 사제지간

지네딘 지단
사크라멘투에 대해 호평

게리 스피드
웨일스 시절 사제지간

주의(종축) × 단계(횡축)

이상주의

전환

볼 미소유 ←→ 볼 소유

현실주의

전술 주기화를 신봉하고 공수 구분을
극단적으로 없애는 접근법을 선호한다.

게임모델

전력을
다하는 자세

정밀한
상대 팀 분석

탄탄한
학술적 배경

전술 주기화

현대적
훈련 디자인

미래상

조제 모리뉴 José Mourinho

같은 포르투갈 출신으로 최측근에서 보좌하며 배움의 대상이었던 조제 모리뉴는
사크라멘투의 이상형일 것이다. 모리뉴는 학술적 지식과 전술 주기화 이론을
적절히 조합해 유럽 무대를 석권했다.

프랭크 램파드

Frank Lampard

젊은 선수 기용으로
재출발하는 첼시의 레전드

경력 *Career*

국적	잉글랜드
생년월일	1978년 6월 20일

선수 경력(MF)

1995-96~2000-01	웨스트햄유나이티드(ENG)
1995-96	스완지시티(ENG)
2001-02~2013-14	첼시(ENG)
2014-15	맨체스터시티(ENG)
2015-16	뉴욕시티(USA)

지도자 경력

2018-19	더비카운티(ENG) 감독
2019~2021	첼시(ENG) 감독
2022~	에버턴(ENG) 감독

지도자 자격증 *License*

·········· **UEFA 프로**
2019년 취득
잉글랜드

UEFA A
2018년 취득
잉글랜드

UEFA B
불명

첼시 감독 시절 적극적인 젊은 선수 등용

프랭크 램파드는 웨스트햄유나티드 유소년에서 두각을 나타낸 선수 시절부터 필드 위의 상황을 파악하는 능력이 뛰어났다. 램파드는 어린 시절부터 부친의 주변 상황을 파악하는 기술°이란 가르침을 받들어 첼시와 잉글랜드 국가대표팀에서 박스투박스 미드필더°°의 상징이 되었다. 필드의 넓은 범위를 커버하는 헌신적 플레이를 무기로 삼았고, 기회가 날 때마다 전진해서 득점을 노리는 다이나믹한 스타일은 축구 팬들을 열광시켰다.

°주변 상황을 파악하는 기술 | 노르웨이 심리학자 게일 욜데 박사에 따르면 연구 당시 프리미어리그에서 가장 '탐색 행동'을 빈번하게 보인 선수가 프랭크 램파드였다.
°°박스투박스(box-to-box) 미드필더 | 양쪽 페널티박스 사이를 계속 왕복하는 미드필더를 지칭한다.

선수 경력 말기에는 맨체스터시티로 이적해 펩 과르디올라의 지도를 경험했다. 첼시 시절부터 램파드는 많은 명장의 기술을 어깨너머로 배웠다. 단순한 플레이스타일을 고집하지 않고 다양한 감독의 주문에 맞춰 재빨리 적응한 총명한 선수로 기억된다. 네덜란드 레전드 클라렌스 시도르프°처럼, 프랭크 램파드는 현역 시절부터 지도자로서 촉망받았다. 하지만 과르디올라나 위르겐 클롭과 일상적으로 맞붙어야 하는 첼시 감독으로서의 중책은 클럽이 자랑하는 레전드에게도 버거울 수밖에 없었다.

영입 금지 징계°°에 빠진 친정을 구해야 하는 어려운 숙제 속에서 램파드는 젊은 선수들을 적극적으로 기용해 첫 시즌을 잘 넘겼다. 전방부터 압박하는 적극적 전술도 잘 먹힌 덕분에 첼시는 챔피언스리그 출전권 확보에 성공했다. 이런 결과는 궁지에 빠졌던 클럽을 경제적으로도 구한 셈이었으므로, 신임 감독으로서는 최고의 성과였다.

램파드가 중용한 선수는 센터포워드 타미 아브라함과 미드필더 메이슨 마운트다. 아브라함은 긴 리치를 살리는 볼키핑과 문전 득점감각을 발휘해 최전방의 핵심으로 성장했다. 스트라이커가 부족한 팀에겐 소금 같은 존재였다. 마운트는 램파드를 연상케 하는 운동량과 테크닉으로 중원에 활기를 불어넣었고, 후임 토마스 투헬 체제에서도 신임을 받는다.

마운트는 압박을 가하는 기술도 훌륭하다. 상대를 사각으로 몰아붙이듯이 접근한 뒤에 발밑에 있는 볼을 능숙하게 빼앗아, 전방압박을 주요 전술로 삼는 첼시에서 존재감을 뽐낸다. 동시에 볼을 다루는 기술과 인지 능력도 뛰어나 상대가 다가서기 어려운 공간으로 볼을 운반한다.

팀 중심으로 성장한 마운트도 램파드에게 감사함을 잊지 않는다. "램파드 감독은 내 경력에서 가장 소중한 존재였다. 더비카운티에 기용해주어 많이 배울 수 있었다. 첼시로 돌아와서도 계속 성장할 수 있도록 도움을 주었다. 필드 안팎에서 많이 배우고 있고, 인간적으로도 램파드 감독 덕분에 성장했다고 생각한다."

본인이 득점력을 무기로 삼았던 경험 때문인지, 더비 시절부터 램파드는 미드필드 지역에서 적극적으로 중거리슛을 노리도록 독려해 선수들의 성장을 도왔다. 특히 메이슨 마운트°는 득점력을 비약적으로 키운 덕분에 적극적으로 골문을 노리는 플레이의 명수가 되었다.

경험 부족을 드러내다

램파드는 젊은 선수의 등용에서 가능성을 선보였지만, 경험 부족에서 오는 단조로운 옵션이 두 번째 시즌의 고전으로 이어졌다. 그는 마르셀로 비엘사가 이끄는 리즈유나이티드를 상대로 강한 압박을 활용해 폭주하는 경기를 펼쳤다. 하지만 그 외의 분야에서는 취약점을 드러냈다.

특히 현재 보유한 스쿼드의 특성에 맞춘 빌드업 경로 개척이 안 되었고,

°메이슨 마운트 | 더비카운티 시절, 35경기에서 8골을 기록했다.

백3와 백4 혼용 전술의 숙련도 부족했다. 볼을 소유한 상황에서는 조르지뉴와 마테오 코바치치를 활용했는데 수비 전환 단계에서 두 선수의 공간이 공략당하는 바람에 치명타를 맞았다. 코바치치와 조르지뉴를 세우고 2선 중앙에 마운트를 기용하는 공격적 구성도 시도했지만, 공수 밸런스가 무너지는 문제를 해결하지 못했다.

세트피스 등 실점이 많았던 더비 시절처럼 블록을 세운 상태에서 수비가 흔들리는 과제도 여전했다. 위험관리와 빌드업의 균형이 맞지 않는 원인은 감독으로서의 경험 부족에 기인한다. 아마 올리비에 지루의 멀티 능력에 기대면서도, 은골로 캉테와 조르지뉴의 활용법을 많이 고민했을 것 같다. 마우리치오 사리가 전진시켰던 캉테를 다시 홀딩미드필더 포지션으로 돌려놓는 판단도 전임자 업무의 설거지 같은 느낌이었다.

경기를 하나하나 따로 분리해서 보면 램파드의 용병술은 절대 나쁘지 않았다. 흐름을 바꾸는 선수 교체는 램파드의 장점이었지만 팀 전체 조직에 해결책을 제시하지는 못했다. 물론 램파드 한 사람의 책임이라고 하기엔 어폐가 있다. 더비 시절부터 오른팔 역할을 해왔던 조디 모리스는 선수를 키우는 능력은 뛰어났지만, 상황을 적절히 분석하는 타입은 아니었을 것이다.

대형 영입이 오히려 독이 되다

램파드는 선수 구성과 본인 철학의 상생을 고민했다. 그래서 여름의 대형 영입이 오히려 고민을 부추긴 꼴이 되었다. 보유한 스쿼드를 본인의 전술에 맞추는 과업에는 성공했다 하더라도 서로 다른 리그에서 보인 수준급 선수들의 특성에 맞춘 전술을 짜기란 간단한 일이 아니다.

레버쿠젠에서 떠들썩하게 영입해온 카이 하베르츠°가 적응에 애를 먹자, 화려한 전력을 지닌 팀이 자기 발목에 걸려 넘어지는 듯한 모습이 연출되었다. 첼시 수뇌진의 절대적 신뢰를 받는 '영입 전문가' 마리나 그라노프스카이아와의 소통에 문제가 있다는 보도가 사실이었던지, 램파드가 원했던 데클란 라이스의 영입은 실현되지 않았다.

케파 아리사발라가의 이적에 관해서도 의견 충돌을 빚었다는 소문이 있었다. 프런트와의 업무 협조 실패가 램파드를 괴롭힌 원인 중 하나였음이 틀림없다. 램파드의 후임에 독일인 감독 토마스 투헬을 선택한 것도 티모 베르너나 하베르츠라는 신입생을 활용하고 싶다는 프런트의 의중이 반영된 것으로 보인다.

첼시 수뇌진이 감독으로서 램파드를 경시한 것은 아니다. 더비의 감독으로 부임했을 때부터 첼시는 모리스나 크리스 존스 등 코칭스태프를 함께 파견해 경험을 쌓도록 램파드를 지원했다. 램파드가 첼시의 정식 감독으로 부임할 때 첼시가 더비 쪽으로 보냈던 코칭스태프 전원이 동행했다는 사실은 클럽의 장기적 계획이 있었음을 암시한다. 마운트와 피카요 토모리의 더비 임대도 큰 그림의 일환이었다. 맨체스터시티가 제휴 클럽에서 감독 경험을 쌓게 하듯이, 첼시는 더비에서 램파드를 감독으로 키웠다고 할 수 있다.

°카이 하베르츠 | 이적료가 8천만 유로에 달한다고 알려졌다.

잉글랜드 2부에서 만족스러운 실적을 남겼던 램파드에게는 타이밍이 불운의 씨앗을 키웠다. '영입 금지' 징계 탓에 감독 제안을 수락하는 인물이 없었던 상황에서, 첼시는 램파드라는 카드를 미리 당겨서 써야 했다. 원래대로라면 한 계단씩 밟고 올라왔어야 했던 클럽의 최고 레전드 램파드가 운명의 장난에 휘말린 셈이다. 클럽도 램파드에게 정중한 메시지°를 보냈다. 다른 해임 건에서 보였던 클럽의 태도와는 확연히 달랐다. 재출발을 준비하는 램파드가 앞으로 어떤 길을 걸을지 기대된다.

°**정중한 메시지** | 로만 아브라모비치 회장이 남긴 작별사는 다음과 같았다. "클럽과 이사회의 대표로서뿐 아니라 개인적으로도 프랭크의 감독직 수행에 깊이 감사하며 앞으로의 건승을 빈다. 램파드는 클럽의 위대한 아이콘으로 첼시 안에서의 입지는 달라지지 않는다. 스탬퍼드브릿지로 돌아온다면 언제든 따뜻하게 환영할 것이다."

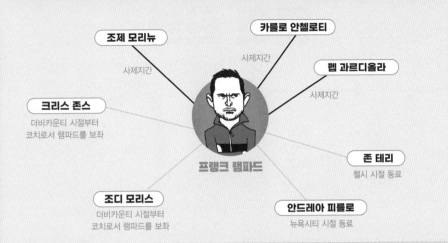

조제 모리뉴

카를로 안첼로티

사제지간

펩 과르디올라

사제지간

크리스 존스
더비카운티 시절부터
코치로서 램파드를 보좌

프랭크 램파드

존 테리
첼시 시절 동료

조디 모리스
더비카운티 시절부터
코치로서 램파드를 보좌

안드레아 피를로
뉴욕시티 시절 동료

주의(종축) × 단계(횡축)

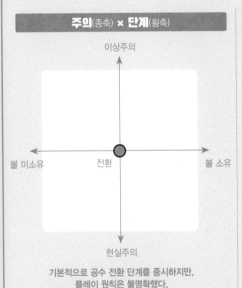

이상주의

볼 미소유 ← 전환 → 볼 소유

현실주의

기본적으로 공수 전환 단계를 중시하지만,
플레이 원칙은 불명확했다.

게임모델

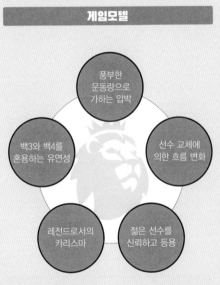

풍부한
운동량으로
가하는 압박

선수 교체에
의한 흐름 변화

백3와 백4를
혼용하는 유연성

레전드로서의
카리스마

젊은 선수를
신뢰하고 등용

미래상

디에고 시메오네 Diego Simeone

거친 압박과 팀워크를 중시하는 자세를 선수단에 이식하는 스타일은
현실적으로 디에고 시메오네와 유사한 길을 걸을 가능성이 보인다.
수비 전환 단계에서 수비를 정비할 수 있다면 흥미로운 감독이 될 잠재력이 있다.

졸트 뢰브
Zsolt Lőw

세계적 스타를
팀플레이어로 이끈
관리의 달인

경력 Career

국적	헝가리
생년월일	1979년 4월 29일

선수 경력(DF)

1998-99~2001-02	우이페슈트(HUN)
2002-03~2004-05	에네르기코트부스(GER)
2005-06	한자로스톡(GER)
2006-07~2008-09	호펜하임(GER)
2008-09~2010-11	마인츠(GER)
2010-11	마인츠 II(GER)

지도자 경력

2012-13~2013-14	리퍼링(AUT) 코치
2014-15	레드불잘츠부르크(AUT) 코치
2015-16~2018-19	RB라이프치히(GER) 코치
2018-19~2020-21	파리생제르맹(FRA) 코치
2021~	첼시(ENG) 코치

지도자 자격증 License

UEFA 프로
2018년 취득
헝가리

UEFA A
시기불명
헝가리

UEFA B
시기불명
헝가리

레드불 그룹과 랑닉의 추종자

졸트 뢰브는 고국 헝가리의 강호 우이페슈트° 유소년에서 풀백으로 시작했고, 성인 무대에서는 국가대표팀°°으로 뛰었다. 독일 2부에서 뛰던 뢰브는 운명적인 만남을 갖게 된다. 당시 지역 리그에 참가하던 호펜하임의 랄프 랑닉 감독과 그의 멘토인 헬뮤트 그로스°°°다.

랑닉은 하향 이적에 고민이 컸던 뢰브를 설득하고야 만다. 몇 차례 제안

°우이페슈트 | 헝가리 수도 부다페스트를 연고지로 하는 클럽. 국내 리그에서 통산 우승 20회를 기록 중이다.
°°국가대표팀 | 헝가리 A매치 25경기
°°°헬뮤트 그로스 | 랄프 랑닉의 멘토로 알려진 독일 굴지의 전술가

을 거절한 뢰브에게 개인적으로 연락해 훈련센터와 스타디움 신축을 포함한 계획을 상세히 설명했다. 뢰브는 명확한 철학을 품은 호펜하임이 그리는 미래를 공유했다. 결과적으로 하부 리그 이적이라는 도박을 한 덕분에 새로운 인생을 개척한 것이다.

뢰브는 호펜하임이 몇 시즌 만에 1부 분데스리가까지 올라가게 해준 쾌속 전의 공로자가 되었고, 이후 토마스 투헬이 이끄는 마인츠의 일원이 된다. 적지 않은 나이였지만 투헬은 뢰브의 명석한 두뇌를 호평해 중용한다. 인간적으로도 투헬과 랑닉 두 사람에게 영향을 받은 뢰브는 축구의 심오함에 눈뜨기 시작한다. 은퇴 후, 뢰브는 지도자의 길로 들어서 은사 랑닉이 취임한 레드불 그룹의 프로젝트에 심취한다. 2012년 레드불잘츠부르크의 코치로 아돌프 휴터와 함께 2관왕을 달성한다.

뢰브는 본인이 그토록 바랐던 재회에 성공한다. RB라이프치히의 감독으로 취임한 랑닉의 오른팔로 코칭스태프에 합류한 것이다. 주저 없이 레드불 그룹의 톱클럽에 합류한 뢰브는 "랑닉에게 감사할 따름이다. 그가 아니었다면 나는 지도자가 되지 않았을 것이다"라고 말한다. 랑닉도 "선수로서, 그리고 지도자로서 나의 팀에서 중요한 임무를 수행했다. 특히 선수와 커뮤니케이션 능력이 좋다"라며 애제자를 칭찬한다. 투헬도 여러 차례 뢰브를 코칭스태프로 영입하려 했지만, 뢰브는 랑닉과 함께하는 것을 선택했다.

랄프 하센휘틀의 코칭스태프에 몸담았을 때는 다니 뢸 코치와 함께 훈련 계획 및 실행을 담당했다. 압박 스타일을 구현하는 데에 필요한 고강도 훈련을 디자인해 선수들에게 적절한 부하를 가했다. 하센휘틀 역시 "압박 축구 철학을 이해하는 뛰어난 코치"라며 뢰브를 호평했다. 스포츠디렉터가 된 랑닉도 "레드불 그룹의 지주"라고 추켜세웠다.

새로운 축구를 찾아 은사 '투헬' 곁으로

뢰브가 레드불 그룹을 떠난 것은 새로운 도전 의지 때문이다. 하센휘틀이 레드불 그룹에서 사우샘프턴 감독으로 옮기자, 뢰브는 새로운 축구를 배우고 싶다는 뜻을 밝힌다. 라이프치히의 압박 축구가 하나의 스타일만 지독하게 파는 타입이라면, 투헬은 펩 과르디올라의 포지셔널 플레이를 연상시키는 전술 응용으로 높은 평가를 받고 있었다. 독창적 축구관을 만든 랑닉의 철학을 습득한 뢰브는 새로운 축구를 추구하는 투헬을 보좌함으로써 호기심을 충족했다.

뢰브는 헝그리 정신으로 가득한 라이프치히에서 스타들이 득실대는 파리생제르맹으로 날아간다. 전혀 다른 팀 분위기 속에서 시작하는 새로운 도전이었다. 뢰브의 영입을 강력히 원했던 투헬은 클럽에 파격적 대우°를 해달라고 요구했다고 한다. 뢰브와 함께 일하기를 학수고대했다는 뜻이다. 뢰브는 킬리앙 음바페, 네이마르 등 슈퍼스타들의 인정을 받으며 투헬 축구를 유연하게 흡수해 나갔다.

전술을 세세하게 나누는 투헬에게도 선수와의 커뮤니케이션을 해결해주는 뢰브가 더할 나위 없이 고마운 존재로 다가왔다. 결과적으로는 클럽

°파격적 대우 | 연봉 150만 유로의 조건이라고 보도되었다.

수뇌진과 의견 충돌을 벌여 투헬과 뢰브가 나란히 파리를 떠나게 되지만, 많은 선수가 그들과의 작별을 아쉬워했다. 그만큼 두 사람이 PSG라는 팀을 하나로 결속했다는 사실은 분명하다. 네이마르도 헌신적 플레이로 팀의 챔피언스리그 결승 진출을 도왔다.

새로운 도전의 장은 프리미어리그로 옮겨진다. 첼시 감독으로 부임한 투헬을 따라간 것이다. 사실 파리에서 예상치 못한 결말을 맞이했던 두 사람은 반년 정도 머리를 식히려고 했다. 독일 매체와의 인터뷰에서 투헬은 "첼시가 아니었다면 아마 좀 더 쉬웠을 것"이라고 말하기도 했다. 하지만 프리미어리그 빅클럽의 제안을 거절하긴 어려웠다. 투헬과 뢰브는 새로운 도전에 나서기로 했다. 급하게 잉글랜드로 들어간 두 사람은 코로나 팬데믹으로 파리에 두고 온 가족과 만나지 못하는 나날이 이어졌다.

다른 관점으로 축구를 바라보다

런던에 도착해 숨 돌릴 새도 없이 투헬과 뢰브는 리그 일정에 돌입했다. 팀을 맡은 지 얼마 되지 않았음에도 첼시의 경기력이 눈에 띄게 향상되어 잉글랜드 언론을 놀라게 한다. 그야말로 톱클래스 코칭스태프의 저력이었다. 뢰브는 첼시 선수들이 지닌 잠재력을 높이 평가하는 동시에 프리미어리그에서 정상급 감독들과 경쟁하는 매 순간을 즐겼다.

네이마르와 음바페를 팀플레이어로 변모시킨 뢰브의 기술을 놓고 투헬은 이렇게 말한다. "뢰브는 어떤 상황에서도 미소를 잃지 않고 선수들에게 먼저

다가간다. 해당 선수의 모국어를 구사하지 못해도 적극적으로 대화를 나누려는 마인드가 특별하다. 뢰브 같은 지도자를 불신하는 선수는 없다."

라커룸 분위기를 밝게 하는 뢰브의 존재는 레전드였던 프랭크 램파드가 해임당한 직후의 첼시에서 특히 중요했을 것이다. 선수들을 세심하게 지원하는 동시에 훈련은 확실히 실행하는 뢰브 덕분에 투헬의 팀은 선수단 안에서 절대적 신뢰 관계를 형성해 훈련 효과를 극대화해 나간다.

투헬이 호평하는 뢰브의 또 다른 능력은 전혀 다른 관점에서 축구를 해석하는, 즉 참신한 비판 능력이다. 뢰브는 단순히 투헬과 고민을 공유하는 데에 그치지 않았다. 매일 투헬에게 많은 질문을 던져 새로운 발상을 제공했다. 젊은 지도자답게 각종 데이터를 활용하는 방법의 중요성도 잘 알고 있다. 파리생제르맹 시절에는 바이에른뮌헨을 분석하면서 '기대 득점' 통계를 활용했다고 한다. 실제 득점 기록이 아니라 득점에 직결되는 기회를 얼마만큼 만들었는지를 분석한 것이다.

독일에서는 이미 친정 호펜하임을 비롯해 여러 클럽들이 뢰브를 차기 감독 후보°로 여긴다. 바이에른뮌헨의 율리안 나겔스만 감독도 뢰브의 실력을 인정해 개인적으로 연락을 주고받는다는 이야기도 들린다. 이런 평가가 이어지고 있으니, 뢰브가 감독 도전 기회를 잡는 날은 머지않은 것 같다.

°차기 감독 후보 | 2020년 여름 호펜하임이 뢰브를 감독 후보로 검토한 것으로 보인다.

랄프 랑닉

오랜
사제지간

헬뮤트 그로스

라이프치히 시절
사제지간

랄프 하센휘틀

라이프치히 시절
사제지간

토마스 투헬

선수 시절 뢰브를 직접 지도했고,
파리생제르맹과 첼시에서 코치로 중용 중

다니 뢸

라이프치히 시절
동료 코치

콜트 뢰브

율리안 나겔스만

자주 연락을 주고받는 사이

주의(종축) × 단계(횡축)

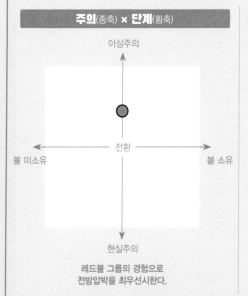

이상주의

볼 미소유 ← 전환 → 볼 소유

현실주의

레드불 그룹의 경험으로
전방압박을 최우선시한다.

게임모델

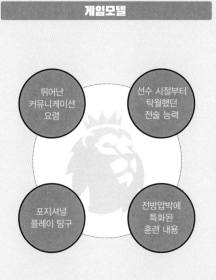

뛰어난
커뮤니케이션
요령

선수 시절부터
탁월했던
전술 능력

포지셔널
플레이 탐구

전방압박에
특화된
훈련 내용

미래상

랄프 랑닉 Ralf Rangnick

토마스 투헬과 단단히 묶여 있지만 축구 철학은 또 다른 스승인
랄프 랑닉으로부터 큰 영향을 받았다. 랑닉의 축구를 교과서로 삼는
지도자가 많은데, 특히 뢰브는 애제자로서 그의 축구를 성실히 배워 왔다.

크리스 데이비스
Chris Davies

경력 Career	
국적	잉글랜드
생년월일	1985년 3월 27일
선수 경력(MF)	
2001~2004	레딩 유소년(ENG)

지도자 경력	
2004	레딩(ENG) 아카데미 코치
2005-06~2006-07	레스터시티(ENG) 아카데미 코치
2007-08~2008-09	호크스베이유나이티드(NZL) 아카데미 코치
2010-11~2011-12	스완지시티(ENG) 경기력 분석관
2012-13~2015-16	리버풀(ENG) 경기력 분석관
2015-16	레딩(ENG) 코치
2015-16~2018-19	셀틱(SCO) 코치
2018-19~	레스터시티(ENG) 코치

명장 로저스가 신뢰하는
분석 마스터

지도자 자격증 License

UEFA 프로
2015년 취득
잉글랜드

UEFA A
2012년 취득
잉글랜드

UEFA B
2012년 취득
잉글랜드

로저스의 조언을 받들어 경기력 분석관으로

운명적 만남이 크리스 데이비스를 축구 지도자의 길로 들어서게 했다. 데이비스는 레딩 유소년에서 브렌던 로저스의 지도를 경험했고 유소년 팀에서 주장을 맡았을 뿐 아니라, 웨일스 연령대 국가대표로 선발되었을 정도로 뛰어난 미드필더였다. 하지만 19세가 되었을 때, 의사로부터 "90

분 출전이 불가능하므로 다른 진로를 찾는 것이 좋겠다"라는 진단을 받고 눈물로 밤을 지새웠다. 꿈을 잃은 데이비스는 아르바이트로 용돈을 벌면서 아마추어팀°에서 뛰는 신세로 전락했는데, 로저스가 다가와 결정적 조언을 건넸다.

그 자신이 20세에 부상으로 선수 생활을 접었던 경험자로서 데이비스에게 지도자의 길을 추천한 것이다. 선배의 마음 씀씀이에 감동받은 데이비스는 그 길로 러프버러대학°°에 입학한다. 데이비스는 스포츠과학을 전공하면서 UEFA 지도자 자격증에 도전한다. 최근 축구계는 학술적 배경으로 무장한 지도자가 늘어나는 경향인데, 데이비스의 대학 생활도 그런 기초 지식을 습득하는 시간이었다. 대학 축구팀에서 뛰었고 레스터시티 아카데미에서 지도자 경험도 쌓았다. 새로운 도전은 데이비스에게 동기 부여가 되었다.

대학을 우수한 성적으로 졸업한 데이비스는 뉴질랜드로 건너가 호크스베이유나이티드에서 코치 수업을 받는다. 잉글랜드에서 오랫동안 지도자로 활동했던 보비 굴드와 함께 일하면서 대선배의 지식을 흡수한다. 2010년 잉글랜드로 돌아와 스완지시티의 경기력 분석관이 되었고, 은인인 로저스의 코칭스태프에 합류한다.

스완지 시절 데이비스는 주로 후방 지원을 담당하면서 로저스와 친밀한 관계°°°를 쌓았다. 2012년 리버풀 감독으로 취임한 로저스의 코칭스태프로 동

°**아마추어팀** | 잉글랜드 햄프셔 북동부 판브러에서 뛰었다.
°°**러프버러대학** | 레스터셔 러프버러에 있는 국공립대학으로 'Guardian University Guide 2019'에서 영국
　　　　대학 4위에 올랐다.
°°°**친밀한 관계** | 스완지 시절에는 백룸 스태프로서 선수와 직접 만나는 일은 드물었다.

행한 이후 UEFA PRO 자격을 취득한다. 상대 팀을 분석하는 조직의 책임
자가 된 데이비스는 소프트웨어를 활용한 분석 전문가가 된다. 당시 인터
뷰에서 데이비스는 분석의 진화에 대해 이렇게 설명한다.

"감독에게 상대 팀 분석은 기본이다. 예전은 비디오테이프 등을 이용해
분석했다. 하지만 선수들에게 전달하기 쉬운 형식으로 경기를 분석하고
영상으로 직접 보여 줄 수 있게 되었다. 이것은 큰 변화라고 생각한다. 소
프트웨어의 진화 덕분에 예전에 어려웠던 포괄적 분석이 가능해졌다. 로
저스 감독은 상대를 철저히 분석하고 경기 전 미팅을 빼먹지 않는다. 감독
은 상대 팀에 대한 특정 정보를 요구하고, 그것을 준비하는 것이 나의 일
이다."

분석 기술을 총동원한 고밀도 세트피스 연습

감독에게는 자신의 철학을 이해하는 분석관의 존재가 필수적이다. 데이
비스는 로저스와 절대적 신뢰 관계를 쌓아, 누구보다 감독이 원하는 데이
터를 제공하는 분석관으로 성장했다. 스티븐 제라드도 분석 데이터를 요
청하는 등, 데이비스는 팀에 꼭 있어야 할 존재로 자리 잡았다.

로저스가 리버풀에서 경질된 후, 데이비스는 고향 클럽 레딩에서 클럽
역대 최연소 1군 코칭스태프 기록°을 경신한다. 하지만 브라이언 맥더모

°클럽 역대 최연소 1군 코칭스태프 기록 | 당시 31세였다.

트의 코칭스태프가 된 지 6개월 만에 로저스가 새롭게 지휘봉을 잡은 셀틱의 코치로 다시 자리를 옮긴다. 셀틱에서 로저스는 데이비스에게 좀 더 많은 권한을 부여한다.

데이비스는 일부 훈련까지 직접 진행하면서 지금까지 분석관으로만 지냈던 본인의 활동 영역을 지도자로 넓히는 데에 성공한다. 선수들이 데이비스를 특히 인정한 부분은 정밀한 분석 결과를 바탕으로 설계된 세트피스 훈련이었다. 로저스와의 신뢰 관계는 데이비스가 코치로 성장하는 자양분이 되었다. 셀틱 황금기 구축에 공헌한 데이비스는 로저스의 명실상부한 일원이 되어 레스터시티 이적에 동행한다. 팬들과 아쉬운 작별을 하면서 데이비스는 "평생 셀틱을 응원하겠다"라는 메시지를 남겼다.

2019년 레스터의 코치로 부임한 이후, 데이비스는 셀틱 시절 동료인 콜로 투레, 글렌 드리스콜과 힘을 합쳐 젊은 선수들을 다수 육성함으로써 팀의 상위 순위 달성에 공헌한다. 누구보다 로저스를 잘 아는 '오른팔' 데이비스는 "로저스 감독의 적응력과 진화는 특별하다. 매일 새로운 것을 배우고 있다"라며 위대한 은사의 모든 것을 흡수하겠다는 뜻을 다진다.

관계도

브렌던 로저스 — 사제지간이자 절대적 신뢰관계

뉴질랜드 시절 사제지간

보비 굴드

존 케네디 — 오랜 동료 지도자

글렌 드리스콜 — 레스터의 코치 동료

브라이언 맥더모트 — 레딩 시절 사제지간

크리스 데이비스

콜로 투레 — 레스터의 코치 동료

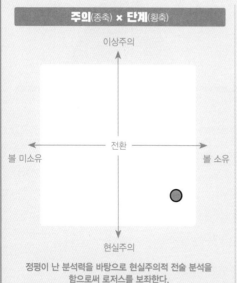

주의(종축) × 단계(횡축)

이상주의

전환

볼 미소유 ← → 볼 소유

현실주의

정평이 난 분석력을 바탕으로 현실주의적 전술 분석을
함으로써 로저스를 보좌한다.

게임모델

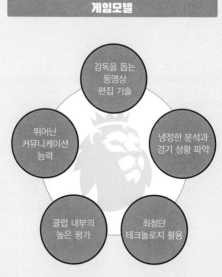

감독을 돕는 동영상 편집 기술

냉정한 분석과 경기 상황 파악

뛰어난 커뮤니케이션 능력

최첨단 테크놀로지 활용

클럽 내부의 높은 평가

미래상

마우리시오 포체티노 Mauricio Pochettino

로저스로부터 배운 커뮤니케이션 능력과 대학에서 습득한
학술 지식을 융합한 데이비스는 볼 소유와 전방압박을 기본으로 한다.
그런 관점에서는 마우리시오 포체티노가 최적의 롤모델이다.

다비데 안첼로티
Davide Ancelotti

경력 Career

국적	이탈리아
생년월일	1989년 7월 22일

선수 경력(MF)

2007-08~2008-09	밀란 유소년(ITA)
2008-09~2009-10	보르고마네로(ITA)

지도자 경력

2011-12~2012-13	파리생제르맹(FRA) 피트니스 코치
2013-14~2014-15	레알마드리드(ESP) 피트니스 코치
2016-17~2017-18	바이에른뮌헨(GER) 코치
2018-19~2019-20	나폴리(ITA) 코치
2019-20~2020-21	에버턴(ENG) 코치
2021~	레알마드리드(ESP) 코치

위대한 아버지의 뒷모습을
따르는 냉정한 노력가

지도자 자격증 License

UEFA 프로
수강 중

UEFA A
2015년 취득
독일

UEFA B
시기불명
이탈리아

'아빠 찬스'란 비판에도 흔들리지 않는 카를로의 부정

다비데 안첼로티는 위대한 아버지 카를로 안첼로티의 족적을 따르고 있다.
2007년 밀란 유소년에 입단했지만 프로선수°로 대성하지는 못했다. 본인은
"스피드가 부족했다"라고 자신의 결점을 분석한다. 아버지 덕분에 다비데는

°프로선수 | 밀란 유소년에서 이적해 보르고마네로에서 은퇴했다.

124

어렸을 때부터 스타 선수들과 가깝게 지내면서 지도자의 꿈을 키웠다.

2009년 현역에서 은퇴하고 파르마대학에서 스포츠과학을 전공한다. 영어, 이탈리아어, 독일어, 스페인어, 불어를 구사하는 다비데는 최고의 아버지가 이끄는 팀에서 경험을 쌓는다. 파리생제르맹에서 피트니스코치로 경력을 시작했고, 2013년에는 레알마드리드의 피트니스코치로 옮긴다. 2016년에는 바이에른뮌헨에서 어시스턴트코치로 승격했고, 나폴리에서도 같은 직책을 맡았다. 프리미어리그 에버턴에서는 프리미어리그 최연소° 어시스턴트코치가 되어 관심을 모았다.

카를로는 누구나 인정하는 실력자인데 최근 코칭스태프, 클럽 관계자와 충돌이 있다는 보도가 있었다. 바이에른에서는 울리 회네스 회장이 "주치의와 피지컬코치가 안첼로티의 코칭스태프와 대립했다"라는 사실을 밝혔고, 나폴리에서도 선수와 코칭스태프의 관계가 도마 위에 올랐다. 실력이 의문시될 수밖에 없는 '아빠 찬스' 코치로서 다비데는 무거운 비판을 받는 일이 잦았다. 경기 전 기자회견에 참가하는 등 조금씩 대중 앞에 서는 일이 많아진 것도 언론의 관심 대상이 되는 요인 중 하나일 것이다. 하지만 카를로의 신뢰는 흔들리지 않는다.

"다비데가 앞으로 멋진 지도자가 되기를 바란다. 아들은 아직 팀을 이끌기에 너무 젊고 지금 배우는 단계에 있지만 능력°°은 갖고 있다. 다비데가 자기 일에 집중하면서 성장하기를 바란다. 우리는 전술과 훈련에 관해 매일 대화를 나누고 있다."

°프리미어리그 최연소 | 2019년 12월 부임 당시 30세였다.
°°능력 | 웹사이트 「The Athletic」에 분석 기사가 실린 적이 있다.

안첼로티의 아들이라는 사실이 시련의 원인이 되기도 하지만, 그는 감독과 특수 관계라는 점을 긍정적으로 활용하고 있다. 다비데의 역할 중 하나가 카를로의 의견에 반대하는 것이다. '역대급' 명장에게 이론을 제기할 인재는 드물다. 경기 중에도 의견 차이를 보이면 다비데는 자기 생각을 명확하게 아버지에게 전달한다. 아들이라서 서로 벽을 세우지 않고 커뮤니케이션할 수 있다는 점이 메리트 중 하나다.

공부에 진지한 다비데는 UEFA B 자격증 시험에서 140점 만점에 137점을 기록했다. UEFA A 자격증 시험에서도 15점 만점에 13점을 받아 해당 클래스 최고 성적을 거뒀다. 바이에른 시절에는 티아고 알칸타라와 가깝게 지낸 것이 다른 선수들의 반감을 샀다는 보도도 있었지만, 에버턴에서는 대부분의 선수들과 잘 지냈다. 아버지로부터 배운 부드러운 커뮤니케이션으로 선수를 지원하는 다비데는 코칭스태프 안에서도 좋은 관계를 만들고 있다.

동료 코치와 협력하는 절묘한 균형 감각

에버턴의 코칭스태프 안에서 다비데와 의기투합했던 상대가 바로 던컨 퍼거슨°이다. 2019년 감독대행을 맡기도 한 퍼거슨은 다비데와 서로 능력을 인정하는 관계다. 두 사람은 상호 부족한 부분을 보완해준다. 카를로와 다비데 부자는 퍼거슨이 구현한 팀의 4-4-2 전술을 호평한다.

°던컨 퍼거슨 | 프로 통산 126골을 기록한 에버턴의 레전드. 에버턴 시절, 2시즌 연속 두 자릿수 득점을 기록한 적도 있다.

취임 직후 카를로는 선수들에게 익숙한 포메이션을 활용해 팀 강화를 모색했다. 다비데가 아버지와 상의해 다음 경기의 전체 계획을 구상한 뒤에, 세세한 훈련 메뉴는 퍼거슨과 함께 짠다. 바쁜 카를로를 대신해, 스태프와의 미팅을 통해 팀 상황을 자세히 파악하는 일도 그의 역할이다.

훈련의 역할 분담도 흥미로운 점 중 하나다. 다비데는 주로 빌드업이나 세트피스처럼 팀 전술을 담당한다. 에버턴의 세트플레이 수비를 비약적으로 개선한 배경에 다비데의 노력이 있었다고 한다. 한편 포워드로 뛰었던 퍼거슨은 공격수들의 기술 지도나 패스, 드리블 연습 등 선수 개인별 훈련을 담당한다. 프로선수 출신이기에 가능한 개인 훈련은 퍼거슨에게 맡기고 다비데는 팀 전체가 관여하는 훈련에 시간을 할애한다. 두 사람의 절묘한 균형은 신경 쓸 일이 많은 카를로에게 큰 도움이 되었다.

다비데는 원래 피지컬코치였기 때문에 고강도 내용에 초점을 맞춘 훈련 메뉴를 짠다. 아버지를 누구보다 존경하는 젊은 지도자 다비데는 지금까지 자신만의 경력을 쌓아왔다. 조용한 노력가 다비데가 어떤 감독으로 성장할지 기대된다.

카를로 안첼로티

아버지이자 은사로서
강력한 신뢰 관계

폴 클레멘트

카를로 안첼로티의
오른팔이라고 알려진
잉글랜드인 코치

지오반니 마우리

카를로 안첼로티의 오른팔로
알려진 피지컬코치. 바이에른,
레알마드리드 시절 동료

던컨 퍼거슨

에버턴에서 코치로서 협업

다비데 안첼로티

팀 케이힐

에버턴에서의 코치 동료,
2021년 유소년 코치에서 승격

주의(종축) × 단계(횡축)

이상주의

전환

볼 미소유 ←→ 볼 소유

현실주의

카를로와 유사한 철학을 바탕으로 하면서
현실적 승리를 추구한다.

게임모델

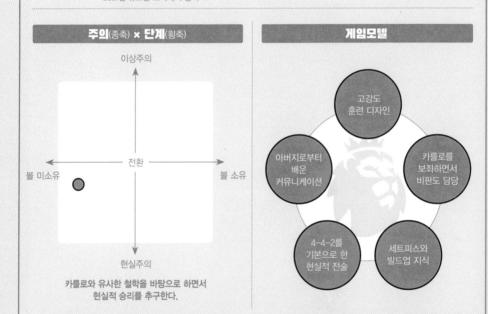

고강도
훈련 디자인

아버지로부터
배운
커뮤니케이션

카를로를
보좌하면서
비판도 담당

4-4-2를
기본으로 한
현실적 전술

세트피스와
빌드업 지식

미래상

카를로 안첼로티 Carlo Ancelotti

아버지의 오른팔로서 활약하는 다비데의 목표는 위대한 카를로 안첼로티처럼
유연한 전술과 커뮤니케이션 기술을 겸비한 지도자가 되는 것이다.
이미 존재감을 발휘하고 있는 그는 독립 선언의 타이밍을 기다리고 있다.

라리가의 젊은 피

스페인의 절대 2강 바르셀로나와 레알마드리드의 전통을 계승할 후계자는
차비 에르난데스와 라울 곤살레스로 거의 확정된 상태다.
문제는 어느 시점에서 두 사람에게 바통을 넘기느냐다.

차비 에르난데스
Xavi Hernandez

개선곡을 연주할
바르셀로나 최후의 희망

경력 *Career*

국적	스페인
생년월일	1980년 1월 25일

선수 경력(MF)

1997-98~1999-2000	바르셀로나B(ESP)
2000-01~2014-15	바르셀로나(ESP)
2015-16~2018-19	알사드(QAT)

지도자 경력

2019~2021	알사드(QAT) 감독
2021~	바르셀로나(ESP) 감독

지도자 자격증 *License*

UEFA 프로
2019년 취득
스페인

UEFA A
2018년 취득
스페인

UEFA B
2018년 취득
스페인

바르셀로나 회장 선거에서 이미 화제가 되다

피지컬이 지배하는 축구에 대한 통렬한 카운터펀치! 펩 과르디올라가 바르셀로나에서 구축했던 황금기는 문자 그대로 혁명이었다. 아리고 사키나 요한 크루이프 수준으로 과르디올라 역시 축구 역사에 이름을 새겼다. 이제는 전설이 된 과르디올라의 팀에서 심장 역할을 담당했던 사나이가 바로 차비 에르난데스다. 작은 체구의 차비°는 불필요한 동작을 철저히 없앤 플레이를 앞세워 중원에서 경기 리듬을 만들었다. 바르셀로나는 물론 스페인 국가대표팀에서도 차비는 중원의 절대자로 군림했다.

°**작은 체구의 차비** | 신장이 170cm 정도라고 한다.

11세에 바르셀로나 산하 라마시아에 합류한 차비는 어려서부터 볼을 최우선시하는 클럽의 철학을 누구보다 잘 이해했다. 짧은 볼을 간결하게 연결하는 플레이는 매일 반복되는 훈련인 론도°의 결과물이었다. 과르디올라는 차비의 플레이스타일에 대해 "볼을 받는다. 동료에게 건넨다. 그 동작의 반복밖에 없다"라고 말한다. 차비 역시 본인의 플레이를 똑같은 말로 표현한 적이 있다.

"내 플레이는 간단하다. 계속 공간을 찾는다. 늘 그렇다. 항상 고개를 돌려 공간을 찾는다. 이쪽 공간? 안 돼. 저쪽은 어때? 안 돼. 그렇게 자문자답의 반복이다. 선수가 아닌 사람은 이것이 얼마나 힘든 일인지 상상하지 못할 것이다. 공간, 공간, 공간! 플레이스테이션으로 축구 게임을 하는 것 같은 느낌에 가깝다. 이쪽에는 수비수가 있으니까 저쪽으로 패스를 보내자. 저쪽에 공간이 있어. 이런 식이다."

기술이 뛰어난 선수였던 차비는 화려한 페인팅이나 어려운 패스를 시도할 법했다. 하지만 차비의 가장 큰 장점은 단순함에 있었다. 평범한 패스를 정확하게 보내 실수가 거의 없었다. 팀으로서는 차비에게 볼을 맡기는 게 가장 안전한 옵션이었다. 바르셀로나에 헌신하면서 차비의 경력은 헤아릴 수 없을만큼 많은 트로피로 장식되었다. 국내 타이틀 7회, 코파델레이 2회, 수페르코파 6회, 챔피언스리그 3회 등이다.

1998년 젊은 선수 발탁에 정평이 난 네덜란드 출신 감독 루이스 판 할이 차비에게 프로에 데뷔할 기회를 주었다. 이때부터 시작된 차비의 경력은 과

° 론도 | '새장'이라고도 불리는 훈련법. 다수가 소수를 둘러싼 형태에서, 소수(술래)에게 공을 빼앗기지 않기 위해 다수는 패스를 계속 연결해야 한다.

르디올라의 황금기까지 이어진다. 2008년에는 스페인 대표팀을 유로 우승으로 견인하면서 대회 MVP로 선정되었다. UEFA의 앤디 록스버러는 "차비를 선정한 이유는 스페인 축구를 상징하는 존재였기 때문이다. 차비는 볼 소유의 모든 것에 있어서 중심 역할을 해낸, 스페인 스타일에서 빼놓을 수 없는 선수였다"라고 설명했다.

바르셀로나에서 경력 대부분을 보냈기에 차비는 자연스레 크루이프와 과르디올라의 스타일을 신봉한다. 누구보다 볼을 중시하는 철학을 따랐고, 과르디올라가 떠난 바르셀로나에서 최후의 희망으로 여겨졌다. 현역 은퇴 후에는 바르셀로나의 감독으로 취임한다는 소문이 무성하다. 바르셀로나 회장 선거°에서도 '차비 감독'과 관련한 화제가 끊이지 않는다. 논의는 '차비를 감독으로 선임하느냐 마느냐가 아니라 '언제 해야 하는가'라는 부분에 맞춰진다. 사람들은 차비가 바르셀로나를 원래 자리로 돌려놓아 주기를 고대한다.

스페인에서 '바르셀로나의 미래'라는 기대를 받고 있지만, 차비는 멀리 떨어진 카타르에서 감독 경력의 첫발을 뗐다. 바르셀로나 생활을 마무리한 차비는 카타르의 알사드에서 4시즌 동안 현역 선수로 뛰었다. 2019년 현역 은퇴를 선언한 즉시 알사드의 감독으로 선임되었다. 알사드는 물론 카타르 국가대표팀에도 이미 많은 스페인 출신 지도자가 진출해 있다. 카타르는 차비를 자국 축구 발전의 상징으로 삼는 정책을 추진 중이다.

안드레스 이니에스타도 일본 J리그의 비셀고베에서 현역 생활을 이어가

°**바르셀로나 회장 선거** | 재임에 성공한 호안 라포르타 회장은 "차비와 자주 연락하고 있다"라고 밝혔다.

고 있다. 압박감이 엄청난 조국 스페인을 떠나 일본에서 선수 말년을 보내기로 한 선택은 지도자 경력으로 자연스럽게 넘어가려는 의도에서였다. 이니에스타는 "바르셀로나B를 맡으면 과르디올라와 비교될 수밖에 없다. 그는 세계 최고의 감독이기 때문이다"라고 말한다.

펩 모방에서 벗어난 점유 축구

처음부터 차비는 본인이 익숙한 4-3-3 포메이션으로 팀 빌딩을 시작했다. 하지만 3-4-3 포메이션도 흥미로운 옵션이다. 차비의 전술에는 크루이프와 과르디올라가 선호했던 몇 가지 기본 원칙이 있다. 양쪽 풀백은 공격적 위치를 선점해서 상대 압박 라인을 혼란스럽게 만든다.

풀백이 센터백과 나란히 서면 대각선 방향 패스 플레이가 어려워진다. 삼각형 포진을 만들기도 어렵기 때문에 기본적으로 풀백은 기본 포지션을 최대한 올린다. 중앙에 있는 선수는 볼을 전진시키는 책임을 지고, 미드필더는 상대 라인 사이로 침투한다. 이 선수들에게 패스를 보내는 것이 최종 목표다.

최근 차비가 윙백과 풀백 포지션에 카타르 최고 공격수 중 한 명인 아크람 아피프°를 기용한 것도 비슷한 맥락이다. 공격적인 풀백을 두어 경기를 지배하는 축구를 추구한다. 풀백에게 보내는 패스로 삼각형 포진을 만들어 콤비네이션으로 뚫고 들어간다. 차비와 이니에스타가 즐기는 '라인 사이 영역'으

°**아크람 아피프** | 카타르 대표팀 공격의 핵으로 뛰는 미드필더. 비야레알 유소년에서 뛰었다.

134

로 볼을 보내서 상대 수비진을 흩어지게 하는 플레이도 중요하다.

상대 라인과 라인 사이에 볼을 투입하면 상대는 순간적으로 압박해야 할지 말지 고민하며 그 자리에 멈춰 버린다°. 상대 라인 사이에 정확한 위치를 잡으면 상대의 적극적인 압박도 피할 수 있다. 패스를 받는 동시에 상대 마크맨을 묶어버리는 역할이 차비 축구의 근간이기 때문에, 미드필더는 항상 그 원칙에 따라 플레이해야 한다.

올바른 위치에 있는 선수는 패스를 받을 수 있는 동시에 상대에게 고민을 안기는 존재가 된다. 차비가 해석하는 '위치적 우위'라고 할 수 있다. 동시에 9번 공격수는 낮은 위치에서 볼을 받아야 한다. 이런 움직임은 2선 위치에서 상대 수비 뒷공간을 파고들려는 움직임과 겹치는 덕분에, 9번에 대한 마크맨의 압박을 느슨하게 만든다. 이런 종 방향 움직임은 측면에 있는 동료의 위치 선정이 넓어지게 해 효과가 배가된다. 종과 횡을 최대한 넓게 사용하는 플레이는 상대 수비 간격을 벌리는 효과를 노릴 수 있다.

상대가 수비 전환을 끝마친 상황에서 기본 파훼법破毁法은 측면 공략이다. 차비의 전술은 윙어의 공격 시도에 무게를 두고 중앙에 있는 동료들이 이를 돕는 경향을 보인다. 원투패스 등으로 돌파를 노리는 패턴도 있지만, 기본적으로는 상대의 한쪽 측면으로 들어간 뒤에, 반대편 측면으로 패스를 연결하고 개인기로 득점 기회를 만드는 플레이가 많다. 이런 의미에서 차비에게는 수준 높은 윙어가 필수적이다.

1차 압박을 돌파하면 풀백과 센터백은 미드필더가 되어 뛴다. 최후방 4

°멈춰 버린다 | 상대 마크맨을 유인하면 동료는 압박을 피할 수 있다.

135

선과 중원 3선 역할을 번갈아 맡는 동안, 다른 동료들은 전방에서 1, 2선을 형성해 공격에 가담할 수 있다. 이런 움직임은 2-3-5 시스템을 구현하게 된다. 여기서 문제는 많은 선수가 모이는 전방 영역에서 체증이 발생한다는 점이다.

공격 숫자가 늘면 상대도 더 많은 선수가 수비로 내려온다. 결과적으로 해당 영역에 사용할 수 있는 공간이 줄어든다. 숏패스와 롱패스를 적절히 혼용해 상대를 계속 움직이게 하면 이 문제를 해결할 수 있다. 숏패스만 쓰면 상대의 수비 조직도 그만큼 덜 움직이기 때문이다.

이런 플레이를 장점으로 삼는 선수가 산티 카솔라°다. 차비의 팀에 합류한 카솔라는 카타르에서 물 만난 고기처럼 맹활약 중이다. 상황 판단의 속도와 기술을 앞세운 그는 빌드업할 때 패스를 조율한다. 계속 거리를 바꾸면서 패스를 받는 위치로 이동할 뿐 아니라 패스의 강약을 조절해 리듬을 만들어 간다.

빌드업에서 패스를 보내는 것만큼 받는 움직임도 중요하다는 사실을 카솔라는 완벽하게 이해하고 있는 증거라 할 수 있다. 차비가 추구하는 스타일에서 카솔라가 해내는 리듬 변화는 경기 운영에 있어서 매우 중요한 부분을 차지한다. 카솔라 역시 다음과 같은 말로 차비 감독을 높이 평가한다. "차비 감독은 라마시아 출신으로 과르디올라의 축구를 경험했다. 단순히 그 전술을 모방하는 게 아니라 자기만의 팀 관리법과 전술 발상을 갖고 있다. 장차 위대한 감독이 되리라 확신한다."

°산티 카솔라 | 비야레알, 아스널에서 뛴 실력파. 2020년 알사드로 이적했다.

팀 관리의 롤모델은 루이스 아라고네스

차비가 이끄는 알사드의 주축은 카솔라와 함께 카타르 국가대표팀 핵심 멤버들이다. 대한민국 국가대표 미드필더 정우영과 카타르에서 잔뼈가 굵은 남태희가 감독으로부터 절대적 신임을 받는다. 프랑스에서 데뷔한 남태희는 적극적인 공격 시도가 장점이어서 수적으로 불리한 상황에서도 과감하게 돌파를 시도한다.

최전선에는 알제리 국가대표 바그다드 분자가 넓은 영역을 움직이면서 종패스를 받아내는 임무를 수행한다. 하산 알하이두는 주로 윙어로 뛰는데 하프스페이스에서의 위치 선정이 절묘해 공격 플레이의 핵심을 담당한다.

공격 면에서 제3의 움직임°도 적극적으로 활용하기 때문에 종패스를 확실하게 처리한다. 종패스 자체의 질은 최고가 아니라고 해도, 전방을 향한 미드필더가 정확한 위치를 잡아 공격을 시작할 수 있다. 센터포워드는 패스를 받는 것처럼 내려오고 양쪽 윙어가 실제로 패스의 목표점이 된다. 하프스페이스에 들어간 선수가 가까운 위치의 동료에게 패스를 내주는 시점에서 콤비네이션 플레이로 공격을 시도한다.

차비의 축구는 볼을 빼앗긴 상황에서 즉시 후퇴와 기타 패턴을 구분해서 사용한다. 윙어가 중앙으로 들어가 패스 줄기를 차단하는 플레이는 밸

°제3의 움직임 | 패스를 하는 선수(1번)와 포스트플레이를 하는 선수(2번)의 움직임에 맞춰 패스를 받는 선수(3번)가 연계하는 플레이. 스페인에서 중요한 개념으로 여긴다. 세 번째 선수가 앞을 보고 플레이할 수 있다는 장점이 있다.

137

런스 감각이 뛰어난 팀에게 좋은 무기가 된다. 공간을 없애는 지역방어에서는 양쪽 날개 선수의 수비 공헌이 필요하다.

어디까지나 차비의 축구 철학은 크루이프와 과르디올라의 이론을 기본으로 한다. 하지만 팀 관리 부분에서 따르는 스승은 '루이스 아라고네스'라고 말한다. 언어적 장벽이 존재하는 환경이지만 '팀 안에서 통일된 게임모델'을 정착하고 있다는 점이 평가할 만하다.

한국과 알제리 국가대표, 브라질 출신 선수 등을 보유한 카타르 강호 알사드에서 차비가 팀을 하나로 뭉치게 하는 능력은 결정적이다. 라이트윙어 포지션에서 존재감을 발휘하는 하심 알리의 발탁에서 젊은 선수에게 기회를 주려는 마인드도 엿보인다. 2021년 11월 바르셀로나는 로널드 쿠만을 해임했다. 드디어 '차비 감독'의 시대가 열린 것이다. 위기에 빠진 메가클럽을 차비가 어떻게 구할지 팬들의 시선이 쏠리고 있다.

관계도

루이 판 할
사제지간

요한 크루이프
사제지간

펩 과르디올라
사제지간

루이스 아라고네스
사제지간,
팀 관리 요령을 배움

차비 에르난데스

비센테 델보스케
사제지간

안드레스 이니에스타
바르셀로나 시절의
역사적 미드필더 콤비

주의(종축) × 단계(횡축)

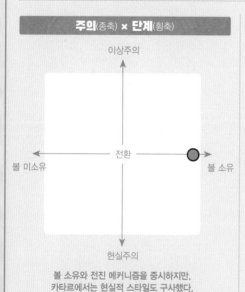

이상주의

볼 미소유 ← 전환 → 볼 소유

현실주의

볼 소유와 전진 메커니즘을 중시하지만,
카타르에서는 현실적 스타일도 구사했다.

게임모델

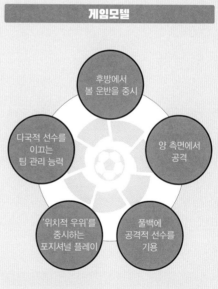

후방에서
볼 운반을 중시

양 측면에서
공격

풀백에
공격적 선수를
기용

'위치적 우위'를
중시하는
포지셔널 플레이

다국적 선수를
이끄는
팀 관리 능력

미래상

펩 과르디올라 Pep Guardiola

선수 시절 플레이메이커로 뛴 대선배의 존재 덕분에 클럽 안에서 차비는
'과르디올라의 후계자'라는 기대를 받는다. 하지만 과르디올라보다 측면 공격을
중시하는 경향도 눈에 띄기 때문에, 요한 크루이프의 영향도 강하다고 할 수 있다.

라울 곤살레스

Raúl González

복잡한 권력 다툼에도
끄떡없는 카리스마

경력 *Career*

국적	스페인
생년월일	1977년 6월 27일

선수 경력(FW)

1994-95	레알마드리드C(ESP)
1994-95	레알마드리드B(ESP)
1994-95~2009-10	레알마드리드(ESP)
2010-11~2011-12	샬케(GER)
2012-13~2013-14	알사드(QAT)
2015	뉴욕코스모스(USA)

지도자 경력

2018-2019	레알마드리드(ESP) U-15 감독
2019	레알마드리드(ESP) U-18 감독
2020	레알마드리드(ESP) U-19 감독대행
2019~	레알마드리드B(ESP) 감독

지도자 자격증 *License*

.... **UEFA 프로**
2019년 취득
스페인

UEFA A
2018년 취득
스페인

UEFA B
불명

지단과 비교해도 손색없는 카리스마

지네딘 지단은 압도적 카리스마를 발휘해 레알마드리드에서 한 시대를 풍미했다. 스트라이커 뒤에서 부드러운 터치로 공격을 설계한 지단은 판타지스타이면서도, 득점력과 체력을 요구하는 환경 아래서 더욱 돋보였다. 이러한 지단과 비교하더라도, 라울 곤살레스는 레알의 상징이 되기에 충분했다. 호르헤 발다노와 라울의 에피소드는 유명하다. 발다노가 10대의 어린 공격수 라울에게 "내일 경기에서 너를 쓰고 싶은데 부담감이 크지 않을까 걱정된다"라고 말하자 라울은 "이기고 싶다면 저를 써주세요"라고 대답했다고 한다.

압도적 정신력과 득점력의 라울은 레알에서 리그 우승 6회, 챔피언스리그 우승 3회를 거머쥐었다. 라울은 현대 축구에서 희귀종이 되어 가는 정통 골잡이였다. 741경기에서 323골을 기록했으니 클럽 레전드로서도 손색이 없다. 라울은 대선배 에밀리오 부트라게뇨의 자리를 빼앗아 빅클럽의 주전 스트라이커로 정착했다. 1999-2000시즌부터 2001-02시즌까지 3년에 걸쳐 UEFA 연간 최우수 포워드에 선정되는 등, 라울은 라리가가 자랑하는 골잡이로서 명성을 떨쳤다.

이후 라울은 클럽이 공격적으로 영입한 '괴물' 호나우두와 공존하는 상황과 맞닥뜨렸다. 호나우두는 부상이 잦고 운동량이 적었기 때문에 라울은 도우미 역할로 뛸 수밖에 없었다. 득점 기회가 줄어드는 상황에서도 라울은 헌신적인 팀플레이로 2007-08시즌 라리가 우승의 일등공신이 되었다. 은퇴 후 호나우두는 "라울은 발롱도르를 받아야 할 선수였다"라고 극찬했다. 라울이 가장 경이적인 스트라이커였던 것은 30세가 넘어서도 레알의 에이스로 활약했다는 점이다. 2007-08시즌부터 잇따라 18골을 기록했던 말년 경기력이야말로 라울의 본령이다.

속도와 힘의 쇠퇴를 뛰어난 기술과 센스로 만회한 라울은 샬케에서도 두 시즌 동안 존재감을 입증했다. 샬케 팬들은 라울을 사랑했고, 클럽은 그의 등번호 7번을 영구결번으로 정하는 배려를 보였다. 단 2년 만에 클럽의 모든 이가 잊을 수 없는 추억을 남긴 것이다. 라울은 "샬케의 감독이 될 기회가 생기면 마땅히 고려할 생각이다. 클럽의 성공을 빈다"라고 화답했다. 아쉽게도 스페인 대표팀°에서 라울은 적응에 애를 먹었다. 포지셔널 플레이를 기본으

°**스페인 대표팀** | 라울이 대표팀에서 활약하지 못한 이유에 대해서는 다양한 의견이 있다. 바르셀로나 소속 선수들이 주축이 되면서 정통 스트라이커보다 만능형 공격수가 중용되었다는 설이 유력하다.

로 하는 전술 안에서 서서히 설 자리를 잃은 것이다.

현역에서 은퇴한 라울은 지도자의 길로 들어서 빅토르 발데스, 사비 알론소, 마르코스 세나, 호안 카프데빌라°와 함께 지도자 자격증을 취득했다. 미국 뉴욕에서는 마지막으로 뛰었던 뉴욕코스모스의 기술고문을 역임하며 라리가의 북중미 홍보대사로도 활동했다. 2018년 친정 레알로 복귀한 라울은 카데테B(15세 이하)에서 본격적인 지도자 수업을 시작했다. 해당 팀에서 레알 최초로 UEFA 유스리그에 우승함으로써 팬들의 기대를 한몸에 모았다. 2019년 7월부터 라울은 1군 B팀에 해당하는 카스티야를 지휘하고 있다.

레전드를 명장으로 키우겠다는 '프로젝트 라울'

스페인 최고의 재능이 모인 레알마드리드 카스티야°°는 지도자 경험을 쌓기에 최적의 환경이다. 레알의 수뇌부가 라울의 지도자 경력을 유소년 팀에서 시작하게 한 것은 클럽의 높은 기대감을 보여준다. 레전드인 라울을 지도자로 키우겠다는 목표로 레알은 장기 계획을 세웠다. 이론뿐 아니라 현장에서 충분한 경험을 쌓게 하겠다는 생각이다. 여기에 라울은 아카데미 육성 선수를 1군의 주축으로 키워내는 역할까지 맡고 있다. 라울이 유소년 팀에서 미래 재목들과 함께 지낸다는 것은 큰 의미가 있다.

°마르코스 세나, 호안 카프데빌라 | 비야레알 황금기를 구축했던 콤비
°°레알마드리드 카스티야 | 세군다 디비전B(3부)에 속해 있다.

라울은 이미 자신을 보좌하는 코칭스태프까지 갖춘 상태다. 어시스턴트코치인 알베르토 가리도, 피지컬코치 나초 산초, 골키퍼코치 마리오 소리아, 컨디셔닝코치 빅토르 파레데스가 라울 감독을 돕고 있다. 1군으로 올라갈 때 라울이 대동할 가능성도 있다.

본인이 10대 나이부터 레알 1군에서 뛴 만큼 라울은 신예를 적극적으로 발탁하는 일에 주저하지 않는다. 카스티야에는 저연령대 팀에서 뽑아온 선수들도 있어 스페인 유스 카테고리 안에서도 가장 어린 팀(평균 연령 20.46세)으로 알려져 있다. 선수들은 나이가 많은 팀과 경쟁하면서 프로에 필요한 수준에 도달하게 된다.

발다노와 델보스케에 대한 존경심

라울은 스스로 지도자 경험 부족을 인정하면서 새로운 지식 습득에 열중한다. 침착한 태도는 현역 시절 그대로다. 훈련 중에도 큰 목소리로 지시를 내리는 모습을 보기 힘들다. 선수를 지켜보면서 끈기 있게 성장을 기다려 주는 스타일이다.

"지금은 결과보다 자신이 무엇을 배울 것인지가 중요하다. 나는 냉정하게 지금 어디에 있어야 하는지를 이해하고 있다. 현역 시절의 이름값은 흘러간 과거다. 지금은 문제를 해결하기 위해 축구를 다시 배우는 단계인 것 같다. 지금까지 고생을 모르는 감독과 만난 적이 없다. 지금 내가 겪는 모든 일이 이상하다고 생각하지 않는다. 훈련을 통해 선수들의 자신감을 높이는 것, 지금 나는 그것만 생각한다."

현역 시절 인터뷰에서 라울은 지도자 경력에 대해 "아직 정하지 않았다"
라고 밝히면서도 동경하는 지도자로 두 명을 언급했다. 발다노와 델보스
케 감독이다. 발다노는 어린 라울을 이끌어줬던 은인으로 겸허한 자세는
배울 만하다. 발다노는 인터뷰에서 "나는 라울을 발견하거나 키운 지도자
가 아니다. 선수가 스스로 자기 능력을 이해하고 성장했다"라고 말한다.
델보스케는 라울에게 커뮤니케이션의 중요성을 가르쳤다. 라울은 팀의 중
심이 되기보다 선수들에게 결단을 맡기는 스승의 모습을 존경한다.

유소년 감독으로서 라울이 마냥 인자한 존재는 아니다. 카스티야 내에
서 선수들의 규율을 엄격하게 지시한다. 예를 들어, 스마트폰을 사용하면
서 걷거나 헤드폰을 착용한 상태로 외출해서는 안 된다. 복장 규율도 엄격
해 선수들은 클럽 표시가 부착된 복장을 갖춰야 한다. 클럽의 일원이라는
가치와 챔피언이라는 자긍심을 중시하기 때문이다.

또한 선수들은 1시간 15분 전에 훈련장에 도착해야 한다. 조금이라도
늦으면 벌칙°을 부과한다. 라울은 10대부터 주전으로 뛴 경험자다. 어린
선수들에게 일상의 태도가 가장 중요하다는 사실을 잘 알고 있다.

레알마드리드 카스티야는 스페인의 강호답게 적극적으로 경기 주도
권을 쥔 상태에서 볼을 연결하는 스타일을 기본으로 한다. 4-2-3-1과
4-3-3 시스템이라는 기본 틀 위에서 짧은 패스를 연결해 나가는 스타일
이 특징이다. 롱패스의 비중이 7.1%로 낮은 편이다. 긴 패스를 줄이려는

°벌칙 | 집합 시간에 늦으면 원정 명단에서 제외된다고 한다.

의지가 명백하다.

하지만 대회에서 승리하는 과정에서는 어느 정도 현실적인 판단도 내린다. 결승 토너먼트 첫 경기였던 유벤투스전에서 라울이 선보인 접근법은 인상적이었다. 4-1-4-1로 경기를 시작한 레알의 핵심 선수는 이반 모란테°였다.

영입 경쟁 끝에 비야레알 유소년 팀이 획득한 모란테는 풍부한 운동량으로 필드 구석구석을 커버하는 스타일이다. 라울은 모란테를 중앙 미드필더로 기용해 공수 전환을 중시하는 플레이스타일을 구사할 수 있었다. 레알은 전후진의 속도를 의식한 역습으로 이탈리아 강호를 괴롭히며 경기를 냉정하게 풀었다.

인테르나치오날레를 상대한 8강전에서는 백3 카드를 꺼냈다. 수비 강화가 아니라, 레프트백 미겔 구티에레스를 왼쪽 센터백 자리에 배치해 경기의 주도권을 잡겠다는 노림수였다. 구티에레스는 2011년부터 레알의 유소년 레벨에서 실력을 닦고 있으며, 1군의 전 감독인 지단도 자체 훈련에서 수비수가 부족할 때는 그를 호출할 정도로 클럽 내 신망이 두텁다. 공격적인 플레이가 장점인 구티에레스는 백3 포지션에서 득점 기회를 15차례나 만드는 등 팀 전술을 훌륭히 수행했다.

준결승 레드불잘츠부르크전에서는 상대의 압박에 고전하면서도 최종적으로 5-3-2 포메이션으로 시스템을 바꿔 리드를 지켰다. 벤피카와 만난 결승전도 어려운 승부가 이어졌다. 유소년 무대에서 벤피카는 압도적 강세를 유지하는 강팀이다. 수비진이 상대의 거센 압박으로 주도권을 빼앗겨 치열한

°**이반 모란테** | 바르셀로나, 맨체스터시티와 치열한 영입 경쟁 끝에 획득한 재원

접전 양상이 벌어졌다.

볼 점유율 38%에서 알 수 있듯이 상대에게 끌려가는 중에도 레알은 공격수들의 적극적인 드리블 돌파 시도로 맞섰다. 경기 중 라울은 선수 배치를 몇 차례나 바꾸면서 총력전을 펼쳤다. 이렇게 박빙의 승부에서 거둔 우승은 당연히 라울에게도 큰 경험이 되었을 것이다. 국제 대회에서 우승을 거둔 라울은 "내 인생에서 가장 기쁜 경험 중 하나다. 절대 잊지 못할 것 같다. 선수로서 경험했던 성공에 비견될 정도로 우승 경험은 아주 특별하다"라고 말했다.

전 항목 85점을 받은 우등생

연령대 팀들의 다양한 선수들을 유연하게 기용하는 것도 라울의 특징이다. 라울은 선수 개인별 특성을 정확히 파악하고 있어, 다양한 포메이션을 구분해 시도할 수 있다. 처음 선택한 전술만 고집하지 않고 선수나 상황에 맞춰 조정하는 능력이 매력적이다. 대회를 치르면서 라울은 각 단계를 넘을 때마다 성장하는 느낌을 주었다. 감독으로서 경력의 첫발을 힘차게 내디딘 셈이다. 레알 레전드인 페르난도 이에로는 선수 시절 라울에 관해서 "이 친구는 모든 면에서 85점을 매길 수 있다"라고 평가한 적이 있다.

팀 관리, 전술, 선수 육성, 커뮤니케이션 등 현대 축구에서 감독이 갖춰야 할 자질은 여러 가지다. 지금까지 유소년 팀을 지도하면서 드러난 라울의 면모는 모든 면에서 우등생이다. 마드리드 현지에서 실시된 설문조사에서도 팬의 55%가 향후 감독으로 라울을 손꼽았다.

스페인 최고 명문 레알마드리드의 감독직까지는 멀고도 험한 길이다. 내부에서 작동하는 복잡한 권력 구조를 무시할 수 없는 클럽에서는 지단처럼 선수 시절의 실적과 카리스마가 필요하다. 또한 현대 축구 자체가 복잡해지고 있어 어중간한 실력으로는 원하는 결과를 내기 힘들다.

산티아고 솔라리도 젊은 선수를 적극적으로 기용해 팀에 활기를 불어넣었지만 감독 자리에서 오래 버티지 못했다. 팀 관리 능력과 전술 지식을 모두 갖춰야 하는 상황 자체가 경험이 부족한 젊은 감독에게는 지나치게 무거운 짐일지도 모른다. 라울은 많지 않은 후보 중 한 사람으로서 클럽의 기대를 한 몸에 받으며 도전을 이어 가는 중이다.

관계도

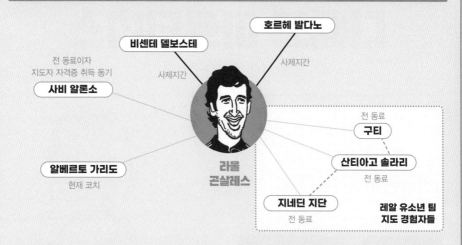

호르헤 발다노

비센테 델보스케

전 동료이자
지도자 자격증 취득 동기

사비 알론소

사제지간

사제지간

전 동료

구티

산티아고 솔라리

전 동료

알베르토 가리도

현재 코치

라울
곤살레스

지네딘 지단

전 동료

레알 유소년 팀
지도 경험자들

주의(종축) × 단계(횡축)

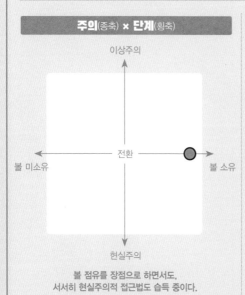

이상주의

볼 미소유 ← 전환 → 볼 소유

현실주의

볼 점유를 장점으로 하면서도,
서서히 현실주의적 접근법도 습득 중이다.

게임모델

조용하고
냉철한 성격

볼 점유와
패스워크의 조합

수비 전환 시
대응력

다양한
포메이션의
구분 선택

규율을
중시하는
엄격한 자세

미래상

카를로 안첼로티 Carlo Ancelotti

다양한 공수 옵션과 팀 관리 능력, 냉철한 성격은
이탈리아 명장 카를로 안첼로티와 맥을 같이 한다.

디에고 마르티네스

Diego Martinez

4-2-3-1 시스템을
자유자재로 다루는 능력자

경력 Career	
국적	스페인
생년월일	1980년 12월 16일

선수 경력(FW)

1990-1999	셀타 유소년(ESP)
1999-2000	카디스 유소년(ESP)
2000	인페리오알볼로테(ESP)

지도자 경력

2000-04	인페리오알볼로테(ESP) 아카데미 코치
2004-05	아레나스(ESP) 유소년 코치
2005-06~2006-07	아레나스(ESP) 코치 및 감독
2007-08~2008-09	모트릴(ESP) 감독
2010-11	세비야C(ESP) 감독
2011-12	세비야(ESP) 유소년 코치
2012-13~2013-14	세비야(ESP) 코치
2014-15~2016-17	세비야B(ESP) 감독
2017-18	오사수나(ESP) 감독
2018~2021	그라나다(ESP) 감독
2022~	에스파뇰(ESP) 감독

지도자 자격증 License

- **UEFA 프로** 미소지
- **UEFA A** 2006년 취득 스페인
- **UEFA B** 시기 불명 스페인

눈썰미 좋은 몬티에게 발굴돼 유라파리그 우승에 공헌

    38세에 2부 그라나다의 지휘봉을 잡고, 단 1년 만에 라리가(1부)로 승격시켜 관심을 모았다. 2019년 12월 16일에는 라리가 최우수 감독에게 수여하는 상인 '미겔 무뇨스'를 받았다. 스페인 축구계에 이름을 알린 디에고 마르티네스 감독은 관계자 사이에서 독일의 율리안 나겔스만을 잇는 차세대 감독으로 불린다.

    선수 시절° 풀백이었던 마르티네스는 20세에 지도자의 길로 들어선다. 아마추어 선수로 뛰면서 유소년 팀을 맡아 가르친 것이 첫 출발이었다. 마

°선수 시절 | 좌우 측면을 모두 소화했다.

르티네스는 몇몇 클럽을 전전했고, 대학에서 스포츠과학 학위를 취득했다. 톱레벨 경험이 적었던 마르티네스를 발굴한 주인공은 세비야의 스포츠디렉터 몬티였다.

눈썰미가 특별했던 몬티는 무명 지도자 마르티네스의 잠재력을 한눈에 알아봤다. 2009년 마르티네스는 세비야 유소년 팀을 지도하기 시작했다. 결과적으로 우나이 에메리의 코칭스태프 안에서도 중책을 맡는 존재가 되어 2014년 유로파리그 우승에 공헌했다. 마르티네스는 "에메리 감독은 내게 매우 중요한 사람이다. 감독과 1년 반 함께 일하면서 1부 클럽도 지도할 수 있다는 자신감을 얻었다"라고 말한다.

이후 마르티네스는 세비야 B팀을 맡아 다양한 연령대를 지도해보는 경험을 하게 된다. 세비야 아틀레티코의 감독으로서 마르티네스가 팀을 3부 강등 위기에서 구해내자, 오사수나가 1군 감독직을 제안했다. 세비야라는 둥지를 떠나 오사수나에서 정식 감독으로 출발했지만, 만족스러운 결과를 내지 못한 채 고전했다. 특히 전통적으로 강했던 홈에서 성적을 내지 못하면서 홈 팬들의 불만을 샀다. 결국 오사수나는 1부 승격 플레이오프 진출권을 획득하지 못했고 마르티네스는 그 책임을 지고 사퇴했다. 하지만 오사수나에서 얻은 교훈은 감독 경력에 중요한 밑거름이 되었다.

마르티네스 스토리의 진짜 출발점은 그라나다 감독 부임이다. 그라나다 팬들은 1부 승격에 목마른 상황에서 젊은 감독이 오자 의심의 눈초리를 보냈다. 단기간에 결과를 내야 하는 클럽으로서는 젊은 감독을 선택한 것이 도박에 가까웠다.

마르티네스는 비관적 예상을 거부했다. 그라나다를 팀워크와 하드워크를 중시하는 팀으로 변모시켜 부임 한 시즌 만에 라리가 승격에 성공한 것이다. 그라나다 팬들은 몰라보게 달라진 팀에 열광하며 마르티네스를 극찬했다. 팀이 헌신적 플레이를 선보일 때마다 팬들은 큰 박수를 보냈고, 클럽 전체가 긍정 에너지로 가득했다.

1부 승격 후에도 그라나다는 투쟁심을 앞세워 존재감을 발휘했다. 용맹한 도전자인 그라나다를 상대로 빅클럽들도 고전을 면치 못했다. 유로파리그 출전권까지 획득하자 팬 중에는 "스타디움 앞에 마르티네스의 동상을 세워야 한다"라고 주장하는 이까지 생겼다. 그라나다 주민들이 아침마다 신문을 사는 통에 매점의 신문 품절 현상까지 빚어졌다. 그만큼 그라나다의 쾌속 진격은 작은 연고지 팬들에게는 대단한 의미로 다가왔다.

4-2-3-1 시스템의 대명사

마르티네스 감독이 가장 잘 다루는 전술은 4-2-3-1 포메이션이다. 4-2-3-1은 4-3-3으로 쉽게 전환할 수 있어 안정된 수비력을 확보할 수 있다. 공격적 플레이에도 잘 어울린다. 역습에서는 양쪽 날개가 볼을 운반하는 플레이가 중요하다.

첼시에서 뛰었던 브라질 출신 미드필더 케네디와 베네수엘라 국가대표 다윈 마치스가 중앙이나 측면에서 볼을 갖고 전진하는 임무를 수행한다. 두 선수의 추진력을 기본으로 하는 역습 시도는 수비 라인을 위로 올리는 효과를 누린다. 작은 클럽 그라나다로서는 효율적인 공격 옵션이다.

2020-21시즌 부상자 발생과 빡빡한 일정 문제로 인해 드리블러의 중용과 롱패스 증가 현상이 눈에 띈다. 마르티네스는 볼 점유 시간을 늘리고 싶었지만, 승리라는 최종 목적을 달성하기 위해 롱패스 증가라는 전술적 선택을 내린다.

골키퍼 루이 실바는 후방에서 경기를 만들어 가는 짧은 빌드업 대신 길게 내차는 횟수가 많다. 동시에 중거리 슛을 적극적으로 노리거나 중원에 있는 선수가 수적으로 불리해도 골문 쪽으로 접근하는 장면도 많아졌다. 백4 라인은 조직력을 극대화해 상대에게 공간을 주지 않는다. 빅클럽를 상대하는 경기에서 수세에 빠질지라도 백5 전술까지 꺼내 끈질기게 버틴다. 30대 중반의 노장 헤르만 산체스가 수비의 리더로서 조직을 통솔해 라인을 조정한다. 한 번 걷어내면 일시에 라인 전체를 밀어올려 세컨드볼을 향해 압박한다.

그런 상황에서 상대와 일대일 대결을 펼치는 선수가 포르투갈 출신 도밍구스 두아르테다. 마지막 순간까지 상대의 움직임을 지켜보다가 몸을 던져 상대 슛을 막는 플레이에 능하다. 키가 커서 공중볼 다툼에 강한 데다 볼을 갖고 전진하는 플레이 면에서도 성장하고 있다. 드리블로 전진하는 빌드업에 변화를 주는 옵션은 마르티네스가 추구하는 패턴일 것이다. 두아르테는 압도적 힘으로 상대의 롱볼을 튕겨내기보다는 다양한 수비 플레이를 시도 중이다.

팀을 최우선시하는 선수를 중용

마르티네스는 한정된 전력으로 결과를 내는 능력을 높이 평가받는다. 리버풀 아카데미에서 지도했던 팀 리는 마르티네스에 대해 다음과 같이 평가한다.

"세 가지 걸출한 능력을 갖췄다. 첫째는 철저한 디테일, 둘째는 인성, 셋째는 꾸준히 노력하는 자세다. 마르티네스는 철저하게 승리를 추구한다. 운명을 하늘에 맡기지 않는다. 선수들에게 자신들을 응원하는 팬들의 존재를 상기시키면서 완벽한 컨디션을 갖춘다. 어디까지나 선수 중심주의로 감독이 돋보이는 상황을 원하지 않는다. 마르티네스는 감독이 스타가 되면 안 된다는 생각이 강하다. 동시에 특정 선수가 스타처럼 다뤄지는 것도 싫어한다. 마르티네스는 팀을 최우선시하는 분위기를 가장 중요하게 생각한다. 모든 구성원이 이타적인 팀을 이상적으로 여긴다."

젊은 지도자로서 마르티네스는 끊임없이 노력하며 모든 것을 축구에 바친다는 마인드를 갖고 있다. 철저하게 경기를 분석하고 선수들과 의사소통하며 신뢰를 얻는 동시에 동기부여를 극대화한다. 모두가 '해야 할 일을 아는' 팀이 마르티네스의 지도 철학이다.

과거 인터뷰에서 그는 "팀이란 단어를 항상 대문자 TEAM으로 쓰고 싶다"라고 말한 적이 있다. 무엇보다 우리 편을 신뢰함으로써 힘을 발휘하는 팀을 추구한다. 의욕적으로 축구를 공부하는 것뿐 아니라 농구°, 야구, 핸드볼 등 다른 종목도 연구한다. "조직을 관리하는 방법이라면 어떤 분야에서든 배울 것이 있다"라고 단언하듯이 마르티네스는 다양한 지식을 스펀지처럼 빨아들인다.

°농구 | NBA 감독인 세르히오 스카리올로의 어록을 인용하는 등, 농구에도 박식하다.

이미 그라나다의 역사에 남는 지도자가 되었지만, 처음 본인의 재능을 인정해준 세비야는 그에게 특별한 인연으로 기억된다. 마르티네스는 "세비야는 내게 특별한 곳이며 나 자신도 세비야를 지지한다"라고 말한 적이 있다. 만약 친정에서 제안을 받는다면 큰 고민을 하지 않으리라 본다. 현재 세비야는 훌렌 로페테기 감독이 지휘봉을 잡고 있지만, 마르티네스는 미래의 감독 후보로 손색이 없다.

관계도

우나이 에메리
발렌시아 시절
사제지간

몬티
세비야 시절
마르티네스를 발굴

디에고 시메오네
감독으로서 존경하는
존재라고 발언

디에고 마르티네스

라울 에스피노라
선수 시절부터 좋은 관계를
유지했으며, 그라나다에서
코치로서 보좌

마르셀리노 가르시아
과거 팀 훈련을 견학하며 의견 교환

주의(종축) × 단계(횡축)

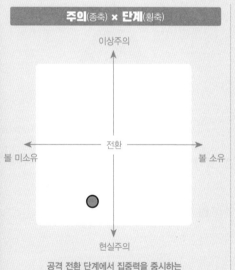

이상주의

전환

볼 미소유 — 볼 소유

현실주의

공격 전환 단계에서 집중력을 중시하는
플레이스타일이 매력적이다.

게임모델

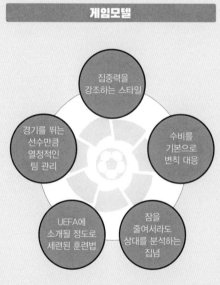

집중력을
강조하는
스타일

수비를
기본으로
변칙 대응

경기를 뛰는
선수만큼
열정적인
팀 관리

잠을
줄여서라도
상대를 분석하는
집념

UEFA에
소개될 정도로
세련된 훈련법

미래상

디에고 시메오네 Diego Simeone

철저하게 승리를 추구하는 자세와 팀 전체를 휘어잡는 스타일이
디에고 시메오네를 연상시킨다. 선수의 체력을 철저하게 강화해
날카로운 역습으로 상대 약점을 공략한다.

알프레드 슈뢰더

Alfred Schreuder

경력 Career

국적	네덜란드
생년월일	1972년 11월 2일

선수 경력(MF)

1991-92~1992-93	페예노르트(NED)
1993-94~1996-97	RKC(NED)
1997-98~2002-03	NAC(NED)
2003-04	페예노르트(NED)
2004-05	RKC(NED)
2005-06~2006-07	페예노르트(NED)
2007-08	트벤테(NED)
2008-09	비테세(NED)

지도자 경력

2008~09	비테세(NED) 코치
2009-10~2013-14	트벤테(NED) 코치
2014-15~2015-16	트벤테(NED) 감독
2015-16~2017-18	호펜하임(GER) 코치
2017-18~2018-19	호펜하임(GER) 감독
2020~2021	바르셀로나(ESP) 코치
2022	클럽브뤼허(BEL) 감독
2022~	아약스(NED) 감독

바르셀로나 철학에
순응하는 기사

지도자 자격증 License

UEFA 프로
2014년 취득
네덜란드

UEFA A
시기불명
네덜란드

나겔스만의 오른팔

베르트 판마르베이크°가 네덜란드 국가대표팀 감독에 부임한다는 계획이 백지화되면서, 알프레드 슈뢰더까지 덩달아 수석코치라는 요직을 잃었다. 네덜란드 언론은 이를 두고 '일해본 적 없는 수석코치'라고 표현했다. 농담 같은 별명에도 불구하고 슈뢰더가 네덜란드 축구 지도자계의 귀중한 인물이란 사실엔 변함이 없다.

현역 시절 주로 네덜란드의 중소 클럽°에서 뛰었던 슈뢰더는 2009년 지도자의 길로 들어섰다. 첫 임무는 비테세를 이끈 테오 보스 감독의 코치였다. 2009년 여름에는 트벤테에서 잉글랜드 출신 스티브 맥클라렌 감독의 코치로 발탁되었다. 2009-10시즌 트벤테는 1부 우승으로 네덜란드 축구 역사를 새로 썼고, 업계에서 슈뢰더의 평판도 서서히 올라갔다.

2013년 맥클라렌 감독이 사임해 공석이 된 트벤테의 감독직을 슈뢰더가 임시로 맡았다. 당시 슈뢰더는 UEFA PRO 자격증이 없었기 때문에 미셸 얀센°°과 공동으로 감독 역할을 수행하는 보기 드문 일이 벌어졌다. 1년 뒤 슈뢰더는 UEFA PRO 자격을 취득해 공식 감독에 취임했다. 결과를 내지 못해 경질되긴 했지만, 독일 호펜하임에 있던 후프 스테벤스의 부름을 받게 된다. 그런데 코치가 된 지 1년 만에 스테벤스 감독이 해임되었고, 차기 감독으로 부임한 율리안 나겔스만과 운명적 만남이 이루어졌다.

연하 감독임에도 불구하고 나겔스만은 슈뢰더에게 큰 영향을 미쳤다. 슈뢰더 본인은 "코치로서 보좌했던 감독 중 가장 젊었지만 능력은 가장 뛰어났다"라고 칭찬했다. 이후 나겔스만이 RB라이프치히의 감독이 되면서 슈뢰더는 호펜하임의 감독으로 승격되었다. 트벤테에 이어 호펜하임에서도 슈뢰더는 주축 선수들의 이탈에 대응하지 못해 해임되는 운명을 맞았

°베르트 판마르베이크 | 2012년 네덜란드 대표팀 감독에 부임한다는 보도가 있었지만 최종적으로 루이스 판할로 결정되었다.
°중소 클럽 | NEC에서 180경기 이상 뛰었다.
°°미셸 얀센 | 트벤테에서 아카데미 책임자로 일했던 코치. 현재 헤렌벤의 코치로 일한다.

다. 하지만 그에게 여유로운 휴식은 주어지지 않았다. 불과 1년 뒤에 로널드 쿠만 감독과 함께 바르셀로나의 코칭스태프가 되었기 때문이다.

현대적 축구와 포지셔널 플레이의 융합

슈뢰더의 강점은 24시간 축구만 생각하는 열정이다. 지금까지 함께 일했던 감독들도 그 부분을 극찬했다. 네덜란드 리그 시절에는 클럽 내에 영상분석실을 신설해 상대 팀을 철저히 분석했다. 유소년 선수들에게 아버지처럼 다가가는 육성 능력도 호평받는다. 현재 첼시에서 뛰는 하킴 지예흐는 트벤테 시절 슈뢰더의 지도를 받았다. 슈뢰더는 성격이 거칠었던 지예흐를 끝까지 신뢰함으로써 그의 성장을 도왔다.

"당시 나와 지예흐는 명확한 계획을 세웠다. 나는 지예흐가 빅클럽으로 이적하기 전까지 트벤테에 수년간 머물면서 성장하는 계획을 제안했다. 트벤테 역시 두산 타디치, 나세르 샤들리 등의 선수가 한 단계 업그레이드되었던 전통을 이어가고 싶다고 말했다. 우리는 공동의 목표를 완벽하게 공유했다. 지예흐는 직설적인 의사소통을 선호해서 머릿속에 있는 것을 그대로 말하는 성격이었다. 지예흐를 대하는 커뮤니케이션 방법은 딱 한 가지였다. 성의를 갖고 솔직하게 다가가는 것이다. 그것이 지예흐에게 최고의 동기부여가 되었다."

슈뢰더의 축구 전술은 포지셔널 플레이에 바탕을 둔다. "우리가 현역으로 뛸 때는 게으른 판타지스타가 필드 위에서 지휘봉을 휘두르는 일이 가능했다. 하지만 모든 것이 빨라진 현대 축구에서는 불가능하다." 슈뢰더는 현대 축구와 포지셔널 플레이를 융합한 접근론을 취하고 있다.

"파이널서드°에서 선수의 창의력을 최대한 활용하는 축구가 아약스로부터 이어지는 스타일이다. 우리는 팀으로서 약속한 원칙을 철저히 지켜야 하지만, 마지막에는 '금지사항'에 얽매여서는 안 된다."

슈뢰더는 나겔스만으로부터 배운 제약 훈련법°°으로 훈련 내용을 짜면서 포지셔널 플레이를 팀에 정착시켜 나갔다. 어떻게 보면 쿠만 감독보다 더 바르셀로나의 철학에 어울리는 지도자일지 모른다. 2021년 쿠만 감독과 함께 바르셀로나에서 물러났지만, 2022년이 되자마자 벨기에 인기팀 클럽브뤼허의 지휘봉을 잡았고 5월엔 아약스 감독으로 선임됐다.

°파이널서드 | 종 방향으로 3등분한 경기장 중에서 상대 골문이 있는 영역을 지칭한다.
°°제약 훈련법 | 플레이에 제약을 설정해 지도자가 원하는 특정 기술의 습득을 촉진하는 훈련법

트벤테 시절

미셸 얀센

트벤테 시절 공동 감독 대행을 경험

스티브 맥클라렌

리그 우승을 합작한 사제지간

코치로서 보좌

테오 보스

율리안 나겔스만

호펜하임 시절 코치로서 보좌

로널드 쿠만 사제지간

알프레드 슈뢰더

네덜란드 국가대표팀의 코치로 부임할 예정이었지만, 막판에 무산

베르트 판마르베이크

헨리크 라르손

바르셀로나 시절 코치 동료

후프 스테벤스

호펜하임 시절 코치로서 보좌

주의(종축) × 단계(횡축)

이상주의

전환

볼 미소유 ←→ 볼 소유

현실주의

볼을 소유하는 포지셔널 플레이를 선호하는 이상주의자.

게임모델

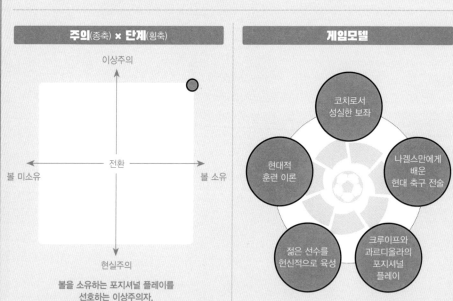

코치로서 성실한 보좌

나겔스만에게 배운 현대 축구 전술

크루이프와 과르디올라의 포지셔널 플레이

젊은 선수를 헌신적으로 육성

현대적 훈련 이론

미래상

펩 과르디올라 Pep Guardiola

요한 크루이프의 철학에 큰 영향을 받고 있으나, 현재 목표로 하는 이상형은 펩 과르디올라일 것이다. 바르셀로나에서 크루이프의 철학을 한층 심화시켰다.

사비 알론소
Xabi Alonso

경력 Career

국적	스페인
생년월일	1981년 11월 25일

선수 경력(MF)

1999-2000	레알소시에다드B(ESP)
2000-01~2003-04	레알소시에다드(ESP)
2000-01	에이바르(ESP)
2004-05~2008-09	리버풀(ENG)
2009-10~2014-15	레알마드리드(ESP)
2014-15~2016-17	바이에른뮌헨(GER)

지도자 경력

2017-18~2019	레알마드리드(ESP) U14 감독
2019~	레알소시에다드B(ESP) 감독

다양한 옵션으로
무장한 제너럴

지도자 자격증 License

UEFA 프로
2019년 취득
스페인

UEFA A
2018년 취득
스페인

UEFA B
2018년 취득
스페인

최고 명장으로부터 배우다

선수 시절 사비 알론소는 미켈 아르테타를 뒤따르는 것처럼 보였다. 지도자가 되어서도 사비 알론소의 발걸음은 절친이 갔던 길을 그대로 따랐다. 현역 시절에는 레알마드리드와 바이에른뮌헨의 핵심 미드필더로 뛰면서 명장들의 전술을 흡수했다. 분데스리가 보루시아묀헨글라트바흐를 이끄는 마르코 로제의 후계자°로서 거론된다는 보도처럼, 지도자 거취도 주목받고 있다.

사비 알론소는 어릴 때부터 꿈꿨던 레알소시에다드에서 프로 경력을 시작했다. 레날 드누에°° 감독이 이끄는 팀이 라리가에서 선풍°°°을 일으켰고, 그 중심에 사비 알론소가 있었다. 일약 유럽 무대의 기린아가 된 사비 알론소는 2004년 리버풀로 이적했고, 1년 뒤에 라파엘 베니테스 감독과 함께 이스탄불의 기적°°°°을 경험했다.

사비 알론소는 중원에서 스티븐 제라드와 황금 콤비를 이뤄 다이나믹한 미드필드 플레이를 선보였다. 2009년 레알마드리드로 이적해 조제 모리뉴 감독의 팀에서 활약했고, 2014년에는 바이에른뮌헨에서 펩 과르디올라 감독의 혁명에 일조했다. 사비 알론소는 모리뉴와 과르디올라의 지도를 받는 귀중한 경험을 할 수 있었다.

유럽 톱클럽에서 수많은 영광을 누린 사비 알론소는 가장 큰 영향을 받은 감독에 대해 확실한 대답을 내놓지 않는다. "나를 지도했던 모든 감독으로부터 영향받았다. 한 사람을 꼽기는 어렵다. 결국 제일 중요한 것은 개인적 취향이라고 생각한다. 감독이라면 '어떤 축구를 하고 싶은가?'라는 질문에 확실한 답을 갖고 있어야 한다."

°**마르코 로제의 후계자** | 독일 언론 「빌트」를 중심으로 이슈화되었지만 프랑크푸르트의 아돌프 휘터가 최종 낙점되었다.
°°**레날 드누에** | 2002~04년 레알소시에다드를 이끌었던 프랑스 출신 감독. 이후 해설자로 변신했다.
°°°**라리가에서 선풍** | 레알마드리드와 우승 경쟁을 벌인 끝에 2위로 마감
°°°°**이스탄불의 기적** | 2004~05시즌 챔피언스리그 결승전. 밀란이 전반전을 3-0으로 마쳤지만, 후반 들어 리버풀이 동점에 성공, 승부차기에서 우승을 차지했다.

사비 알론소는 현역 시절 일군 압도적 실적에 기댈 생각이 없다. 2018년 차비 에르난데스, 빅토르 발데스, 라울과 같은 시기에 지도자 자격증을 취득한 후에 레알마드리드에서 U14팀을 맡았다. 이후 친정인 레알소시에다드의 유소년 코치로 귀환했다. 서두르지 않고 착실하게 지도자 경력을 쌓고 있는 그에게 육성에 일가견이 있는 소시에다드는 최상의 환경이다.

소시에다드B에서 유연한 지도 철학을 선보이다

사비 알론소는 지도 철학에서도 유연한 자세를 잃지 않는다. "지도자로서 특별한 장점? 딱히 없는 것 같다. 선수들이 내 지도를 어떻게 느끼는지가 중요하다. 또한 무엇을 전달할 것인지도 중요하다. 내 생각이 별 도움이 되지 않는다고 선수들이 생각한다면 내가 생각을 바꿔야 한다."

레알소시에다드는 1군과 B팀°이 축구 스타일을 공유하고 있으므로 사비 알론소가 착실하게 지도자 경험을 쌓기에 최상의 환경을 제공했다. 사비 알론소는 4-2-3-1 포메이션을 선호하면서 빌드업 시 최후방 수비 3인을 유지하는 진형을 기본으로 한다. 해당 빌드업에는 두 가지 패턴이 있다. 풀백이 움직이는 패턴과 미드필더가 살리다 라볼피아나°°가 되어 수비 라인을 돕는 패턴이다. 볼을 소유한 팀으로서는 이러한 빌드업 변화 모두가 필요한 옵션이다.

°B팀 | 현재 3부 소속
°°살리다 라볼피아나 | 홀딩미드필더가 센터백 2인 사이로 내려와 후방 빌드업에 참가하는 전술

또 한 가지 특징은 중앙 영역에 선수를 두지 않는다는 점이다. 공격형 미드필더를 중앙에 두지 않고 센터포워드가 넓은 공간에서 움직이도록 해서 제로톱처럼 기능한다. 동시에 양쪽 측면 공격수가 하프스페이스에서 뛰는 현대 축구 전술의 특징을 보여준다.

빌드업 단계에서 백3의 양쪽 센터백 자리에 서는 선수는 볼을 갖고 적극적으로 전진해 종패스를 노린다. 이런 움직임으로 상대를 안쪽 영역으로 몰아 양쪽 측면을 사용하는 전개가 소시에다드의 전술 특징이다. 3인을 활용하는 빌드업은 수적 우위°를 확보하려는 목적으로 애용되는데, 사비 알론소는 센터백의 오버랩을 적극적으로 권장한다.

2선 공격진이 풀백의 위치를 커버하는 움직임으로 시도하는 전진 패스도 소시에다드B의 중요한 옵션이다. 소시에다드B의 넓은 빌드업은 좋은 무기가 된다. 상대가 이를 경계해서 라인을 끌어올리면 수비 뒷공간을 노릴 수 있기 때문이다.

볼을 소유한 상황의 메커니즘에서 과르디올라의 영향이 엿보이는 등, 사비 알론소는 지도자로서 착실하게 성장하고 있다. 2020년 3월 26일, 소시에다드는 사비 알론소와 B팀 감독 계약을 2022년 6월까지 연장°°하기로 합의했다. 유연한 접근법과 언제나 배우려는 자세를 생각하면 수년 내에 1군 감독으로 올라서는 것을 기대해도 좋다.

°수적 우위 | 상대가 투톱이나 원톱으로 나오면 최후방에 3명을 두는 빌드업이 수적으로 유리하다.
°°계약 연장 | 소시에다드의 프로젝트와 함께 자신도 성장하고 싶다고 언급하고 있다.

관계도

카를로 안첼로티
바이에른 시절
사제지간

펩 과르디올라
바이에른 시절
사제지간

조제 모리뉴
레알마드리드 시절
사제지간

이마놀 알과실
소시에다드 1군 감독

라파엘 베니테스
리버풀 시절 사제지간

루이스 아라고네스
스페인 국가대표팀 시절
사제지간

미켈 아르테타
절친

레날 드누에
소시에다드 시절 사제지간

비센테 델보스케
스페인 국가대표팀 시절 사제지간

사비 알론소

주의(종축) × 단계(횡축)

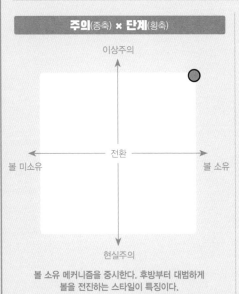

이상주의

전환

볼 미소유   볼 소유

현실주의

볼 소유 메커니즘을 중시한다. 후방부터 대범하게
볼을 전진하는 스타일이 특징이다.

게임모델

후방부터
볼 운반을 중시

제로톱
활용

현역 시절부터
습득한
냉철한 분석

기본 3인
빌드업

전방 움직임으로
유인한 뒤
전진 시도

미래상

펩 과르디올라 Pep Guardiola

현역 시절 플레이메이커 역할을 맡았고 유소년 레벨에서
지도자 경력을 시작했다는 공통점을 갖고 있다. 빌드업 패턴을 풍부하게 갖춰
스페인에서의 펩 과르디올라처럼 비약을 노리고 있다.

분데스리가의 혁명가들

독일의 지도자 교육은 유럽 최고 수준인 만큼 명장 후보들이 많다.
압박전술의 달인, 전술 블로거 출신, 혁명적 전술 제안자 등 개성 넘치는 인물들이
유럽 무대를 석권할 날이 다가오고 있다.

마르코 로제
Marco Rose

오스트리아에서 날아온
압박의 달인

경력 *Career*

국적	독일
생년월일	1976년 9월 11일

선수 경력(DF)

1995-96~1999-2000	로코모티베라이프치히(GER)
2000-01~2002-03	하노버(GER)
2002-10	마인츠, 마인츠II(GER)
	※양쪽 모두 등록

지도자 경력

2010~2012	마인츠(GER) U23 코치
	※2010년 플레잉코치
2012-13	로코모티베라이프치히(GER) 감독
2013-14~2015	레드불잘츠부르크(AUT) U16 감독
2015-16~2016-17	레드불잘츠부르크(AUT) U18 감독
2017-18~2018-19	레드불잘츠부르크(GER) 감독
2019~2020-21	보루시아묀헨글라트바흐(GER) 감독
2021-22	보루시아도르트문트(GER) 감독

지도자 자격증 *License*

UEFA 프로
2015년 취득
독일

UEFA A
불명

UEFA B
불명

16

은사 클롭 아래서 만들어진 축구관

마르코 로제는 독일 국가대표 수비수였던 발터 로제°의 손자다. 라이프치히에서 태어나 로코모티베라이프치히에서 프로 데뷔했다. 2000년 하노버로 이적해 2년 뒤 1부로 승격했지만, 다시 팀을 마인츠로 옮겨 8년 동안 뛰었다.

6년간 로제를 지도했던 사람이 위르겐 클롭이다. 하노버에서 랄프 랑닉의 지도를 경험했던 로제는 클롭의 제안으로 마인츠 임대를 완전 이적으로 바꿔 정착했다. 보루시아묀헨글라트바흐 시절 인터뷰에서 로제는 "클

°**발터 로제** | 셰미라이프치히에서 150경기 이상 출전했고 독일 국가대표팀에서 뛴 기록도 있다.

롭이 우리의 축구관을 만들었다. 축구에서도 여러 가지를 배웠지만 무엇보다 인간적인 면에서 영향을 받았다"라고 말했다.

지도자 경력을 시작한 곳은 마인츠였다. 은퇴를 결심한 마지막 시즌부터 2군 코치를 겸임했고, 시즌 종료 후 정식 코치로 임명되었다. 클럽은 이미 팀을 떠난 상태였고 로제도 곧 로코모티베라이프치히의 감독으로 취임했다. 하위 리그의 감독 도전은 한 시즌 만에 끝났지만, 레드불 그룹이 로제의 능력을 알아봤다. 압박 전술을 지향하는 레드불의 축구 철학에 잘 맞는 젊은 지도자로서 로제를 선택한 것이다.

오스트리아 레드불잘츠부르크의 유소년 코치로 U16팀에서 출발한 로제는 U18팀으로 승격했다. 2016-17시즌 UEFA 유스리그 우승이 당시 로제가 거둔 최대 성과였다. 잘츠부르크는 맨체스터시티, 파리생제르맹, 아틀레티코마드리드, 바르셀로나 같은 빅클럽을 연파해 유럽 챔피언에 등극했다. 잠비아 출신 스트라이커 파트손 다카°를 중심으로 뭉친 팀은 멋진 경기력을 선보였다.

로제는 코치 시절 남긴 실적을 인정받아 2017년 1군 감독에 취임했다. 정식 감독으로 팀을 이끈 2년 동안 로제는 유로파리그의 높은 단계까지 진출했고 홈 무패 기록도 세웠다. 2019년 로제는 더 큰 무대인 분데스리가의 보루시아묀헨글라트바흐에서 지휘봉을 잡았다. 2020-21시즌 챔피언스리그에서 결승 토너먼트 진출에 성공하자 이번에는 독일 명문 보루시아도르트문트가 로제를 영입했다.

°파트손 다카 | 2017년 아프리카 '올해의 영플레이'를 수상했고 잘츠부르크의 에이스로 활약했다. 2021년 여름 레스터시티로 이적했다.

잘츠부르크에서 선보인 압박 전술

오스트리아 시절 로제는 '압박의 달인'으로 불렸다. 유럽에서도 압박 전술에 가장 능한 젊은 지도자로 통했던 것이다. 로제의 축구 철학에서 가장 기본이 되는 요소는 팀워크와 선수의 헌신이다. 볼을 사냥하는 적극적인 플레이로 주도권을 빼앗는 것이 로제의 축구다. 레드불잘츠부르크의 브라질 출신 수비수 안드레 라말료°는 로제의 전술을 이렇게 설명한다.

"자기 진영에서 빌드업으로 공격을 구축하는 팀은 많다. 뛰어난 선수를 갖춘 팀들이다. 우리가 압박하지 않으면 상대는 경기를 쉽게 풀 수 있다. 상대는 압박을 받지 않는 상황에서 여유 있게 최적의 옵션을 선택하는 것이다. 하지만 강하게 압박하면 상대는 최선의 선택을 할 수 없다."

잘츠부르크는 자국 리그의 절대적 강자로서 경기 중 공격 시간이 길다. 하지만 로제의 팀은 유로파리그에서도 성공을 거뒀다. 상대에게 선택할 시간적 여유를 허용하지 않겠다는 방침이 그 비결이었다. 모든 선수가 헌신적으로 뛰면서 강하게 압박해 상대의 빌드업을 방해했다. PPDA°°라는 압박 강도 지수에서 로제의 잘츠부르크는 압도적 수치인 6.6을 기록했다. 프리미어리그 평균값이 10 이상인 것을 감안하면 잘츠부르크의 압박 강도가 가공할 수준임을 알 수 있다.

잘츠부르크는 전방부터 상대의 빌드업을 방해하고 미드필드에서 볼을

°안드레 라말료 | 2021년 여름 이적 시장에서 네덜란드 명문 PSV에인트호번으로 이적했다.
°°PPDA | Passes allowed Per Defensive Actions의 줄임말. 상대 팀의 패스 합계를 자기 팀의 수비 플레이
(태클, 인터셉트, 도전, 반칙) 합계로 나눈 숫자. 낮을수록 압박이 강하다는 의미다.

회수하는 방식을 쓴다. 그 메커니즘은 은사인 클롭의 철학과 일맥상통한다. 클롭은 이상적인 압박에 대해 이렇게 설명한 적이 있다. "기회가 생기면 나는 다이아몬드 포메이션을 구사했다. 스트라이커 2명과 미드필더 4명이 다이아몬드 진형을 꾸미면 내 시스템이 기능한다. 나는 3톱 전술에서 다이아몬드 진형을 늘 염두에 둔다."

클롭이 말하는 다이아몬드의 목적은 4명이 공간을 지운다는 이론°이다. 리버풀을 예로 들어보자. 최전방에 피르미누와 미드필더 3명이 다이아몬드 형태를 만들어 상대의 미드필드가 기능하지 못하도록 만든다. 모하메드 살라와 사디오 마네가 높은 위치부터 압박하는 리버풀의 시스템은 기능적으로 4-4-2를 닮았다.

로제의 메커니즘도 기본적으로는 클롭의 전술에 가깝다. 투톱이 상대의 센터백과 풀백 사이에서 패스루트를 차단한다. 미드필더는 다이아몬드 형태로 상대 팀 홀딩미드필더 2인의 공간을 봉쇄한다. 그러면 상대는 롱패스를 선택할 수밖에 없다. 마지막 방법으로 골키퍼에게 백패스를 보내도 숏패스가 나갈 길목이 차단되었으므로 롱킥으로 내몰린다. 특히 양쪽 센터백과 앵커를 집중적으로 압박해 상대 골키퍼의 패스 옵션을 사전에 차단한다. 로제는 2선 중앙 공격수를 두는 이점을 최대한 활용해 전방 압박을 가하는 스타일을 고수했다. 공중볼 다툼에 능한 수비수를 보유한 덕분에 잘츠부르크의 볼 회수 확률은 매우 높았다.

°4명이 공간을 지운다는 이론 | 다이아몬드 포진에서는 볼이 위치한 공간을 에워싸기가 쉬워진다.

상대를 속이는 '압박 트랩'

로제의 전술이 경기 내내 전방압박을 시도하는 것은 아니다. 상대를 속이는 또 하나의 패턴, 즉 '압박 트랩'도 활용한다. 유로파리그에서는 도르트문트가 로제의 트랩 때문에 애를 먹었다. 잘츠부르크는 볼을 잘 돌리는 도르트문트를 상대로 약간 보수적 태세를 취했다. 상대 센터백을 강하게 압박하던 투톱의 위치를 아래로 내려 골키퍼와 센터백의 패스루트를 터줬다. 이 변화가 도르트문트를 속인 압박 트랩이었다.

비교적 압박이 느슨한 상태에서 센터백이 볼을 받으면 스트라이커가 패스를 쉽게 받을 수 있는 위치에 있는 상대 미드필더를 노린다. 의도한 대로 타깃으로 삼았던 상대 미드필더에게 패스가 향하는 타이밍에 맞춰 한꺼번에 압박을 가한다. 율리안 바이글의 패스루트를 없앤 상태에서 패스가 마흐무드 다후드에게 향하도록 유도하는 작전이다.

아마두 하이다라가 그 타이밍을 노려 강하게 압박해서 상대의 패스 방향을 풀백 쪽으로 유도한다. 그러면 다시 풀백을 압박해 실수를 유도하고 역습으로 전환하는 패턴이다. 로제는 이렇게 압박 패턴을 구분해 사용함으로써 상대 팀을 괴롭혔다.

현대 축구에서 점유의 기점인 골키퍼까지 철저하게 압박하는 플레이가 로제의 축구 이론이다. 로제가 투톱을 선호하는 이유가 바로 골키퍼를 향해 대각선 방향으로 압박하기 쉽기 때문이다. 전방에서 원톱이 혼자 골키퍼를 압박하면 대부분 센터백에게 횡패스가 나간다. 이때 투톱이 동시에 골키퍼에게서 센터백으로 가는 패스 길목을 차단함으로써 전진패스 또는 롱킥을 유도하는 패턴을 즐긴다. 상대로서는 센터백 2명이 모두 스트라이커의 압박을 받는 상황이기 때문에 롱킥을 선택할 수밖에 없다.

잘츠부르크 시절 로제는 객관적 전력에서 앞서는 팀을 상대할 때, 콤팩트한 중간 압박 전술도 구사했다. 투톱 중 1명이 측면을 커버하는 압박을 시작하면 다른 동료들은 반대편 영역을 집중적으로 노린다. 측면에서 종패스를 유도해 해당 영역에 상대를 가둔다. 상대 진영 코너플래그 부근에서 공격을 하다가 볼을 빼앗긴 직후에도 정교하게 설계한 압박으로 다시 볼을 획득한다. 회수에 성공하면 상대 밀집 수비를 허물기 위해 측면으로 공격 방향을 전개하는 것이 잘츠부르크의 원칙이었다. 중앙에는 공중볼 다툼에 강한 선수가 남아 있어서 2차 공격의 성공률도 높았다.

보루시아뫼헨글라트바흐에서의 측면 승부

독일 분데스리가로 무대를 옮긴 후부터 로제는 기본 포메이션을 4-2-3-1로 변경했다. 빌드업 단계부터 변화가 생겼다. 잘츠부르크 시절보다 양쪽 풀백이 높은 위치까지 올라갔다. 잘츠부르크에서 영입한 스테판 라이너°와 스웨덴 국가대표 출신 오스카 벤트를 좌우 풀백으로 기용해 높은 위치에서 패스를 받도록 했다. 빌드업의 중책을 풀백이 맡기 때문에 양쪽 날개가 상대 진영 깊숙한 곳까지 연동해 전진한다. 빌드업이 막히면 골키퍼에게 긴 백패스

°스테판 라이너 | 잘츠부르크 유소년 출신으로 경력 대부분을 로제 감독의 팀에서 뛰고 있다.

를 자주 보내 압박 모드를 초기화하는 메커니즘도 준비되어 있다.

로제는 측면 공격을 중시하면서 압박도 미세하게 조정했다. 중앙의 종 패스를 유도하기보다 측면으로 몰아가는 압박 패턴을 늘렸다. 이런 전술 조정으로 로제는 공수의 주요 영역을 측면으로 옮기는 데에 성공했다.

예를 들어 상대 골키퍼가 볼을 소유한 단계에서 원톱은 종패스 길목을 차단하면서 압박한다. 양쪽 센터백에게는 측면 공격수가 붙고 미드필더들도 맨투맨으로 압박한다. 이렇게 되면 상대는 풀백을 향해 띄우는 패스를 시도한다. 이런 패스가 나오는 타이밍에 맞춰 양쪽 풀백이 강하게 압박해 볼을 빼앗는다. 오스트리아에서 잘츠부르크는 압도적 강자였지만, 묀헨글라트바흐에서는 결과를 내기 위해 볼을 측면으로 몰아 위험을 줄이겠다는 노림수다.

2020-21시즌 묀헨글라트바흐의 공격 39%가 오른쪽 측면에서 이루어졌다. 측면에 무게를 두는 전술이 수치로 나타났다고 할 수 있다. 측면 공격 위주의 팀이라고 인식된 묀헨글라트바흐는 백3 옵션도 시도했다. 양쪽 풀백이 윙백의 움직임으로 높은 지점까지 진출하고, 그 앞에 있는 윙어들은 하프스페이스로 비켜선다. 볼을 빼앗으면 한꺼번에 공격으로 전환하는 역습 시도는 로제 축구의 최대 무기다. 묀헨글라트바흐에서도 짧은 패스를 많이 사용하면서 템포를 올리고 있다.

스트라이커와 측면 공격수의 포지션 체인지는 팀 공격에서 큰 비중을 차지하며 상대 수비진을 헷갈리게 한다. 공격에서 전방 4명이 연동하면서 움직이는 덕분에 선수 개인의 특징에 따라 스타일이 바뀐다. 드리블이 장점인 선수를 기용한 경기에서는 드리블 공격 시도가 많아지고 콤비네이션에 능한 선수가 출전하면 숏패스를 돌리면서 상대 진영으로 침투하는 식이다. 뮌헨글라트바흐는 다양한 패턴을 앞세워 뛰어난 공격력을 뽐내고 있다.

2021년 로제는 숙적 도르트문트°의 감독으로 취임했다. 뮌헨글라트바흐의 팬들로부터 거센 비난을 받아야 했지만, 본인에게는 거절하기 어려운 기회였을 것이다. 클롭이나 토마스 투헬처럼 젊은 지도자에게 기회를 제공해왔던 도르트문트로서도 로제 카드는 매력적이었다. 어린 선수를 중용하면서 압박으로 상대를 옥죄는 동시에 날카로운 공격으로 경기의 주도권을 쥐기 때문이다. 도르트문트에서 로제가 어떤 축구를 보여줄지 기대되었지만 1년 만에 결별하게 된다.

°**도르트문트** | 두 팀의 맞대결을 '보루시아 더비'라 부른다.

랄프 랑닉
하노버 시절 사제지간

위르겐 클롭
마인츠 시절 사제지간

펩 과르디올라
볼 소유 시 시스템 구축에
영향을 받았다고 발언

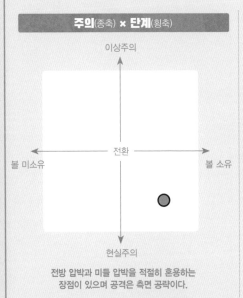

마르코 로제

레네 마리치
코치로서
도르트문트에 동행

알렉산더 치클러
코치로서
도르트문트에 동행

주의(종축) × 단계(횡축)

이상주의

전환

볼 미소유   볼 소유

현실주의

전방 압박과 미들 압박을 적절히 혼용하는
장점이 있으며 공격은 측면 공략이다.

게임모델

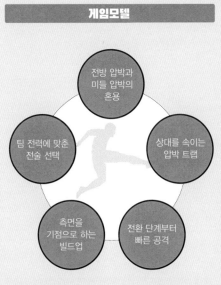

전방 압박과
미들 압박의
혼용

상대를 속이는
압박 트랩

팀 전력에 맞춘
전술 선택

전환 단계부터
빠른 공격

측면을
기점으로 하는
빌드업

미래상

랄프 랑닉 Ralf Rangnick

은사인 클롭으로부터 영향을 받았지만, 전술적 설계는 랄프 랑닉을 닮았다.
4-4-2 전형으로 상대를 질식하게 만드는 압박은 랑닉 스타일을 연상시킨다.

펠레그리노 마타라조

Pellegrino Matarazzo

나겔스만을 놀라게 한
'숫자 축구' 전문가

경력 *Career*

국적	미국
생년월일	1977년 11월 28일

선수 경력(DF)

2000~2001	아인라흐트바트크로이츠나흐(GER)
2001~2003	SV베헨(GER)
2003~2004	프로이센뮌스터(GER)
2004~2005	SV베헨(GER)
2005~2006	바텐샤이트(GER)
2006~2010	1.FC뉘른베르케II(GER)

지도자 경력

2010~2012	1.FC뉘른베르케II(GER) 코치
2011	1.FC뉘른베르케II(GER) 감독대행
2012~2013	1.FC뉘른베르케(GER) U17 감독
2013~2017	1.FC뉘른베르크(GER) U19 감독
2017	호펜하임(GER) U17 감독
2018~2019	호펜하임(GER) 코치
2019~	슈투트가르트(GER) 감독

지도자 자격증 *License*

- **UEFA 프로** 2016년 취득 독일
- **UEFA A** 2012년 취득 독일
- **UEFA B** 시기불명 독일

은행가 경력을 버린 나겔스만의 전우

 독일 명문 슈투트가르트에게 분데스리가 승격은 기본 과업이었다. 2019년 12월 마타라조는 열광적 지지로 유명한 슈투트가르트의 감독에 취임했다. '다이아몬드의 눈'이란 별명으로 유명한 스카우트 스벤 미슬린타트°가 추천했다. 호펜하임의 어시스턴트코치였던 마타라조가 한순간에 역사와 전통을 자랑하는 명문 클럽의 꿈을 짊어진 것이다. 30대에 불과한 독일 국가대표 출신 토마스 히츨스페르거°°가 회장직을 맡고 있었다는 점도 대담

°스벤 미슬린타트 | 보루시아도르트문트에서 일하는 동안 로베르트 레반도프스키, 가가와 신지, 피에르-에메릭 오바메양 등 주력 선수들을 스카우트했다. 2019년 2월까지 아스널의 스카우트 부문 책임자로 일했다.
°°토마스 히츨스페르거 | 공수 균형 감각이 뛰어난 미드필더로서 프리미어리그, 세리에A에서 활약했다.

한 발탁이 실현된 배경이었을 것이다.

2019년 회장이 된 히츨스페르거는 전임자 팀 발터처럼 젊은 지도자를 발탁했다. 발터 전 감독은 볼 점유를 중심으로 하는 플레이스타일을 추구했다. 클럽 수뇌진은 애초에 장기전으로 가겠다는 방침을 세웠지만, 코로나19 팬데믹이 초래한 매출 급감 앞에서 결과 중심의 실리 축구로 방향을 틀었다. 재정 위기 상황에서 장기적 전력 강화란 목표가 현실적으로 어려웠기 때문이다.

히츨스페르거 회장과 미슬린타트는 승격을 목표로 하면서도 섣불리 베테랑 감독을 찾으려 하지 않았다. 어디까지나 두 사람은 미래라는 방향성을 유지하면서 실리적 축구도 구현할 수 있는 젊은 감독을 물색했다. 그리고 수뇌진이 신속하고 정확하게 도출한 결론이 펠레그리노 마타라조 영입이었다.

이탈리아계 미국인 마타라조는 나폴리를 지지하는 가정에서 태어났다. 어릴 때부터 디에고 마라도나에 심취했던 마타라조는 일반적인 미국인이라면 의아할 만한 진로를 선택한다. 콜롬비아대학에서 수학을 전공한 그는 엘리트 코스를 밟을 수도 있었다. 하지만 그는 대학 졸업 후, 마우리치오 사리°전 나폴리 감독처럼 축구를 생업으로 삼기로 한다. 계기는 독일인 스카우트였다. 미국에서 뛰고 있던 마타라조는 이 스카우트로부터 독일 현지 입단 테스트를 추천받았다.

유럽에서 프로축구 선수에 도전하기로 한 마타라조는 4부 클럽에서 출발했다. 아쉽게도 선수로서의 재능은 평범했다. 헌신적인 팀플레이를 장점으로

°마우리치오 사리 | 몬테데이파스키디시에나 은행에 입사해 2000~01시즌까지 은행원과 하부 리그 감독을 병행했다.

삼았지만 결국 기술의 한계에 부딪쳤다. 뉘른베르크 리저브팀에서 현역 생활을 마무리해야 했는데, 이후 지도자로서 특별한 재능을 발견했다.

마타라조는 유창한 독일어를 무기로 축구 지도자로 성공하기를 꿈꾸었다. 독일 지도자 교육기관인 헤네스 바이스바일러 아카데미에 입학해 율리안 나겔스만과 한 방을 쓰면서 새로운 인연을 만들었다. 2017년에는 나겔스만의 제안으로 호펜하임 유소년 코치에 부임했고, 2018년에는 어시스턴트코치로 승격했다. 독일 축구계에서 젊은 지도자를 대표하는 두 사람은 건강한 라이벌로 성장했다.

나겔스만은 마타라조에 대해 이렇게 칭찬한다. "그 친구는 인간성도 훌륭할 뿐 아니라 감독으로서도 뛰어나다. 슈투트가르트의 감독직을 완벽하게 수행하고 있다. 마타라조의 축구는 사람들이 원하는 스타일이다. 빌드업은 치밀하고 젊은 선수들은 용맹하게 뛴다. 분데스리가에서 그런 감독과 경쟁하는 게 기쁘다."

상대를 집요하게 몰아가는 압박 2가지

수학 전공자답게 마타라조는 숫자의 관계성을 의식하며 압박 전술을 설계한다. 상대 빌드업이 백4라면 압박도 4명을 쓴다. 상대가 후방부터라도 수적 우위를 점하지 못하도록 하는 것이 압박 성공의 첫 번째 열쇠다. 골키퍼를 빌드업 과정에 활용하는 사례도 늘고 있어서 이상적으로는 다섯 명이 전방에서 압박해야 한다. 이런 전술관 아래서 마타라조는 3-5-2를 기본 포메이션으로 사용한다. 포메이션상으로는 투톱이지만, 숫자를 조정해 3-1-5-1 전형을 구성하는 것이 포인트다.

최전방에서 1명만 압박하므로 상대는 빌드업을 선택하기가 쉽다. 하지만 상대의 패스 타이밍에 맞춰 중원에 있던 5명이 연동해서 압박을 가한다. 슈투트가르트의 전방압박에서는 골키퍼에게 보내는 백패스을 쫓는 장면이 자주 나온다. 후방을 백3로 기용해 중원 숫자를 늘린 것이다. 5~6명이 한꺼번에 가하는 압박은 박력이 넘친다. 상대가 한 수 위의 팀이라고 해도 실수하기 쉽다.

다음으로 안정적 압박 패턴에서는 윙백만 압박에 참가한다. 슈투트가르트는 이 방법도 자주 구사한다. 이때 포메이션은 4-1-4-1에 가깝고, 총 5명이 전방압박을 가한다. 볼이 있는 쪽에서 반대편 윙백이 수비 라인에 합류해 리스크를 줄이면서 1.5열의 4명이 적극적으로 압박한다. 상대 중원의 쉬운 패스를 방지해 패스 줄기를 불확실한 쪽으로 유도하는 것이 목적이다.

상대가 중원의 압박 라인을 통과하더라도 곧바로 홀딩미드필더 엔도 와타루와 마주친다. 엔도의 임무는 공간 방어가 아니라 압박을 통과한 상대를 반칙으로 끊거나 볼을 빼앗은 즉시 역습을 시작하는 기점 플레이다.

엔도는 넓은 영역을 혼자 커버해야 하므로 팀 전술상 매우 중요한 존재다. 지역지 「슈투트가르트차이퉁」은 그를 '슈투트가르트의 심장'이라고 표현하기도 했다. 엔도까지 뚫리면 뒤에 백3 라인밖에 남지 않기 때문에 그의 저지가 매우 중요할 수밖에 없다. 마타라조가 위험 부담이 상존하는 전방압박 전술을 고수하는 배경에는 엔도의 수비력이 있다고 할 수 있다. 엔도는 중원에서 리스크 관리를 책임지는 동시에 압박에도 참여한다.

속도와 운동량을 중시하는 플레이스타일

나겔스만의 곡선적 접근론과 비교하면 슈투트가르트는 속공에 무게를 둔다. 강한 압박과 직선적 공격 스타일은 레버쿠젠을 이끌었던 로저 슈미트 감독°을 닮았다. 상대 골문을 향해 최단 거리로 돌진하는 축구에 능한 마타라조의 스타일에 맞춰 일본 국가대표 미드필더 엔도도 진화 중이다.

원래 엔도는 중원 아래쪽에 서서 안정적인 횡패스를 담당했다. 하지만 이제 엔도는 볼을 빼앗으면 템포를 죽이지 않고 드리블로 전진하거나 스루패스를 시도한다. 직접 과감하게 슛을 때리는 장면도 드물지 않다. 상대에게 수비를 정비할 시간을 허용하지 않고 전방에 있는 공간 쪽으로 전속력 돌진한다. 인터셉트로 볼을 빼앗은 직후에도 스피드를 떨어트리지 않고 공격을 시도하는 플레이를 노린다. 안정적인 공격보다 속도감 있는 공격 시도로 상대의 균형을 허무는 플레이를 최우선으로 하는 것이다. 볼을 빼앗아 몇 초 안에 시도한 역습이 실패해도 그 지점에서 다시 압박해서 2차 공격 버튼을 누른다.

오른쪽 윙백인 실라스 카톰바 음붐파도 마타라조 전술의 특징적 선수다. DR콩고 국가대표팀에서는 라이트윙어로 뛰었지만, 슈투트가르트에서 윙백으로 새로운 영역을 개척하고 있다. 수비 면에서는 보완이 필요해도 공격력은 발군이다.

힘이 넘치는 페이스로 안쪽 영역으로 치고 들어와 주저 없이 상대 골문

°로저 슈미트 | 레버쿠젠 시절, 전방부터 강하게 압박하는 플레이를 '짐승 떼'에 비유했다.

을 노린다. 짧은 거리 역습에서는 상대 풀백이 돌아오지 못할 때가 많다. 그 지점부터 대각선으로 센터백 뒷공간을 노려 득점을 양산한다. 189cm 장신 선수가 오른쪽 측면을 따라 질주하는 모습은 대단히 인상적이다. 페널티키커 역할까지 맡아 2020-21시즌 분데스리가에서 11골을 기록했다. 전 세계에서 가장 공격적인 윙백이라고 해도 과언이 아니다.

이 밖에도 슈투트가르트의 전방에는 개성 넘치는 선수들이 많다. 아르헨티나 출신 포워드 마테오 클리모비츠는 연계 플레이에 능한 기술과 기동력을 갖췄다. 오스트리아 대표 센터포워드 사샤 칼라이지치는 큰 키(2m)와 부드러움을 겸비했고, 파리생제르맹 유소년 출신인 탕기 쿨리발리는 측면 드리블 돌파력을 앞세워 활약하고 있다. 빠른 공격수를 다수 보유한 덕분에 슈투트가르트는 짧은 거리 역습의 패턴이 다채롭다.

유소년 지도 경력이 긴 마타라조는 어린 선수들°을 적극적으로 기용한다. 속도를 중시하는 축구에서는 순발력과 운동량이 뛰어난 젊은 선수들이 열쇠가 된다. 긴 거리 역습에서는 칼라이지치의 공중볼 우세를 활용하려는 모습이 자주 보이고, 세컨드볼과 압박이 이어진다. 칼라이지치는 포스트플레이 기술이 뛰어나 그를 기점으로 삼는 콤비네이션 플레이도 중요한 무기가 된다. 마타라조는 수학 전공자답게 데이터 활용에도 뛰어난 면모를 보인다. 압박 강도를 수치화함으로써 팀 경기력을 평가한다. 운동량을 중시하는 팀이기 때문에 선수들의 피로 누적 대응에도 데이터를 적극적으로 활용한다.

팀이 콤팩트한 진형을 유지하려면 자기 진영에서 수행하는 빌드업도 중요

°어린 선수들 | 스쿼드 평균연령은 24.3세

186

하다. 따라서 엔도를 홀딩미드필더 포지션에 배치한 상태에서, 팀을 전체적으로 위로 올려 전방압박을 가하기 쉬운 거리감을 유지하려고 노력한다. 분데스리가에서는 상대 팀의 수준이 높아서 롱볼 비중이 커졌지만, 2부 시절에는 센터백이 중원을 돕는 빌드업도 시도한 적이 있다.

마타라조는 "나는 클럽에 '이런 축구 스타일을 추구하고 싶다'라고 말한 적이 없다. 어디까지나 선수들이 잘할 수 있는 축구를 구현하는 것이 내가 할 일이며 그것을 살리는 것이 이상적이다"라고 말한다. 클럽 수뇌부와 의견을 맞추면서 선수들의 특성을 살린 결과가 현재의 스타일인 셈이다.

새로운 지식을 배우려는 성향이 강한 지도자인 만큼 스쿼드 강화에 성공하면 선택지를 늘려 갈 공산이 크다. 한 인터뷰에서 나겔스만 감독의 영향을 묻는 질문을 받자 "상대 진영에서 공격하는 방법, 빌드업 단계의 경기 구축 요령에 있어서는 나겔스만에게 많이 배웠다"라고 대답했다.

젊은 감독을 보좌하는 코칭스태프도 30대가 주축이어서 혈기가 넘친다. 어시스턴트코치인 미하엘 비머는 뉘른베르크 유소년 코치로서 경력을 쌓았다. 미하엘 칸머메이어 어시스턴트코치도 뉘른베르크 유소년 코치 출신이다. 세 번째 어시스턴트코치로 일하는 페터 페르슈톨트는 마르틴 슈미트, 도메니코 테데스코의 오른팔로 활약했다.

2021년 2월 마타라조는 4년 재계약에 성공해 클럽의 신뢰를 입증했다. 항간에는 그를 '미국 국가대표팀의 미래를 짊어질 사나이'로 보는 시선도 존재한다. 독일 축구계에서 마타라조는 나겔스만까지 위협하는 존재로 평가된다. 실리적 축구로 성공을 거둔 후에 마타라조가 보여 줄 축구에 기대가 크다.

토마스 히츨스페르거
회장으로서
마타라조를 영입

울리안 나겔스만
호펜하임에서
코치로서 보좌

스벤 미슐린타트
마타라조를 발탁한
스카우트

펩 과르디올라
바이에른 재임 시 인턴 자격으로
과르디올라의 훈련을 경험

펠레그리노 마타라조

페터 페르슈톨트
2020년 슈투트가르트의
코치로 합류. 당시 37세

도메네크 토렌트
바이에른 시절 코치.
인턴 마타라조와 교류

주의(종축) × 단계(횡축)

이상주의

볼 미소유 ← 전환 → 볼 소유

현실주의

강한 압박 직후 직선적인 짧은 역습을
시도하는 스타일이 장점이다.

게임모델

직선적인
짧은 역습

젊은 선수의
기용과 성장 지원

전방 숫자를
늘려 높은
위치부터 압박

압박 패턴을
유연하게
구분해 사용

3-5-2를
기본으로 한 공격

미래상

한지-디터 플릭 Hans-Dieter Flick

대담하게 시도하는 전방압박이 바이에른 전 감독 한지-디터 플릭과 닮았다.
리스크를 두려워하지 않고 철저하게 주도권을 쥐려는 시도를 무한 반복한다.

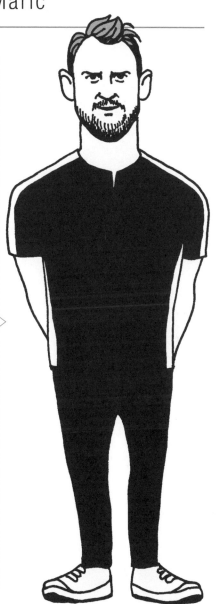

레네 마리치
René Maríć

전술 블로거에서
분데스리가 분석가로 성장

경력 *Career*

국적	오스트리아
생년월일	1992년 9월 4일
선수 경력	없음

지도자 경력

2014-15	한덴베르크(GER) 코치
2015-16~2017-18	레드불잘츠부르크(AUT) U-18 코치
2018-19	레드불잘츠부르크(AUT) 코치
2019~2020-21	보루시아묀헨글라트바흐(GER) 코치
2021-20~	보루시아도르트문트(GER) 코치

지도자 자격증 *License*

UEFA 프로
수강 중

UEFA A
불명

UEFA B
불명

투헬 감독의 초청을 받은 축구 전술 블로거

축구 전술 블로거로 시작한 레네 마리치는 압도적인 분석 능력으로 유럽이 주목하는 존재가 되었다. 고향 한덴베르크에서 축구를 배웠던 그는 부상 탓에 선수 경력을 포기해야 했지만, 사랑하는 축구를 버릴 수는 없었다. 고향을 떠난 마리치는 자원봉사 형태로 지도자 경력을 시작해 U17팀°을 맡았다.

한적한 시골에서 지도자 수업을 이어가던 시절, 마리치의 최대 고민은 축구를 주제로 대화할 상대가 없다는 것이었다. 또래 지도자는 거의 없었기에 최신 축구 이론을 주제로 대화할 만한 사람을 찾기가 어려웠다. 마리치는 자신의 이론을 풀어 놓을 방법으로 블로그를 선택했다.

2011년 인터넷을 통해 인연을 맺은 지도자 5명은 '슈필페어랑게룽'이라는

°U17팀 | 본인은 유소년 지도자 경험이 경력 발전에 중요한 밑거름이 되었다고 말한다.

이름의 블로그를 운영하기 시작했고, 이는 유럽의 주목을 받을 정도로 성장했다. 이에 대해 마리치는 "축구에 대해 떠들고 싶은 다섯 명의 지도자가 모인 것"이라고 말했다. 철저히 전문가에 맞춘 블로그 운영은 마리치의 노림수이기도 했다. 진지하게 축구 이야기를 나눌 말벗 찾기에 초점을 맞췄기에 마리치는 평범한 축구 팬의 클릭에 연연하지 않았다.

블로그를 통해 마리치는 자신이 머물던 시골에서는 얻을 수 없었던 양질의 피드백을 받을 수 있었다. 마리치는 "인터넷에 포스팅을 해서 독자 5천여 명으로부터 댓글 200개 이상을 받았다"라고 말한다. 단순한 부분까지 너무 어렵게 표현한다고 비판하는 독자도 꽤 있었지만, 많은 지도자와 전문 분석가들은 마리치의 분석을 높이 평가했다. 마리치가 프로축구 클럽으로 점프할 수 있었던 계기는 토마스 투헬이 보내온 한 통의 이메일이었다.

당시 마인츠를 이끌던 투헬은 마리치의 팀 분석 보고서에 관심을 보여 그를 팀 훈련에 초청했다. 두 사람은 두 시간 가까이 대화를 나눴고, 급기야 투헬은 블로그 운영진에게 스카우트 보고서 작성을 의뢰했다. 멤버들은 특유의 분석 능력을 살려 임무를 완수했다. 하지만 그때만 해도 마리치는 심리학을 전공하는 대학생으로 축구를 직업으로 삼는다는 생각은 하지 않은 상태였다. 프로 클럽으로부터 작업 의뢰 하나를 받긴 했지만 아르바이트 이상으로 생각하지 않았다. 마리치는 축구 이론을 공부하면서 한덴베르크 감독 업무를 수행하느라 하루에 14시간이나 투자하는 날도 있었다.

그러던 중 그의 진로를 바꿀 결정적 인물이 나타났다. 투헬과 마찬가지로 마리치의 분석 능력을 호평했던 마르코 로제였다. 당시 잘츠부르크

U18팀을 지도하던 로제는 마리치를 여러 차례 팀으로 불러 전술 토론을 벌였다. 축구에 미친 두 사람의 대화가 이어지던 중, 마리치는 로제에게 "혹시 어시스턴트코치 필요하지 않은가?"라고 물었다. 평소 마리치에게 감명받았던 로제는 당장 클럽에 마리치를 추천한다.

로제의 추천을 받은 마리치는 잘츠부르크 아카데미의 매니저로 일하던 에른스트 터너°에게 프레젠테이션을 선보였다. 평소 로저 슈미트의 팀을 분석했던 터라 마리치는 설명 들었던 레드불 그룹의 훈련 이론에 대한 이해도가 높았다. 터너는 마리치의 날카로운 분석에 매우 놀랐다. 면접에서 터너를 매료시킨 마리치는 잘츠부르크 U18팀 코칭스태프에 합류한 것은 물론 UEFA 유스리그 제패 위업에도 공헌했다. 이후 로제는 1군 감독으로 취임하면서 마리치를 대동했다.

잘츠부르크 시절, 마리치는 훈련장에 가장 일찍 출근했다. 주어진 임무인 훈련 메뉴 짜기는 물론이고 훈련 지도까지 거들면서 로제 감독을 보좌했다. 이외에도 훈련 요점을 정리하거나 상대와 잘츠부르크의 팀 분석을 담당했다. 또한 코칭스태프 회의는 물론 선수들과의 의사소통까지 해냈다. 워낙 성실했던 마리치는 프로의 세계에도 훌륭하게 적응했다. 로제의 그림자 같은 존재로 움직이면서 분석과 훈련 양쪽을 모두 소화했다.

보루시아묀헨글라트바흐에서도 두 사람은 최고의 호흡을 선보이며 팀을 지휘하는 중이다. 마리치는 클럽 영상분석팀의 필립 슈첸돌프와 도미닉 맵스의 지원 덕분에 팀 훈련에 더 많은 시간을 할애할 수 있게 되었다. 입수한 정

°에른스트 터너 | 호펜하임에서도 아카데미 디렉터로 일했던 유소년 육성 전문가. 현재 필라델피아유니언에서 스포팅디렉터로 일한다.

보를 분석한 데이터를 바탕으로 훈련을 계획하는 식이다.

2021-22시즌부터는 로제와 함께 보루시아도르트문트를 지휘하고 있어 유럽 내에서도 가장 촉망받는 젊은 지도자 중 한 사람이라 할 수 있다. 율리안 나겔스만이 감독으로 데뷔했던 나이를 생각하면 마리치의 감독 데뷔도 헛된 꿈이 아니다. 서두르지는 않아도 본인 역시 감독에 도전하는 일에 관심을 표명하기도 했다.

가이드라인 위에서 선수가 직접 해법을 찾도록 돕는다

묀헨글라트바흐의 게임모델을 생각하면 빌드업에서 마리치의 영향력이 크다. 그는 플레이 원칙을 중시하는 타입이다. 끊임없이 수많은 판단을 해야 하는 축구에서 감독 혼자 모든 상황을 통제할 수 없다. 따라서 마리치는 선수들의 판단에 가이드라인°을 정해야 한다고 주장한다. 선수들이 스스로 올바른 해결책을 찾을 수 있도록 가이드라인으로 돕는 것이 이상적 축구라는 것이다.

마리치는 펩 과르디올라의 강점을 '선수들과 의사소통하는 능력'이라고 본다. 복잡해진 현대 축구에서 감독이 플레이 원칙을 선수에게 이해시키는 능력이야말로 과르디올라의 무기라는 주장이다. 조제 모리뉴로부터도 많은 것을 배우고 있다. 특히 레알마드리드 시절의 방법론은 일반적인 평

°가이드라인 | 마리치는 플레이 원칙을 '가이드라인'이라고 표현한다.

가처럼 '보수적 스타일'°이 아니었다고 판단한다.

마리치는 로제 감독이 추구하는 압박 중시 스타일이 현대 축구에서 자연스러운 추세라고 말한다. 오늘날의 선수들은 체력, 기술, 판단력 등 모든 면에서 10년 전보다 우수하다. 공격이 끊긴 즉시 수비로 전환해 공간을 지우는 플레이만으로는 상대를 막을 수 없다는 생각이다. 마리치에게 있어서 압박은 용맹한 태도가 아니라 확률이 가장 높은 수비 이론이다.

마리치는 플레이 원칙을 기본으로 삼기 때문에 선수가 능동적인 판단력으로 새로운 해법을 발견하는 과정을 반긴다. "선수 스스로 창의력을 발휘해 새로운 해법을 찾으면 우리는 새로운 배움의 기회를 얻는다"라는 발언에서 알 수 있듯이 그의 축구관은 독특하다. 블로거로 시작했다는 배경도 있겠지만 마리치는 축구를 철학적으로 해석하는 능력이 뛰어나다. 팀의 패턴을 세밀하게 분석하기보다 넓은 시야로 축구를 바라본다고 할 수 있다.

예를 들어 포메이션에 관한 생각도 흥미롭다. 마리치는 "포메이션은 숫자 나열에 지나지 않아 무의미하다"라는 의견에 반대하면서 "선수의 이해를 촉진하는 단순화된 방법으로서 꼭 무의미하다고 할 수 없다"라고 말한다. 마리치는 본인의 독특한 축구 철학을 선수들에게 명확하게 전달한다는 점을 중시하기 때문에 로제 감독으로부터 의사소통 요령도 배우고 있다.

마리치가 트위터를 통해 지도자들과 적극적으로 의견을 나누는 모습은 신세대 지도자답다. 로제 감독의 뒤에서 암약하는 이 젊은 전술가로부터 눈을 떼기 어려운 이유다.

관계도

마르코 로제
감독과 코치의 관계.
잘츠부르크로부터 이어진 사제지간

토마스 투헬
스카우트 보고서를
제출하고 면담

알렉산더 치클러
코치 동료.
도르트문트에서도 함께하는 중

레네 마리치

펩 과르디올라
철학적으로 영향을 받음

조제 모리뉴
철학적으로 영향을 받음

주의(종축) × 단계(횡축)

이상주의

전환

볼 미소유 ← → 볼 소유

현실주의

로제는 그를 '아이디어맨'이라고 부른다.
축구를 독특한 철학으로 해석한다.

게임모델

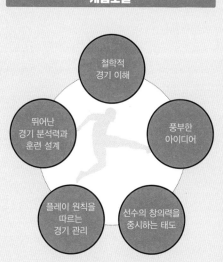

철학적
경기 이해

뛰어난
경기 분석력과
훈련 설계

풍부한
아이디어

플레이 원칙을
따르는
경기 관리

선수의 창의력을
중시하는 태도

미래상

조제 모리뉴 José Mourinho

블로거 출신이라는 이색적인 배경은 물론, 학술적 지식과 치밀한 전술 분석 능력은
조제 모리뉴와 맥을 같이 한다. 그만큼 실리주의는 아니지만 모리뉴가 이끌었던
포르투처럼 신선한 가치관을 제공할 가능성이 크다.

모리츠 볼츠
Moritz Volz

경력 Career	
국적	독일
생년월일	1983년 1월 21일
선수 경력(DF)	
2001-02~2002-03	아스널(ENG)
2002-03	윔블던(ENG)
2003-04~2007-08	풀럼(ENG)
2008-09	입스위치타운(ENG)
2010-11~2011-12	상파울리(GER)
2012-13~2014-15	1860뮌헨(GER)
지도자 경력	
2019~	RB라이프치히(GER) 코치

나겔스만의 경험 부족을
보완해주는 조력자

지도자 자격증 License

UEFA 프로
취득 전

UEFA A
시기불명
독일

UEFA B
시기불명
독일

나겔스만에게 부족한 선수 경험을 보완하다

RB라이프치히는 율리안 나겔스만(현 바이에른뮌헨)뿐 아니라 코칭스태프에
도 전도유망한 인재를 보유하고 있다. 그중 한 사람이 모리츠 볼츠다. 선수
시절 라이트백으로 독일 U21 국가대표팀과 프리미어리그에서 활약했던 볼
츠는 본인보다 어린 나겔스만 감독으로부터 지도 철학을 흡수하고자 한다.

볼츠는 고향° 클럽인 샬케 유소년에서 선수 경력을 시작해 잉글랜드 강호

아스널의 관심을 받았다. 아스널 유소년으로 스카우트된 볼츠는 1군 데뷔에 성공했다. 하지만 주전으로 정착하지 못하고, 2004년 이적한 풀럼에서 주력 선수로 활약했다. 봉사활동에 열심히 참가했고 훈련장에 자전거를 타고 가는 등, 지역 팬들로부터 큰 사랑을 받았다. 비싼 차를 타고 다니는 스타플레이어들에게 익숙했던 팬들은 검소한 자세로 축구에 집중하는 볼츠를 아꼈다.

이후 독일로 돌아온 볼츠는 상파울리를 거쳐 1860뮌헨에서 현역 은퇴했다. 1860뮌헨의 스카우트와 TV 해설자°로 활약했고, 아스널의 독일 담당 스카우트 역할도 담당했다. 볼츠는 선수의 실력을 정확히 평가하는 재주를 갖고 있었다. 아스널 스카우트로 일하는 동안 피에르-에메릭 오바메양, 그라니트 샤카, 세아드 콜라시나치 등의 이적에 관여했다. 이후 아스널이 스카우팅 조직을 쇄신하면서 볼츠는 아스널을 떠나게 된다.

2019년 라이프치히는 잘츠부르크 감독으로 떠난 제시 마치의 후임으로 볼츠를 영입했다. 나겔스만 감독이 내걸었던 조건은 "선수 출신의 젊은 지도자. 해외 경험이 있으면 더 좋겠다"였다. 볼츠는 모든 조건을 충족하는 인물이었다. 나겔스만으로서는 자신에게 부족한 선수 경험을 보완해 줄 코치가 생긴 셈이다. 볼츠는 나겔스만과 구면이었을 뿐 아니라, 스카우트로 일하는 동안 지도자 자격증을 취득했다.

볼츠는 "선수 때는 모든 것이 준비되어 있었는데 지도자가 된 지금은

°고향 | 독일 노르트라인-베스트팔리아주의 지겐 출신
°°TV 해설자 |「SKY」「ITV」「DAZN」에서 해설자로 활약했다.

내가 모든 것을 준비해야 한다"라고 말했다. 라이프치히에서 볼츠는 나겔스만으로부터 많은 배움을 얻었다. 나겔스만은 경기 중 정확한 분석으로 상대의 약점을 꿰뚫어본 뒤에 전술을 조정하는 관찰 능력으로 볼츠에게 영감을 주었다.

라이프치히의 훈련을 쇄신하다

볼츠는 지도자 경력의 첫발을 라이프치히에서 뗀 이유에 대해 '최신 축구를 추구하기 위해'라고 밝혔다. 나겔스만은 다양한 포메이션을 적절히 구사할 뿐 아니라 시시각각 변하는 시스템 운용에도 뛰어났다. 후방에서 확실한 빌드업을 하면서 수비에서는 콤팩트한 거리에서 압박을 가했다. 프리미어리그에서 경력 대부분을 보냈던 볼츠에게 나겔스만의 축구는 신선했다. 한 인터뷰에서 볼츠는 이렇게 말했다.

"독일에서는 전통적으로 폭을 넓게 쓰는 공격이 선호되었다. 나겔스만 감독은 좀 더 유연한 시스템을 라이프치히에 이식하는 중이다. 선수들은 압박하고, 속도를 살려 전진하고, 강도와 템포로 상대를 괴롭힌다. 볼 소유 상황에서는 여러 가지 아이디어를 시도한다."

동년배 지도자들이 대개 유소년 레벨에서 경력을 쌓기 시작했던 것과 달리, 볼츠는 곧바로 톱레벨 코치로 시작했다. 볼츠는 그에 따르는 고충마저도 냉정하게 분석한다. 자신은 톱레벨에 적응하기 위해 공부를 멈추지 않는다는 것이다. 실제로 코치로 부임하고 몇 개월 동안 코치라는 직업 자체에 고민이 컸다고 밝혔다. 동시에 선수 출신이라는 배경을 어떻게 살릴지도 고민했다. 톱레벨에서 뛰었던 경험을 팀 안에서 활용할 방법을 찾는 것이 본인에게 주어진 책무라고 생각했다.

나겔스만의 코칭스태프로서 볼츠는 감독에게 다양한 의견을 전달해야 한다. 나겔스만은 자신만의 원칙으로 판단하는 동시에 주위의 조언과 피드백을 경청한다고 한다. 라이프치히의 코칭스태프는 빈번한 토론을 통해 팀 훈련 내용을 설계하는데 새로운 변화를 두려워하지 않는 자세가 당연하다고 한다. 볼츠는 클럽의 장점을 이렇게 강조한다. "라이프치히라는 젊은 클럽에는 오래전부터 굳어진 습관이 존재하지 않는다. 우리는 상식에 얽매이지 않고 새로운 아이디어를 원한다."

율리안 나겔스만
감독과 코치의 관계

로이 호지슨
풀럼 시절 사제지간

모리츠 볼츠

크리스 콜먼
풀럼 시절 사제지간

아르센 벵거
볼츠의 능력을 발굴해
아스널로 영입

주의(종축) × 단계(횡축)

이상주의

전환

볼 미소유 ← → 볼 소유

현실주의

나겔스만의 오른팔로서
최신 축구를 배우기 시작했다.

게임모델

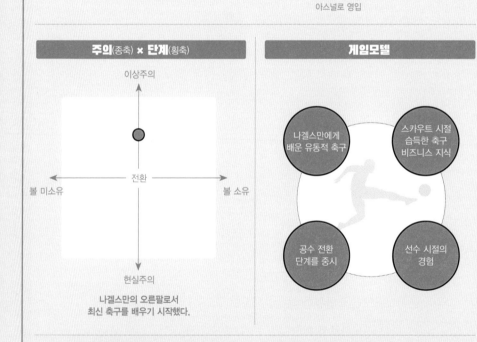

나겔스만에게
배운 유동적 축구

스카우트 시절
습득한 축구
비즈니스 지식

공수 전환
단계를 중시

선수 시절의
경험

미래상

마우리시오 포체티노 Mauricio Pochettino

수비수 출신, 온화한 성격이 마우리시오 포체티노와 가까울지도 모르겠다.
아직 지도자의 길을 시작한 지 얼마 되지 않았지만,
선수 시절부터 뛰어난 의사소통 능력을 뽐낸 바 있다.

다니 룈
Danny Röhl

경력 Career	
국적	독일
생년월일	1989년 4월 28일
선수 경력(DF)	
2008-09	츠비카우(GER)
2009-10	작센라이프치히(GER)
2009-10	아일렌부르크(GER)
지도자 경력	
2011-12~2013-14	RB라이프치히(GER) 유소년 코치
2013-14	RB라이프치히(GER) U16 감독
2014-15~2017-18	RB라이프치히(GER) 영상 분석 담당
2017-18	RB라이프치히(GER) 코치
2018-19~2019-20	사우샘프턴(ENG) 코치
2019-20~2020-21	바이에른뮌헨(GER) 영상 분석 담당, 코치
2021~	독일 국가대표팀 코치

RB라이프치히 특유의
압박 전술 전도사

지도자 자격증 License

UEFA 프로
2022년 수강 중

UEFA A
2014년 취득
독일

UEFA B
불명

변혁기 RB라이프치히에서 압박의 기본을 배우다

유럽 축구계에서 젊은 지도자들이 증가하는 추세를 감안하더라도 다니 룈은 압도적으로 젊다. 30대 후반도 젊은 축에 속하는 업계에서 2021년 독일 국가대표팀에 합류한 룈은 33세에 불과했다. 그는 랄프 랑닉의 철학을 계승하는 지도자로서 얼마 전까지 유럽 챔피언 바이에른의 코칭스태프로 일했다.

뢸은 독일 작센주 츠빅카우에서 태어나 하부 리그°에서 선수 생활을 했다. 하지만 19세에 십자인대가 파열되어 선수의 길을 포기했다. 지도자가 되기로 한 뢸은 고향에서 가까운 RB라이프치히의 U16팀 감독으로 새로운 도전을 시작했고, 능력을 인정받아 분석 담당으로 승격했다. 뢸은 아힘 바이어로르처, 알렉산더 초르니거, 랑닉의 팀에서 분석을 담당했고, 오스트리아 출신인 랄프 하센휘틀 감독은 그를 어시스턴트코치로 중용했다.

실제 훈련의 진행까지 맡게 되자 뢸은 선수들과 소통하는 요령을 배워야 했다. 하센휘틀의 코칭스태프는 각자의 책임을 명확히 구분했다. 뢸은 졸트로와 함께 훈련 진행에 배정되었다. 스포츠 심리학자 사샤 렌스°°와 협업하면서 뢸은 코칭스태프 안에서도 핵심 멤버로 성장했다. 현재 첼시에서 뛰는 티모 베르너, 리버풀의 나비 케이타의 육성에도 관여했다. 젊은 선수를 다음 단계로 올려 보내는 팀에서 일하는 만큼 뢸은 자연스럽게 육성에 초점을 맞췄다.

뢸은 변혁기를 보내던 라이프치히에서 압박 전술의 기초를 배운 뒤, 하센휘틀의 제안으로 프리미어리그 소속 사우샘프턴에 합류했다. 새로운 일터에서 뢸은 어시스턴트매니저라는 직함을 달고 라이프치히 시절처럼 훈련 계획 업무를 담당했다. 뢸은 당시를 이렇게 회상한다.

"사우샘프턴에서는 하루 업무를 보통 7시 반에서 8시 사이에 시작했다. 코칭스태프 전원이 조식을 먹으며 훈련 내용을 논의했다. 이후 팀미팅을 한 후

°하부 리그 | 주로 5부 리그에 속한 클럽에서 뛰었다.
°°사샤 렌스 | 라이프치히, 디나모드레스덴, 샬케04에서 스포츠 심리 업무를 담당했다.

에 훈련장으로 나가는 것이 통상적인 스케줄이었다. 오후가 되면 오전 훈련 결과를 분석해 감독에게 보고서를 제출했다. 훈련의 어떤 점이 좋았다거나 어떤 점을 개선해야 하는지 등등 말이다. 저녁에는 감독과 함께 런닝을 하면서 다가오는 경기에 관해 의견을 나눴다."

룔은 하센휘틀 감독과 함께 사우샘프턴에 압박 스타일을 정착시킨 공로자로서 유럽 전체에 이름을 알렸다.

플릭과 함께 준비했던 챔피언스리그 결승전 작전

룔은 독일 강호 바이에른뮌헨의 부름을 받았다. 니코 코바치 감독은 물론 어시스턴트코치였던 한지-디터 플릭으로부터도 높은 평가를 받았다. 바이에른에서 룔은 영상 분석으로 시작해 서서히 선수들의 신뢰를 얻어갔다. 팀의 에이스 스트라이커인 로베르토 레반도프스키는 룔의 지식과 분석 능력에 놀라 개인적으로 전술에 대한 의견을 교환할 정도였다.

플릭이 감독 대행이 되자 룔은 영상분석 담당에서 어시스턴트코치로 올라섰다. 팀 훈련을 맡은 룔은 라이프치히에서 배웠던 압박 전술을 바이에른 안에서도 구현했다. 플릭은 "그는 우리에게 대단히 중요한 존재다. 무엇보다 플레이 철학이 나와 같다"라며 룔을 칭찬했다.

클럽 안에서 룔의 영향력은 점점 커졌고, 플릭이 독일 국가대표팀의 지휘봉을 잡으면서 당연히 자신의 오른팔을 데려갔다. 바이에른 1군은 항상 B팀과의 연습경기를 통해 다음 경기를 준비했는데, 이때 B팀은 1군의 다음 상대와 동일한 전술을 구사하도록 했다. 그런 준비를 책임진 주인공이 바로 뢰이었다.

2019-20시즌 챔피언스리그 결승전에서 바이에른은 멋진 압박을 선보였다. 최전방의 레반도프스키와 바로 뒤에 있는 토마스 뮐러가 위치를 바꾸면서 1차 압박을 뮐러에게 맡기는 작전°을 구사했다. 아마도 뢰의 작품이었을 것이다.

°**작전** | 로베르토 레반도프스키가 상대의 앵커를 압박하고, 패스루트 차단 플레이에 능한 뮐러가 1차 압박을 맡는 작전을 의미한다. 강도와 정확성을 겸비한 전방압박으로 바르셀로나를 무력화했다.

한지-디터 플릭
감독과 코치의 관계

랄프 랑닉
라이프치히 시절
사제지간

니코 코바치
바이에른 시절
뢸을 발탁

랄프 하센휘틀
사우샘프턴 시절
사제지간

미로슬라프 클로제
바이에른 시절 코치 동료

졸트 로
코치 동료

다니 뢸

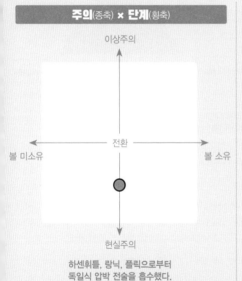

이상주의

전환

볼 미소유 ◄─────────► 볼 소유

현실주의

하센휘틀, 랑닉, 플릭으로부터
독일식 압박 전술을 흡수했다.

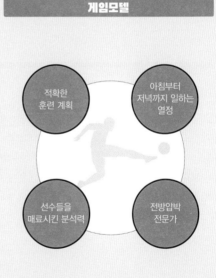

적확한
훈련 계획

아침부터
저녁까지 일하는
열정

선수들을
매료시킨 분석력

전방압박
전문가

한지-디터 플릭 Hans-Dieter Flick

볼 소유와 압박을 유연하게 조합하는 한지-디터 플릭은
철저히 압박을 추구하는 뢸에게는 이상적 지도자상일 것이다.
압도적 지식을 무기로 플릭의 오른팔이 되어 존재감을 키우는 중이다.

팀 발터
Tim Walter

혁명적 빌드업 전술을
창안한 독일의 귀재

경력 Career	
국적	독일
생년월일	1975년 11월 8일
선수 경력	없음
지도자 경력	
2013-14	카를스루에(GER) U17 감독
2014-15	카를스루에(GER) U19 감독
2015-16~2016-17	바이에른뮌헨(GER) U17 감독
2017-18	바이에른뮌헨 2군(GER) 감독
2018-19	홀슈타인킬(GER) 감독
2019-20	슈투트가르트(GER) 감독
2021-22~	함부르크(GER) 감독

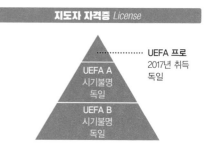

지도자 자격증 License

UEFA 프로
2017년 취득
독일

UEFA A
시기불명
독일

UEFA B
시기불명
독일

빌드업의 일반적 상식과 원칙을 차례대로 부정

마르셀로 비엘사와 후안 마누엘 리요°는 트로피 숫자가 아니라 전술 철학의 독창성으로 평가받는 드문 감독이다. 승리만 좇는 승부사라기보다 자기 신념이 옳음을 증명하는 일을 목표로 삼은 철학자들이다. 그라운드를 실험실로 여기면서 항상 새로운 아이디어를 테스트할 뿐 아니라 늘 새로운 접근법

°**후안 마누엘 리요** | 뛰어난 전술 철학가. 15세부터 지도자의 길을 걸었다. 1995–96시즌에는 살라망카에서 라리가 최연소 감독(29세) 신기록을 작성했다.

을 찾으려고 노력하는 자세는 감동적이다.

비엘사는 많은 제자를 키웠고, 리요는 펩 과르디올라에게 위대한 영감°
을 전했다. 맨체스터시티에서 과르디올라의 수석코치로 일하는 지금도 새
로운 아이디어의 원천으로 공헌하고 있다. 그런데 독일에도 이런 '축구 철
학자'가 등장했다. 바로 팀 발터다.

발터는 카를스루에 유소년부터 지도자 경력을 시작했고, 바이에른뮌헨
유소년에서 두각을 나타냈다. 2018년 독일 2부 소속 홀슈타인킬에서 혁명
적 축구를 선보여 단번에 유럽 축구계의 주목을 받았다. 2019년 명문 슈투
트가르트 감독으로 부임했다가 20경기 만에 경질되었는데, 2021년 여름
함부르크에서 다시 지휘봉을 잡았다.

발터는 "무엇보다 소년들처럼 축구를 즐기는 게 중요하다"라고 말한다.
그 말대로 발터의 전술 접근법은 볼 소유에서 출발한다. 카를스루에 유소
년 시절에 이미 확립했던 철학을 응용해 팀에 이식한 빌드업은 특별한 방
향으로 진화한다. 빌드업에서 일반 상식으로 통하는 원칙들을 차례대로
거부해 다른 지도자들을 놀라게 한 것이다. 아일랜드 출신 지도자이자 전
술 분석 매체에 기고하는 패트릭 밀스는 "유럽 축구계에서 가장 혁명적 감
독 중 하나"라고 극찬했다.

° **위대한 영감** | 2005년 리요는 멕시코 도라도스 시날로아 감독으로 부임해 오비에도 시절에 인연을 맺
은 펩 과르디올라를 클럽으로 초빙했다. 당시 경험이 과르디올라의 축구관에 영향을 미
쳤다.

앵커를 없애 상대를 당혹스럽게 만들다

발터의 신개념 전술 중 가장 큰 특징은 중원 아래쪽에서 뛰는 미드필더인 앵커를 배치하지 않는° 것이다. 볼이 몰리는 후방 수비 라인의 앞쪽 공간에 선수를 두지 않는다. 해당 영역을 사용하는 선수는 센터백이다. 앞쪽에 있던 미드필더가 내려오는 경우는 드물지 않지만, 센터백이 전진하는 전술은 보기 어렵다. 이런 움직임은 상대의 전방 압박을 유도한다. 전방을 향해 압박을 노리는 상대 팀의 뒷공간으로 센터백이 침투하는 방법이다. 당연히 위험 부담이 크지만, 발터는 이 스타일로 상대를 혼란에 빠트린다.

우선 발로 볼을 잘 다루는 선수를 골키퍼로 기용하고, 양쪽 풀백은 비교적 낮은 위치에서 빌드업을 돕는다. 골키퍼를 포함해 수비 라인에 있는 4명°°이 볼을 소유한 상태에서 센터백 중 1명이 대담하게 앞쪽 공간으로 달린다. 예

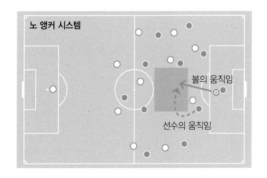

노 앵커 시스템

볼의 움직임

선수의 움직임

°앵커를 배치하지 않는다 | '6번 공동화'라고 표현된다. 6번이란 중원 아래에서 뛰는 홀딩미드필더를 말한다.
°°골키퍼를 포함해 수비 라인에 있는 4명 | 골키퍼, 센터백 중 1명, 양쪽 풀백

를 들어, 오른쪽 센터백과 수비적 임무를 맡은 미드필더가 낮은 위치에서 볼을 받아 상대의 전방 압박을 유인한다. 그때 왼쪽 센터백이 대각선으로 움직여 비워둔 공간까지 전진해서 패스를 받는 패턴이다. 센터백이 움직여 상대 포워드의 시야에서 벗어나 마크를 따돌리면, 발터의 팀은 전방을 향해 다음 플레이로 넘어갈 수 있다.

발터는 포지션 체인지를 자주 사용하기 때문에 이런 빌드업 패턴에서도 풀백이 비워둔 공간으로 이동하는 옵션을 사용한다. '가짜 풀백'처럼 측면에서 중앙으로 들어가 팀 라인으로 전체를 끌어올리는 패턴도 있다. 센터백 2명이 모두 강한 마크를 상대해야 할 때, 그런 옵션이 효과를 낼 수 있다. 발터는 선수들의 유동적 움직임을 기본으로 두고, 상황에 따라 여러 가지 옵션을 구분해서 사용하는 축구에 능하다.

발터 본인은 이런 발상을 다음과 같이 표현한다. "많은 지도자들은 '수비수가 패스를 보낸 뒤에 아래로 내려가 다음 플레이를 준비해야 한다'라고 주문한다. 나는 수비수들이 패스를 보낸 직후에 '전방을 향해 오버랩하는 방법도 있지 않을까'라는 의문을 오랫동안 품고 있다."

이렇게 신선한 발상을 장점으로 삼는 발터의 축구관은 홀슈타인킬에서도 이어졌다. 2021년까지 킬을 이끌었던 올레 베르너 감독과 오스트리아 출신 코치 도미니크 글라보거°는 발터의 전술에 영향을 받아 U19팀에서 같은 전술을 구현했다. 킬의 혁신적 빌드업은 많은 젊은 지도자들에게 신선하게 다가갔다. 킬은 U17 팀에 24세 크리스티안 도브릭 감독을 배정하

°도미니크 글라보거 | 2020년 6월 비토리아 U23 감독으로 취임했으나 반년 만에 팀을 떠났다.

는 등 클럽 자체가 젊은 지도자들을 적극적으로 발탁하고 있다.

아쉽게도 발터 감독은 슈투트가르트에서 원하는 결과를 남기지 못했지만, 짧은 기간 동안 그가 추구한 전술 아이디어 자체는 퇴색되지 않았다. 새롭게 자리 잡은 함부르크에서 참신한 도전을 이어가기를 기대한다.

관계도

토마스 히츨스페르거
회장으로서 발터를 영입

스벤 미슬린타트
발터를 발탁한 스카우트

올레 베르너
홀슈타인킬에서 사제지간

도미니크 글라보거
홀슈타인킬에서 사제지간

펩 과르디올라
빌드업의 독창성이
유사하다는 언론의 평가

크리스티안 도브릭
홀슈타인킬에서 사제지간

팀 발터

주의(종축) × 단계(횡축)

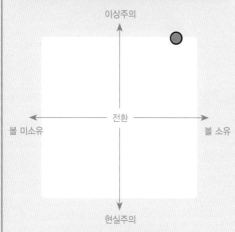

이상주의

전환

볼 미소유

볼 소유

현실주의

철저하게 볼 소유를 추구하면서도
현실주의와는 타협하지 않는다.

게임모델

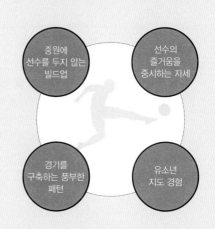

중원에
선수를 두지 않는
빌드업

선수의
즐거움을
중시하는 자세

경기를
구축하는 풍부한
패턴

유소년
지도 경험

미래상

토마스 투헬 Thomas Tuchel

빌드업 패턴의 다양성과 새로운 아이디어를 추구하는 자세는
토마스 투헬과 공통점이 많다.
독일 출신 감독 중에서도 볼 소유를 가장 중시하는 유형이다.

미로슬라프 클로제
Miroslav Klose

경력 Career	
국적	독일
생년월일	1978년 6월 9일

선수 경력(FW)

1999-2000~2003-04	카우저슬라우텐(GER)
2004-05~2006-07	베르더브레멘(GER)
2007-08~2010-11	바이에른뮌헨(GER)
2011-12~2015-16	라치오(ITA)

지도자 경력

2016-2018	독일 국가대표팀 코치
2018-19~2019-20	바이에른뮌헨(GER) U17 감독
2020-21~	바이에른뮌헨(GER) 코치

교육에 무게를 두는
'과묵한 지도자'

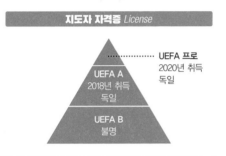

지도자 자격증 License

UEFA 프로
2020년 취득
독일

UEFA A
2018년 취득
독일

UEFA B
불명

타의 추종을 불허하는 결정력

　현역 시절, 미로슬라프 클로제는 빠르고 강한 선수가 아니었다. 공중볼 다툼에는 능했지만, 현재 바이에른뮌헨에서 뛰는 로베르트 레반도프스키처럼 완성형 스트라이커는 확실히 아니었다. 하지만 클로제는 '골을 빼앗는다'라는 표현에서만큼은 타의 추종을 불허했다.

　독일 국가대표팀에서 클로제는 역대 최다 득점인 71골을 만들었지만 페널티박스 바깥에서 기록한 득점은 제로였다. 특유의 움직임과 위치 선정 능력

212

을 앞세워 대부분 헤딩이나 논스톱 슛으로 골을 만드는 능력이 탁월했다. 바이에른의 칼-하인츠 루메니게 회장은 과거 15~20년을 통틀어 최고의 골잡이라고 칭찬을 아끼지 않았다.

클로제는 폴란드 실레시아의 스포츠 엘리트 가정에서 태어났다. 부친은 폴란드 축구 국가대표팀에서도 활약했던 유제프 클로제°, 모친은 폴란드 핸드볼 국가대표 선수로 뛰었던 바르바라 예지다. 그는 아홉 살 때 가족과 함께 독일로 이주한 뒤, 아마추어클럽에서 축구를 배웠다. 클로제는 "항상 목수가 될 생각이었다"라고 말한다. 프로축구 선수라는 직업에 대해 진지하게 생각한 적이 없었다.

21세가 되던 해에 클로제는 카우저슬라우텐의 위성 클럽으로 이적해 골잡이 능력을 꽃피웠다. 2000년 22세의 나이로 프로에 데뷔했는데, 프로 세계에서는 매우 늦은 출발이었다. 팀의 주전 스트라이커로 성장한 클로제는 2004년 베르더브레멘으로 이적해 크로아티아 국가대표인 이반 클라스니치와 투톱을 이뤄 활약했다. 한 시즌 만인 2005-06시즌 25골을 기록해 득점왕에 올랐다. 2007년 이적한 독일 강호 바이에른뮌헨에서는 치열한 주전 경쟁°° 속에서 승부 근성을 발휘했고 팀을 몇 차례나 구했다.

클로제는 경력 말년을 이탈리아의 라치오에서 보냈다. 다섯 시즌을 보내면서 64골을 기록해, 클럽 역대 외국인 최다 득점자가 되었다. 솔선수범의 자세로 팀을 인솔하는 모습은 많은 후배에게 영감을 주어, 이탈리아에

°유제프 클로제 | 폴란드에서 프로 데뷔했고, 프랑스 옥세르에서도 활약했던 스트라이커
°°치열한 주전 경쟁 | 마리오 고메스, 토마스 뮐러와 주전 자리를 경쟁했다.

서도 서포터즈의 열광적 사랑을 한몸에 받는 존재가 되었다. 간발의 차이로 시모네 인자기의 지도는 받지 않았다.

'과묵한 자'의 인격이 호평받다

선수로 뛸 때부터 클로제는 지도자에 관심을 가졌고, 은퇴 시점에 맞춰 독일 국가대표팀의 코칭스태프에 합류했다. 요하임 뢰브 감독 아래서 스트라이커를 지도하는 코치로 일했지만, 2018러시아월드컵에서 독일의 좌절°(조별리그 탈락)을 맛봐야 했다. 클로제가 얻은 교훈은 팀 관리의 중요성이었다.

월드컵이 끝나고 클로제는 선수 시절 친정인 바이에른의 U17 감독에 취임했고, 한 경기 평균 2골 이상을 기록하는 등 공격적 스타일로 호평받았다. 2년간 U17팀을 이끄는 동안 독일축구협회의 지도자 과정도 수강했다. 선수 시절부터 냉정하고 침착한 성격으로 유명했던 클로제는 은퇴 후에도 겸허한 자세를 잃지 않았다. 특히 클로제가 중시한 것이 교육이다. 독일 지도자 과정에서 지도 이론을 다시 배운 것도 그런 믿음 때문이었을 것이다.

"선수 시절 실적이 있으면 톱레벨 감독부터 시작할 수 있을지도 모른다. 하지만 개인적으로는 그런 생각이 어리석다고 생각한다. 프로 선수로 활약했다고 해서 지도자로서 더 우수하다는 법은 없기 때문이다. 둘은 전혀 다른 직업이다."

°**좌절** | 멕시코와 대한민국에 패해 조별리그에서 탈락했다.

독일 언론 「DW Sport」는 그런 클로제를 '과묵한 자Quiet One'라고 부른다. 많은 선수가 클로제의 인성을 칭찬하고 누구나 인정한다는 이유에서다. 클로제는 "요즘 어린 선수는 고급차, 명품 신발처럼 패션만 생각한다. 축구만 생각하지 않으면 톱레벨 선수가 될 수 없다"라며 후배들을 향한 쓴소리도 잊지 않는다.

2020-21시즌부터 클로제는 바이에른의 1군 코칭스태프로 올라섰다. 선수 시절 경험을 살려 유소년에서 1군으로 올라오는 선수들에게 든든한 도우미 역할을 할 것으로 기대되었다. 한지-디터 플릭 전 감독은 오래전부터 클로제를 높이 평가하며 특별히 아꼈다. 클로제는 잉글랜드 출신 스트라이커인 자말 무시알라°에게 슛 기술을 열심히 가르치는 등, 클럽에 공헌했다. 바이에른의 미래를 짊어진 지도자 클로제는 매일 조금씩 성장하는 중이다.

°자말 무시알라 | 첼시 유소년과 잉글랜드 연령대 국가대표팀에서 활약했다. 16세 나이로 바이에른뮌헨에 가입했고, 성인 대표팀은 독일을 선택했다.

미로슬라프 클로제 | Miroslav Klose

관계도

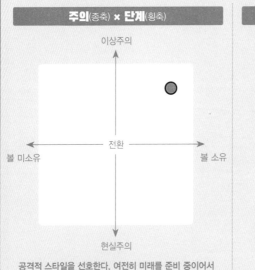

토마스 샤프
브레멘 시절
사제지간

위르겐 클린스만
바이에른 시절
사제지간

에두아르도 레야
라치오 시절 사제지간

루이스 판 할
바이에른 시절 사제지간

블라디미르 페트코비치
라치오 시절 사제지간

미로슬라프 클로제

다니 룀
바이에른에서의
코치 동료

요하임 뢰브
독일 국가대표팀
코칭스태프를 경험

펩 과르디올라
"펩의 팀에서 인턴이라도
해보고 싶다"라고 언급

한지-디터 플릭
코치로 발탁

주의(종축) × 단계(횡축)

이상주의

전환

볼 미소유 ← → 볼 소유

현실주의

공격적 스타일을 선호한다. 여전히 미래를 준비 중이어서
장차 어떤 스타일로 나아갈지 기대된다.

게임모델

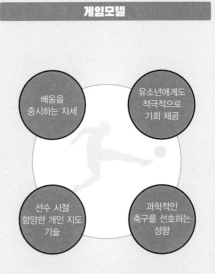

배움을
중시하는 자세

유소년에게도
적극적으로
기회 제공

선수 시절
함양한 개인 지도
기술

과학적인
축구를 선호하는
성향

미래상

한지-디터 플릭 Hans-Dieter Flick

철저히 지식을 흡수하려는 자세는 한지-디터 플릭 감독의 영향이 클 것이다.
플릭과 클로제는 때를 기다릴 줄 알고, 조급해 하지 않을 뿐 아니라
시행착오에도 당황하지 않는다는 공통점이 있다.

마르셀 다움
Marcel Daum

레버쿠젠을 지탱하는
천재적 분석 전문가

경력 Career	
국적	독일
생년월일	1986년 7월 20일
선수 경력	없음
지도자 경력	
2009-10	페네르바체(TUR) 분석 책임자
2010-11~2017-18	프랑크푸르트(GER) 영상 분석 담당
2016-17~2017-18	루마니아 국가대표팀 영상 분석 담당
2018-19~	레버쿠젠(GER) 영상 분석 책임자

지도자 자격증 License

UEFA 프로
미소지

UEFA A
미소지

UEFA B
미소지

바이에른도 탐냈던 30대 영상분석 전문가

명문 레버쿠젠은 강한 압박을 중심으로 했던 축구에서 새로운 스타일로 변화하기를 원한다. 2018년 영입한 네덜란드 출신 피터 보스 감독이 변혁의 상징이다. 그는 2016-17시즌 젊은 아약스를 유로파리그 준결승에 올려 놓으며 네덜란드 강호를 부활시킨 주인공이다. 보스는 포지셔널 플레이를 추구한다. 2017년 6월 보루시아도르트문트가 보스를 영입한 이유는 그의 축구관을 신뢰하기 때문이다. 하지만 도르트문트라는 도전은 실패로 끝났다. 수비진의 부상 이탈에 애를 먹으며 반년 만에 해임°되고 말았다.

보스를 구한 곳은 도르트문트와 영입 경쟁을 벌였던 레버쿠젠이었다. 레버쿠젠은 선수 육성으로 평판이 높은 클럽이다. 카이 하베르츠는 거액의 이적료°°를 기록하며 첼시로 이적했고, 율리안 브란트도 도르트문트로 이적하는 등 주축 선수들이 차례차례 재능을 꽃피웠다.

하베르츠의 후임 격인 플로리안 비르츠°°°가 미드필드에서 압도적 존재감을 발산하는 등 차세대를 상징하는 젊은 피가 활약 중이다. 하지만 2021년 3월 레버쿠젠은 보스를 해임하고 독일 연령대 국가대표팀을 지도하던 하네스 볼프를 감독 대행으로 임명했다. 2021-22시즌은 스위스 출신 제라르도 세오아네 감독 체제로 보내는 중이다.

이렇게 계속되는 감독 교체 상황에서 변함없이 영상 분석을 담당하는 주인공이 마르셀 다움이다. 최근 데이터 분석의 중요성이 높아지는 분데스리가에서도 다움은 최고 수준의 전문가라는 평가를 받는다. 지도자로서 다움의 첫 직장은 터키 명문 클럽이었다. 그는 레버쿠젠을 이끌었던 크리스토프 다움 감독의 아들이다. 쾰른에서 경영 컨설팅을 배웠던 다움은 부친이 감독으로 부임한 명문 페네르바체에서 2009-10시즌 분석 책임자로 첫발을 뗐다. 한 시즌 뒤, 다움은 부친의 프랑크푸르트 감독 취임에 동행했다.

당시 그는 부친인 크리스토프를 깍듯이 '크리스토프 감독님'이라고 불렀다

°**반년 만에 해임** | 2017년 6월 6일 토마스 투헬의 후임으로 취임했다가 12월 10일 해임되었다.
°°**거액의 이적료** | 기본 8천만 유로(약 1,075억 원)에 보너스 별도 조건이라 알려졌다.
°°°**플로리안 비르츠** | 2020년 1월 영입. 레버쿠젠 1군 최연소 출전 신기록(17세 15일)을 세웠으며, 5월 브레멘전에서 1군 데뷔를 신고했다. 2020년 6월 바이에른뮌헨전에서 데뷔골을 터트려 분데스리가 최연소 득점 기록도 경신했다.

고 한다. 프랑크푸르트에서 그는 위대한 부친의 그림자에서 서서히 벗어나기 시작했다. 부친이 해임된 후에도 아들 마르셀 다움은 분석 전문가로서의 능력을 인정받아 스태프로 남은 것이다. 그는 토마스 샤프, 니코 코바치의 스태프를 경험하면서 프랑크푸르트에서만 7년을 보냈다.

DFB포칼 우승은 다움에게 큰 전기가 되었다. 코바치 감독이 타이틀을 획득한 2018년, 다움도 새로운 도전을 결심했다. 레버쿠젠에서 11년간 스포츠디렉터로 활동한 요나스 볼트의 제안을 받아들인 것이다. 레버쿠젠의 영상분석 책임자로 합류한 다움은 지금까지 자신의 소임을 다하며 코칭스태프의 핵심 멤버로 자리 잡았다. 2019년 바이에른뮌헨의 감독으로 부임한 코바치로부터 제안을 받았다고 알려질 만큼 신세대 분석가로서 입지를 다지고 있다.

카메라 16대를 동원해 선수와 볼의 위치를 데이터화

다움은 경기 중에 헤드셋과 태블릿을 이용해 벤치에 앉은 코치들과 빈번하게 연락을 주고받는다. 태블릿에 설치된 소프트웨어를 이용해 결정적 장면을 실시간으로 분석한다. 그의 주요 임무는 하프타임에 선수들에게 지시를 내릴 때 사용할 영상 준비°다.

다움은 '분석가에게는 냉정하고 침착한 성격이 요구된다'라고 말한다.

°영상 준비 | 하프타임에 감독이 영상을 이용해 지시를 내릴 수 있도록 짧은 클립들을 편집한다.

벤치의 코치들은 감정에 치우치기 쉬우므로 그런 분위기에 휩쓸리지 않는 합리적 자세를 유지할 필요가 있다. 그라운드 안에서 벌어지는 실제 상황과 태블릿 영상을 비교 분석하면서 다음은 상황 판단에 정확성을 기한다.

또 다른 주요 업무는 상대 팀 분석이다. 맞붙을 상대의 스타일을 세세하게 조사해 경기 시나리오를 예측한다. 감독과 코치가 어떻게 경기에 대처해야 할지 고민하는 것처럼 다움도 미래 예측에 가까운 업무를 해내야 한다. 동시에 감독과 코칭스태프가 공유하는 게임모델의 틀을 존중하면서 전술 패턴을 선택하기도 한다.

분석에는 다양한 데이터를 활용한다. 선수와 볼의 X, Y, Z 좌표라는 정성적 위치 데이터는 스타디움에 설치된 추적 카메라 16대로 수집하고, 클럽 내에서 해당 데이터를 가공해 시각화한다. 축구공에 칩을 부착해 볼의 속도나 움직임을 측정하는 프로젝트°도 적극적으로 추진하는 등, 첨단 기술을 도입하고 있다. 젊은 분석가의 장래 목표에 부친이 갔던 길도 포함되어 있을지 궁금하다.

°**프로젝트** | 레버쿠젠은 뮌헨의 벤처 기업 kinexon과 협력 관계를 맺고 있다.

관계도

크리스토프 다움 부자간 및
사제지간

레버쿠젠에서 보좌했던
젊은 감독
피터 보스 **하네스 볼프**
레버쿠젠 시절 사제지간

사제지간

미겔 모레이라
코칭스태프 동료

마르셀 다움

토마스 샤프 **니코 코바치**
프랑크푸르트 시절 사제지간 프랑크푸르트 시절 사제지간.
바이에른 동행을 거절

주의(종축) × 단계(횡축)

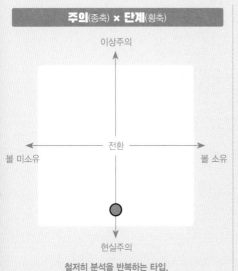

이상주의

전환

볼 미소유 볼 소유

현실주의

철저히 분석을 반복하는 타입.
냉정하게 상황을 판단해 나간다.

게임모델

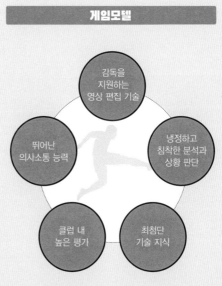

감독을
지원하는
영상 편집 기술

냉정하고
침착한 분석과
상황 판단

뛰어난
의사소통 능력

클럽 내
높은 평가

최첨단
기술 지식

미래상

조제 모리뉴 José Mourinho

감독의 길을 걸을지는 아직 미지수이지만, 지금까지 드러난 냉철하고
침착한 분석 능력은 조제 모리뉴의 젊은 시절을 연상시킨다.
최첨단 기술에 정통한 다움이 앞으로 어떤 진로를 선택할지 기대된다.

독일이 자랑하는
유럽 최고의 지도자 교육

나겔스만조차 2등을 한 바이스바일러 아카데미

율리안 나겔스만조차 수석 졸업을 하지 못한 이곳은 독일 축구 교육의 뜨거운 경쟁을 단적으로 보여준다. 나겔스만의 동급생 중 수석 졸업자는 31세로 명문 샬케의 감독이 된 도메니코 테데스코였다. 물론 프로 무대에서는 당시 2등이었던 나겔스만이 앞서 나가는 것이 맞다. 테데스코는 샬케에 이어 스파르타크모스크바에서 재기를 노렸지만, 코로나19 이산가족 신세를 청산하고자 자진 사임했다.

나겔스만과 같은 방을 썼던 펠레그리그 마타라조까지 2016년 졸업 기수는 최정상 리그에서 활약하는 지도자를 많이 배출했다. 슈투트가르트 U19팀을 이끄는 니코 윌리그(1980년생), 여러 클럽에서 감독 대행을 경험한 알렉산더 누리(1979년생), 함부르크 전 감독 다니엘 튠(1974년생)이 해당된다.

2016년 기수가 튀는 것은 사실이지만, 최근 독일이 우수한 젊은 지도자들을 다수 배출하고 있다는 사실에는 변함이 없다. 이런 지도자 교육을 지탱하는 원동력은 '헤네스 바이스바일러 아카데미'다. 독일축구협회가 운영하는 최상위 교육 기관으로 1947년 설립된 조직을 모태로 지금까지 이어지고 있다.

이곳을 졸업한 지도자는 분데스리가 1~3부 클럽에서 감독직을 수행할 수 있는 자격을 획득한다. 독일체육대학교와 연계해서 운영되며, 지도자 교육에 오랜 세월 공헌했던 바이스바일러를 기려 2005년 기관 명칭을 '헤네스 바이스바일러 아카데미'로 바꿨다. 바이스바일러는 1957년부터 1970년까지 독일축구협회의 지도자 교육 부문을 책임졌다. 일선에서 배출한 제자만 255명에 달하는 독일 축구계의 상징적 인물이다.

2008년부터 2018년까지 10년에 걸쳐 바이스바일러 아카데미의 원장을 역임했던 프랑크 보르무트의 공헌도 절대적이었다. 현재 보르무트는 네덜란드 헤라클레스의 감독으로 일하면서 클럽 수뇌부의 신뢰를 받고 있다. 본인의 인맥을 통해 독일 출신 선수를 다수 영입했을 뿐 아니라 신인들을 적극적으로 기용한다. 덕분에 헤라클레스는 네덜란드 강호 클럽의 스카우트들이 주목하는 스쿼드를 갖춘 팀으로 약진했다. 의아한 점은 코칭스태프에 독일인이 한 명도 없다는 사실이다. 많은 감독들이 동향 코치를 원하는데, 보르무트 주위에는 네덜란드인만 있다.

보르무트로부터 많은 배움을 얻은 코치 중에서 페테르 레이케르스가 주목받고 있다. 30대에 이미 UEFA프로 자격증을 취득한 네덜란드 출신 지도자로, 헤라클레스와 네덜란드 U21 국가대표팀에서 어시스턴트코치를 맡았으며, 2021년 7월에는 헤렌벤의 어시스턴트코치로 자리를 옮겼다.

보르무트가 '나겔스만의 대항마'라며 높게 평가하는 신세대 감독은 로베르트 클라우스다. '동독의 나겔스만'이라고도 불리는 클라우스(1984년생)에 대해, 보르무트는 "아카데미 원장으로 지냈던 10년을 통틀어 최고 수준의 재능"이라고 극찬한다. 2018년 바이스바일러 아카데미를 졸업할 당시, 성적에서 나겔스만을 앞질렀다. 보르무트는 클라우스의 지도자 재능뿐 아니라 훌륭한 인격을 칭찬한다.

2020년 여름 뉘른베르크에서 스포팅디렉터를 맡고 있는 디터 헤킹이 적극적으로 나서 클라우스를 감독으로 영입했다. 클라우스는 RB라이프치히에서 나겔스만의 어시스턴트코치로 일했던 경험을 살려 독일 2부 리그에서 감독 성공기를 꿈꾸고 있다.

아카데미의 지향점은 다양성

보르무트가 독일 유소년 육성에 미친 영향은 이루 말할 수 없다. 특히 다른 나라 축구의 장점을 배우는 자세는 놀라울 정도다. 유로2012에서 스페인과 이탈리아 팀을 세밀히 분석한 것을 보면 보르무트의 해박한 지식을 엿볼 수 있다. 한 인터뷰에서 보르무트는 시스템 이론에 관해 이렇게 대답했다.

"시스템이란 측면에서, 축구사에는 모든 종류의 포메이션이 존재했다. 예를 들어, 1958년 브라질이 사용했던 백3는 이탈리아 대표팀이나 나폴리의 전

유물이 아니다. 파울 글루도바츠 감독의 SV리트는 2011년 3-3-3-1 포메이션을 구사했다. 포메이션이 중요한 것이 아니라 어떻게 오픈스페이스를 활용할 것인지에 대한 관점이 포인트다. 속도와 개인기를 바탕으로 유동적으로 수적 우위를 창출해야 한다."

보르무트가 아카데미 원장으로 일했던 시기에 이루어진, 펩 과르디올라의 바이에른뮌헨 감독 취임은 독일 축구에 일대 충격을 던졌다. 당시 보르무트는 '가짜 풀백'에 관한 분석을 피로한 적이 있다. 그의 분석에 따르면, '가짜 풀백'의 목적은 두 가지다.

첫째, 풀백을 중원으로 이동시켜 압박 단계에서 중앙을 두텁게 만들 수 있다. 특히 수비 전환 단계에서는 중앙에 있는 숫자가 중요한 위기 관리 방법이 된다. 둘째, 대각선 패스를 늘릴 수 있다. 풀백에게 보내는 단순한 횡패스가 아니라 대각선 패스를 늘려 상대 수비를 혼란에 빠트리는 것이다. 보르무트는 '제로톱'이나 '앵커의 센터백 기용'처럼 현대 축구 트렌드도 정확히 이해하면서 압박을 신봉하는, 독일 축구계에 새로운 관점을 제시하는 존재다.

최고의 코치가 서로 경쟁하는 환경에서 보르무트가 중시하는 요소가 바로 다양성이다. 바이스바일러 아카데미에 모이는 지도자의 배경은 다양하다. 프로선수 출신이라고 특별 대우하지 않는다. 세미프로나 하부 리그에서 활동하는 지도자, 유소년 팀을 지도하는 지도자, 여자팀을 맡은 지도자도 드물지 않다. 함께 모인 동기끼리 의견 교환을 통해 배움의 속도를 높일 수 있다고 믿는다. 같은 세대의 지도자끼리 축구에 대한 생각을 나누는 과정은 귀한 경험이다.

로저 슈미트 레버쿠젠 전 감독은 전방압박으로 주도권을 빼앗는 스타일에 능한데, 원래 엔지니어로 일하면서 자원봉사로 축구팀을 지도했던 사람이다. 프로 클럽의 감독이 될 것이라 생각해본 적이 없었다고 한다. 슈미트의 지도 능력을 인정한 바이스바일러 아카데미가 없었다면, 그의 신데렐라 스토리는 실현되지 않았을 것이다. 2021-22시즌 슈미트 감독은 네덜란드의 PSV에인 트호번을 이끌고 있으며 분데스리가 복귀설도 심심찮게 나온다.

프로선수 출신들도 다양한 배경을 지닌 지도자들과 의견을 나누면서 많은 것을 배운다. 스타 출신 지도자가 이론에서 여지없이 밀리는 사례가 독일에 서는 드물지 않다. 지도자계의 평등한 대우는 프로선수 출신 지도자들에게도 신선한 자극이다.

최고의 개인이 아니라 최고의 그룹을 뽑는다

보르무트가 이끈 독일 지도자 교육의 변혁을 구체적으로 살펴보자. 매년 독일 전체에서 후보자 80명을 선발해 사흘에 걸쳐 평가한다. 3단계에 걸친 엄격한 기준을 적용해 최상위 24명을 엄선한다.

첫째, 면접과 필기시험이다. 대부분 논술 형식으로 단순히 암기한 지식을 테스트하는 것이 아니다. 후보자들은 실제 경기 영상과 전술적 상황에 관한 설명을 들은 후, 자신이 감독이라면 어떻게 전술적 문제를 해결할 것인지를 서술해야 한다. 이를 톱클래스 지도자들이 엄격하게 채점한다.

전술적 지식과 유연성 평가가 끝나면 다음 순서는 2시간짜리 실기 시험이다. 배포된 스카우팅 보고서를 바탕으로 후보자가 훈련 세션을 직접 구성해야 한다. 상대 팀의 스타일에 맞춰 훈련을 구성하는 유연성과 훈련 지도력이 평가 대상이다.

마지막 단계는 조별 과제 해결이다. 주최 측이 주목하는 부분은 후보자들의 지도력만이 아니다. 현대 축구에서 중시되는 덕목으로서 주위 동료와 어떻게 커뮤니케이션을 하는지, 어떻게 팀으로서 문제를 해결하는지를 평가한다.

실제 축구 현장에서는 아무리 우수한 개인도 혼자 일하는 법이 없다. 코칭스태프의 일원으로 일하려면 팀워크가 중요하다. 동시에 심리학자가 후보자의 정신적 측면도 평가한다. 최상위 코칭에서는 강한 정신력이 중요하기 때문이다. 최종 24인을 선발한다고 해서 '24명의 개인'을 뽑는 개념이 아니다. 앞선 설명처럼 팀워크를 중시하기 때문에 24인으로 구성된 '최고의 그룹'을 선정한다고 할 수 있다.

탈락한 도전자들이 크게 실망한다 해도 아카데미 측에서는 꿈쩍도 하지 않는다. 어떤 비난을 받아도 아카데미는 합격 기준을 완화할 생각이 없다. 탈락자들에게는 '귀하는 훌륭한 지도자이지만 보다 우수한 지도자 24인을 선발했으니 내년에 다시 도전해주세요'라는 냉정한 메시지만 전달된다. 물론 선발된 24인도 그때부터가 시작이다.

총 800시간이 넘는 강습 내용은 매우 충실하다. 코스는 실전 투어로 시작되는데 합격자들은 톱레벨의 스카우트가 실제로 일하는 모습을 견학할 기회를 얻는다. 동시에 관전했던 경기의 분석 보고서를 제출하고 새롭게 배운 내용을 직접 발표한다. 실내 수업 커리큘럼에는 스포츠뿐 아니라 교육학과 심리학도 포함된다. 대학교수 수준의 전문가로부터 듣는 수업, 현장 트레이닝도 빠지지 않는다. 특히 현장 트레이닝에서는 선수와 함께 의견을 교환하고, 주위에서 듣는 건설적 비판을 반영해 훈련 내용을 개선해 나간다.

진화를 거듭하는 바이스바일러 아카데미의 총괄 책임자는 보르무트에서 다니엘 니즈코프스키로 넘어갔다. 니즈코프스키는 2013년 UEFA프로 자격증을 취득한 후, 독일 연령대 국가대표팀에서 보르무트의 어시스턴트코치로 일했다. 슈미트의 레버쿠젠에서도 3년간 어시스턴트코치로 일한 뒤, 바이스바일러 아카데미의 강사로 복귀했다. 2018년부터 보르무트의 후임자로서 아카데미 원장직에 취임했다. 보르무트의 애제자답게 축구 강국의 사정에 정통할 뿐 아니라 현대 축구에서 지도자 교육의 재건을 추구한다.

현재 니즈코프스키는 유소년 육성으로 실적을 내기 시작한 잉글랜드를 주목하고 있다. 지도자 교육 부문에서도 배울 점이 많다고 한다. 동시에 젊은 코치가 실무적 경험을 쌓을 수 있도록 분데스리가 클럽과 협업해 현장 훈련 연수 과정을 도입했다. 또 커뮤니케이션 이론 수강도 확대하고 싶다는 뜻을 비치고 있다.

그는 진화를 게을리하지 않으며 외국 사례를 적극적으로 참고해 보다 충실한 지도자 교육 과정을 만들어 가는 중이다. 독일의 젊은 지도자들은 최고의 환경에서 지식을 흡수하고 있다. 나겔스만을 목표로 정진하는 젊은이들은 이미 롤모델의 바로 뒤까지 추격한 상태일지도 모른다.

세리에A의 카리스마 지도자들

'전술의 나라' 이탈리아에서는 미래를 맡길 만한 젊은 감독이 아직 등장하지 않은 듯하다.
안드레아 피를로조차 외국의 젊은 감독들로부터 '너무 기초적'이라는 평가를 받는다.
이탈리아 지도자의 자존심을 살릴 주인공은 누구일까?

시모네 인자기
Simone Inzaghi

재생 관리가 장기인
3-5-2의 명수

경력 Career

국적	이탈리아
생년월일	1976년 4월 5일

선수 경력(FW)

1993-94~1998-99	피아첸차(ITA)
1994-95	카프리(ITA)
1995-96	노바라(ITA)
1996-97	루메차네(ITA)
1997-98	브레스첼로(ITA)
1999-2000~2009-10	라치오(ITA)
2004-05	삼프도리아(ITA)
2007-08	아탈란타(ITA)

지도자 경력

2010~2016	라치오(ITA) 유소년 감독
2016~2021	라치오(ITA) 감독 ※대행→정식
2021~	인테르나치오날레(ITA)

지도자 자격증 License

UEFA 프로
2014년 취득
이탈리아

UEFA A
시기불명

명문 라치오를 혼란기에서 구해준 구세주

AS로마의 최대 라이벌 라치오는 2010년 이후 잦은 감독 교체로 불안한 나날을 보냈다. 2005년부터 2009년까지 델리오 로시 감독이 비교적 장기 집권하면서 2006-07시즌 3위까지 약진했지만, 이후 혼란에 빠진 것이다.

반년 만에 해임된 다비데 발라르디니 감독 이후 에두아르도 레야 감독이 약 2년간 지휘봉을 잡았다. 블라디미르 페트코비치 감독은 중원에서 패스 줄기를 지우는 치밀한 압박으로 흥미로운 스타일을 구사했지만, 2년 만에 클럽을 떠났다. 레야가 잠깐 돌아왔다가 감독 자리는 다시 스테파노 피올리에게 넘어갔다. 2019년 감독 계약을 체결했던 마르셀로 비엘사는 선수 영입 문제를 놓고 프런트와 대립하는 바람에 한 경기도 치르지 않은 상태에서 갈라서고 말았다.

라치오는 클럽 출신인 시모네 인자기에게 이런 혼란 사태의 수습을 맡겼다. 인자기는 라치오 유소년 조직°에서 지도자 경험을 쌓았고, U20코파이탈리아 우승 2회라는 성적을 남긴 상태였다. 클럽이 육성한 어린 선수들을 잘 알고 있던 인자기는 피올리 감독이 해임되었을 때도 감독대행 임무를 수행한 적이 있다.

비엘사가 갑자기 떠난 탓에 인자기는 준비할 시간이 짧다는 최악의 상황에서도 실적을 남겨 계약 연장에 성공했다. 2016년부터 5년간 인자기는 '전술의 나라' 이탈리아에서 라치오를 성공적으로 이끌며 이탈리아의 젊은 경쟁자들을 압도하고 있다. 라치오의 전력을 생각하면 이런 실적은 칭찬받아 마땅하다.

현역 시절 인자기는 센터포워드로 뛰었는데, 친형 필리포 인자기°°처럼 득점 감각을 타고나지는 못했다. 시모네는 185cm 키와 체격을 앞세워 중앙 공격수로 주로 기용되었다. '괜찮은 선수'라고 평가되었지만, 레전드 수준에는 다다르지 못했다. 지도자 단계로 넘어가면서 형제의 우열은 뒤집혔다.

선수를 각성시키는 클럽 감독의 향기

경쟁이 치열한 세리에A에서 인자기는 총명한 두뇌와 걸출한 존재감을 발휘하고 있다. 인자기는 절대로 선수를 배신하지 않는다. 단단한 신뢰는 선수에게 그대로 전달되어 시들었던 잠재력을 꽃피운다.

보루시아도르트문트에서 적응하지 못하고 세비야에서도 고생했던 치로 임모빌레°는 라치오의 에이스 스트라이커로서 팀을 이끌고 있다. 임모빌레는 문전에서의 절묘한 움직임이 장점인 정통 골잡이다. 즈데넥 제만 감독이 이끈 페스카라에서 재능을 개화했고, 2013-14시즌 토리노에서 리그 득점왕을 차지하며 기대를 한몸에 받았다. 하지만 해외 도전에서 위기가 닥쳤다.

2016-17시즌 이탈리아로 복귀한 임모빌레는 라치오에서 인자기 감독과 만난 것을 계기로 골잡이 본능을 되찾을 수 있었다. 공격적인 팀 컬러 덕분에 득점 기회가 늘어났을 뿐 아니라 공격수 출신인 인자기 감독으로부터 적극적인 문전 움직임을 배운 덕분이었다. 인자기는 선수 시절 포스트플레이를 선호했던 경험을 살려 임모빌레에게 동료를 활용하는 요령을 전수했다. 이제 임모빌레는 혼자 뛰는 스타일을 버리고 팀 전체를 이끄는 리더로서 인정받을 만큼 성장했다.

UEFA 인터뷰에서 임모빌레는 "베테랑이 된 이후까지 민첩함으로 승부를 보기는 어렵다. 예전보다 동료들과 연계하는 플레이에 더 초점을 맞추고 있다"라고 말했다. 30대에 접어든 선수로서 폭을 넓히고 있는 것이다. 이탈리아의 위대한 스트라이커들은 베테랑이 되고도 새로운 장점을 개척하는 사례가 적지 않다. 임모빌레 역시 그런 존재로 진화하고 있는 듯

°치로 임모빌레 | 2014-15, 2015-16시즌 도르트문트와 세비야에서 리그 32경기 5득점에 그쳤다.

233

하다.

또 다른 키맨은 임모빌레와 핫라인을 이루며 득점을 양산하는 루이스 알베르토다. 그는 바르셀로나B 활약상을 인정받아 2013년 리버풀로 이적했지만, 결과를 내지 못한 채 스페인으로 임대 복귀했다. 말라가와 데포르티보라코루냐에서 선보인 경기력 덕분에 루이스 알베르토는 2016년 라치오에서 새 둥지를 틀었다. 이적료는 400만 유로에 불과했다. 당시 23세였던 루이스 알베르토는 라치오에서 창의력 넘치는 플레이메이커로 각성했다. 2017-18시즌에는 12골 18도움으로 빛났다.

인자기가 루이스 알베르토에게 건넨 메시지는 "주인공이 되어라"라는 것뿐이었다. 공간과 자유를 부여하자 루이스 알베르토의 창의력이 해방되었다. 선수 본인은 "플레이에서 두뇌가 가장 중요한 비중을 차지한다. 경기 중에는 볼을 두는 위치를 항상 의식하면서 뛴다"라고 말한다. 그는 세밀한 기술과 함께 독특한 리듬으로 상대를 무너트리곤 한다. 볼을 여유 있게 다뤄 상대의 거친 마크를 유발하지 않는 기술은 아스널에서 활약했던 산티 카솔라와 닮았는데, 루이스 알베르토는 예상하기 어려운 트릭을 선호하는 경향이 있다.

이처럼 인자기의 터치 덕분에 멋지게 부활한 선수들이 라치오의 주축으로 활약 중이다. 인자기가 보여 준 신뢰가 팀 전체에 전달되어 선수들이 스스로 장점을 극대화하고 있다. 선수들을 향한 신뢰야말로 인자기 감독이 지닌 최대 무기인 셈이다. 임모빌레는 "그런 점에서 클롭과 닮았다"°라고 말한다.

°클롭과 닮았다 | 임모빌레는 도르트문트에서 활약하지 못했지만, 위르겐 클롭은 '잊을 수 없는 감독'이라고 말한다.

트레이드마크가 된 3-5-2 전술 도입

라치오에서 3-5-2 포메이션은 인자기의 트레이드마크가 되었다. 2017-18시즌부터 인자기는 3-5-2를 도입하면서 팀을 성공으로 이끌었다. 빌드업 시 팀의 포메이션은 3-1-5-1 형태가 된다. 빌드업의 기점은 루카스 레이바다. 뛰어난 전술안을 갖춘 루카스는 센터백 3명과 연계하면서 공격을 구축한다. 자기 진영에서 신중하게 볼을 운반해 상대의 압박을 유도한다.

루카스가 백패스를 보내는 장면은 상대에게 미끼를 던진다고 이해하면 된다. 백패스를 방아쇠 삼아 센터백 쪽으로 상대의 압박을 유인하면, 준비하고 있던 센터백은 간결하게 윙백 쪽으로 전개한다. 센터백은 볼을 받기 전부터 바깥쪽 패스루트를 확인하도록 설계된 움직임으로 측면 공간을 이용한다.

동시에 압박을 회피하는 방법은 센터백 3명 중에서 가운데에 서는 프란체스코 아체르비가 뒤로 물러나는 플레이다. 아체르비는 안전한 백패스 줄기를 만들 뿐 아니라 양쪽에 있는 센터백에게 반대 방향으로 움직이도록 지시한다. 왼쪽 센터백이 오른쪽 센터백에게 보내는 빠른 횡패스가 적극적으로 사용된다. 라치오는 윙백 쪽으로 시도하는 사이드체인지를 포함해서 상대 압박을 적극적으로 회피한다. 강한 압박이 발생했을 때는 왼쪽 측면의 루이스 알베르토가 빌드업을 돕는다. 오른쪽 윙백도 아래로 내려와 패스루트를 만들어 센터백을 돕는다. 여기에 골키퍼를 활용해, 윙백에게 띄우는 패스를 보내는 패턴도 구사한다.

아체르비가 중원으로 오버랩하는 패턴도 흥미롭다. 전방의 커버섀도우°를 벗길 목적으로 중앙 센터백이 볼란치 위치로 이동해 패스를 받을 때도 있다. 이런 상황에서는 센터백 2겹 앞에 루카스와 아체르비가 더블볼란치처럼 위치를 잡는다. 수비 중심의 선수가 본래 자리에서 벗어나기 때문에 리스크가 있지만, 중원 라인을 4겹으로 만들어 수적 우위를 확보한다.

아체르비와 루카스가 볼란치 위치에 나란히 서고, 루이스 알베르토와 세르게이 밀린코비치 사비치가 합세해 사각형을 만들어, 미드필더 3인 전형을 갖춘 상대 팀에 수적 우위를 창출하는 방법이다. 아체르비가 압박을 당하는 상황에 대한 대처도 준비되어 있다. 골키퍼에게 보낸 백패스를 반대 사이드로 전개하는 패턴이다. 리스크를 최소화하면서 측면에서 수적 우위를 만드는 효과가 있다. 윙백과 중원, 센터백으로 삼각형을 만들어 볼을 연결한다.

다양한 빌드업 패턴을 세밀하게 준비하는 디테일

상대가 백3를 맨투맨으로 완전히 막으면 롱볼로 전개°°하는 방법도 있다. 롱볼 활용은 비교적 드물지만, 공중전에 강한 밀린코비치 사비치를 활용해 볼 회수 가능성을 높이는 플레이도 하나의 옵션으로 사용한다. 단순히 롱볼을 차는 플레이에 그치지 않고 세컨드볼을 확보하는 압박을 잊지 않는

°커버섀도우(cover shadow) | 상대 선수의 패스루트를 차단하는 위치 선정
°°롱볼로 전개 | 경기당 공중볼 다툼 승리는 3.5회 이상이다.

다. 4겹 빌드업에 3겹 공격수로 대처하는 메커니즘은 루이스 알베르토의 능력을 극대화한다.

상대가 더블볼란치로 나오면 3겹 공격수를 막기 어렵다. 2개 라인 사이에 수적 우위를 만들어 공격 기점에 볼을 투입한다. 동시에 선수들의 자유로운 움직임으로 임모빌레가 고립되지 않도록 지원한다. 한 사람이 효과적인 위치에서 볼을 받으면 나머지 2명은 공간을 노린다. 역동적 공격은 역습 단계에서도 효과를 발휘해 상대 팀은 라치오의 공격을 막기 어려워진다.

또 다른 플레이 패턴을 알아보자. 루이스 알베르토가 풀백 위치까지 내려오는 방법이다. 윙백과 포지션을 맞바꿔 상대 압박을 완화할 수 있다. 그 지점에서 전방을 향해 스루패스를 보내는 플레이는 수비 블록을 안정적으로 형성한 상대 팀을 허물 때 사용한다. 수비 블록의 바깥쪽에서 킥이 가장 정확한 선수에게 볼을 맡겨 패스 하나로 상대를 공략하는 노림수다.

라치오의 공격 구성에서 빼놓을 수 없는 선수가 루카스 레이바와 프란체스코 아체르비°다. 팀의 척추를 이루는 두 선수는 볼을 안정적으로 소유하면서 전술을 전환하는 역할을 맡는다. 리버풀에서 이적해온 루카스는 라치오에서 제2의 인생을 구가 중이다. 전술 감각과 판단력이 독보적이다. 아체르비 역시 상황을 판단해 빌드업 패턴 플레이를 결정하는 선수다. 아체르비의 실수는 실점으로 직결되지만, 암 투병에도 굴하지 않았던 집중력의 소유자인 만큼 본인 임무를 훌륭히 수행하고 있다.

°프란체스코 아체르비 | 2013~14년 항암치료 후 현역 생활을 이어가고 있다.

2020-21시즌 기준으로, 공수 양면에서 왕성한 운동량이 필요한 윙백 포지션에는 왼쪽에 보스니아 국가대표 아담 마루시치(1992년생), 오른쪽에 SPAL에서 198경기를 뛰었던 마누엘 라차리(1993년생)가 선다. 세나드 룰리치°는 2021년 여름 35세로 은퇴하기 전까지 라치오의 정신적 지주로 공헌했다.

공격진은 오래 호흡을 맞춘 선수들로 구성되어, 눈빛만 봐도 통하는 연계 플레이로 상대 수비를 공략한다. 팀의 중심인 임모빌레와 루이스 알베르토 외에도 밀린코비치 사비치가 2015년부터 라치오에서 활약 중이다. 2018년 합류한 앙헬 코레아도 투톱의 한 자리를 맡는 동시에 중원 플레이에 관여한다. 코레아는 주도면밀한 움직임으로 임모빌레를 도와 상대 수비를 무너트린다.

주축 선수들의 호흡과 인자기 감독의 치밀한 전술은 라치오가 세리에A 우승 후보를 유지하는 원동력이었다. 하지만 2020-21시즌 챔피언 인테르나치오날레가 갑자기 안토니오 콘테 감독을 잃는 변수가 발생했다. 인테르는 공석이 된 감독 자리를 인자기로 메우면서, 라치오는 오랫만에 찾아온 호시절이 끝날지도 모른다는 불안감에 휩싸였다.

라치오는 나폴리와 첼시를 거친 마우리시오 사리를 잡는 데에 성공했지만, 팀이 새로운 감독 체제에 적응하는 데 애를 먹으면서 중위권으로 처진 채 2021-22시즌을 보내고 있다. 주축들과 신예들의 나이 차이가 크다는 점도 꾸준한 경기력 유지를 방해하는 요소로 꼽힌다.

°세나드 룰리치 | 2011년부터 라치오에서 뛰었고, 2020-21시즌 종료 후 은퇴했다.

UEFA프로 과정에서
강사와 수강생으로 만남

막시밀리아노 알레그리

스벤-고란 에릭손

사제지간

필리포 인자기

친형. 지도자의 길을
걷고 있음

즈데넥 제만

인자기의 전술을 호평

엔리코 마라베나

2015년 라치오가 나폴리에서
데려온 분석 책임자

시모네 인자기

펩 과르디올라

뉴욕에서 개인적 친분을 쌓음

막시밀리아노 파리스

라치오 유소년부터 함께한 스태프

위르겐 클롭

공통점이 있다는 임모빌레의 평가

주의(종축) × 단계(횡축)

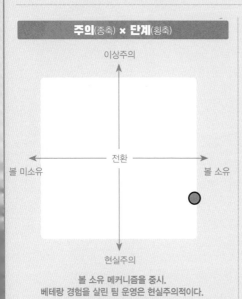

이상주의

전환

볼 미소유

볼 소유

현실주의

볼 소유 메커니즘을 중시.
베테랑 경험을 살린 팀 운영은 현실주의적이다.

게임모델

빌드업은
폭 넓은 3-5-2

선수의
가능성을 신뢰해
기회를 보장하는
관리

유소년 레벨부터
경력 시작

롱볼 타깃을
준비하는
현실주의

미래상

안토니오 콘테 Antonio Conte

백3는 물론이고, 패턴이 풍부한 빌드업부터 곤란해질 경우의 롱볼까지
준비해놓는 치밀함이 안토니오 콘테를 연상시킨다.
능수능란한 용병술과 강한 승부욕도 닮았다.

안드레아 피를로

Andrea Pirlo

이론 자체는
현대 축구의 신봉자

경력 *Career*

국적	이탈리아
생년월일	1979년 5월 19일

선수 경력(MF)

1994-95~1997-98	브레시아(ITA)
1998-99~2000-01	인테르나치오날레(ITA)
1999-2000	레지나(ITA)
2000-01	브레시아(ITA)
2001-02~2010-11	밀란(ITA)
2011-12~2014-15	유벤투스(ITA)
2015~2017	뉴욕시티(USA)

지도자 경력

2020	유벤투스(ITA) U23 감독
2020~2021	유벤투스(ITA) 감독

지도자 자격증 *License*

UEFA 프로
2020년 취득
이탈리아

UEFA A
2018년 취득
이탈리아

낮에는 플레이스테이션, 밤에는 월드컵 우승

2004년 인터뷰에서 펩 과르디올라는 "나처럼 클래식한 미드필더는 멸종 위기에 봉착했다. 유일하게 현대까지 살아남은 예외적 존재가 안드레아 피를로다"라고 말했다. 선수 시절, 피를로는 압도적으로 넓은 시야와 정확한 롱킥으로 경기를 조각했고, 1초의 오차도 없는 패스로 득점을 만들었다. 함께 뛰어본 공격수만이 피를로의 은혜를 실감했을 것이다.

피를로는 이탈리아 브레시아에서 태어났다. 브레시아 유소년에서 시작해 16세에 일찌감치 프로 데뷔를 신고했다. 당시 최연소 출장기록°을 경

°최연소 출장기록 | 16세 2일

241

신한 축구 신동은 뜨거운 관심을 받았다. 에두아르도 레야° 감독의 지원 아래, 피를로는 공격형 미드필더로 안착했다. 이후 인테르에 합류했지만, 2선 중앙에서는 체격이 못 따라 준 탓에 충분한 기회를 얻지 못했다.

인테르에서 임대 복귀한 브레시아에서 피를로의 운명이 크게 바뀐다. 카를로 마초네 감독이 피를로의 위치를 홀딩미드필더 자리로 옮긴 것이다. 백4 앞에 피를로가 섰고, 2선 중앙에는 로베르토 바조가 기용되었다. 이런 시스템에서 피를로는 딥라잉 미드필더라는 새로운 길을 발견한다.

2001년 이적한 밀란에서 피를로는 최고의 스승인 카를로 안첼로티 감독과 만났다. 마누엘 후이 코스타와 주전 경쟁이 어렵다고 판단한 피를로는 안첼로티에게 볼란치 자리에서 뛰게 해달라고 요청했다. 감독 설득에 성공한 피를로는 딥라잉 미드필더 위치에 정착할 수 있었다. 마치 지휘자처럼 경기를 컨트롤하는 피를로의 모습은 이상적 레지스타(이탈리아어로 연출가를 뜻하는 말로 딥라잉 미드필더를 의미-역주)였다. 국가대표팀에서도 절대적 존재가 된 피를로는 2006년 독일월드컵에서 이탈리아를 우승으로 이끌었다.

가나전, 독일전, 프랑스전에서는 맨오브더매치로 선정되는 등, 피를로는 궂은 자리라고 해야 할 3선 중앙에서 압도적 활약상을 펼쳤다. 피를로는 자서전에서 "2006년 7월 9일 일요일 오후, 나는 베를린 숙소의 침대에 누워 플레이스테이션을 하며 놀았고, 밤에는 월드컵에서 우승했다"라는 쿨한 회상을 남겼다.

2011년까지 밀란의 주축으로 뛴 피를로는 계약 만료와 함께 유벤투스로

°에두아르도 레야 | 1996-97시즌 브레시아를 이끌었다.

이적했다. 구시대의 플레이메이커라는 주변의 평가와 달리 피를로는 이탈리아 최강 클럽에서 현대 축구에 적응하는 능력을 선보여 모든 이들을 놀라게 했다.

현대 축구에서 몸싸움과 수비력이 전례없이 요구되는 추세를 보인 것이 3선 중앙이다. 피를로의 속도와 수비력이 톱클래스에서 통하지 않을 것이라는 전망이 유력했지만, 안토니오 콘테 감독의 전술은 그 모든 예상을 뒤엎었다. 이탈리아 명장은 피를로를 지원하는 포메이션으로 세리에A 무대를 석권했다.

피를로의 능력을 극대화한 콘테의 가변식 백3 전술

콘테의 축구는 시에나 시절 측면 공격에 집중하는 4-2-4가 대명사처럼 굳어진 스타일이었다. 하지만 유벤투스 감독으로 취임하자마자 콘테는 기존의 스타일을 주저 없이 버렸다. 유벤투스에 적합한 포메이션을 고민한 끝에 시도한 첫 출발이 4-3-3이었다. 중원에 3명을 두는 시스템으로 피를로의 주위를 커버하겠다는 발상에서 조금씩 '피를로 시스템'을 발전시켜 갔다. 중원 숫자만 늘려서는 공격층을 두텁게 가져갈 수 없다는 생각이 백4 중 한 명을 없애는 방향으로 발전했다.

아르투르 비달과 클라우디오 마르키시오는 수비 전환 시 왕성한 운동량을 발휘해, 수비로 내려와서 피를로의 좌우 공간을 정확하게 메웠다. 공격 빌드업에서도 두 선수는 뛰어난 테크닉으로 피를로의 중계 역할을 해냈다. 2012년 여름에는 폴 포그바까지 자유이적으로 합류했다. 우수한 도우미들 덕분에 피를로는 현대 축구에서도 딥라잉 미드필더로서 군림할 수 있었다.

피를로의 영향을 받은 마르키시오가 플레이의 폭을 넓힌 점도 흥미롭다. 원래 마르키시오는 상대 페널티박스 안으로 파고드는 쇄도가 장점이었지만, 현역 말년에는 팀의 균형을 잡는 능력자로 진화했다. 전술 감각이 뛰어난 마르키시오는 정확한 위치 선정으로 상대 공격을 어렵지 않게 사전에 차단했다. 이런 플레이가 가능했던 비결은 피를로와 함께 뛰면서 쌓인 경험이었을 것이다.

당시 유벤투스가 풀어야 할 과제는 피를로의 좌우에 배치한 미드필더에 부하가 걸린다는 시스템상의 약점이었다. 두 선수의 체력이 떨어지는 시간대가 되면 피를로와 거리가 벌어지면서 상대에게 역습 당할 위험성이 커졌다. 밀란 시절 젠나로 가투소° 같은 동료가 없으면 성립되지 않을 것처럼 보였던 피를로 전용 시스템의 약점을 콘테는 역발상으로 해결했다. 즉 백3 중 좌우에 서는 센터백 2명을 피를로가 있는 위치까지 전진하게 하는 가변 시스템이다.

이 시스템의 최대 이점은 역습 시 피를로의 양쪽 공간을 메울 수 있다는 것이다. 중원으로 돌아갈 수 없는 타이밍에는 양쪽 센터백이 해당 공간을 없앤다. 조르조 키엘리니는 볼을 운반하는 기술과 수비력을 겸비해 이 시스템의 숨은 열쇠가 되었다. 반대편의 안드레아 바르잘리는 수비력으로 정평이 난 선수였지만, 피를로 시스템에 적응하는 과정에서 빌드업을 도울 수 있는 선

°**젠나로 가투소** | 은퇴 후, 가투소는 "피를로는 내 경력에서 매우 중요한 존재였다"라고 밝혔다.

수로 진화했다.

공격 면의 메리트도 그냥 지나칠 수 없다. 콘테의 유니크한 전후 분리형 시스템에서는 중원에 고립된 피를로가 앞과 뒤를 연결해주는 키맨이 되었다. 따라서 피를로에겐 전진 패스와 백패스 외엔 옵션이 없었다. 하지만 뒤에서 올라온 센터백이 횡패스 옵션을 보태 주는 덕분에 빌드업이 훨씬 원활해졌다. 이 시스템은 피를로를 노리는 맨투맨 대책°에도 효과적이었다.

피를로에게 상대의 타이트한 마크가 붙으면 양쪽 센터백이 볼 공급책으로 나선다. 횡패스 경로가 차단되면, 최후방의 레오나르도 보누치 쪽으로 돌려 롱볼을 전방으로 보내는 패턴도 구사한다. 이런 방식으로 피를로는 현대 축구에서도 본인의 설 자리를 찾아내 말년에도 눈부신 활약을 펼쳤다. 2015년 뉴욕시티로 이적한 피를로는 프랭크 램파드와 2년간 함께 뛴 후 현역 은퇴를 선언했다.

게임모델 원칙에 따른 포지션의 동적 점유

2019년 8월 피를로는 UEFA프로 자격증 과정을 시작했고, 이듬해인 2020년 유벤투스 U23팀 감독으로 부임했다. 그런데 9일 뒤에 갑자기 마우리시오 사리 감독이 경질되었다. 유벤투스는 다급하게 피를로를 1군 감독

°피를로를 노리는 맨투맨 대책 | 당시 많은 팀들이 유벤투스전에서 2선 중앙을 피를로의 마크맨으로 붙였다.

으로 승격하고 2년 계약을 체결해 서포터즈를 놀라게 했다.

UEFA프로 자격증 과정의 졸업 논문에서 피를로는 자신이 이상적으로 추구하는 축구에 대해 밝혔다. 논문에 따르면, 그는 '공격적인 집단적 축구'를 추구했다. 공격할 때는 볼을 점유하며 빼앗긴 볼을 신속하게 회수한다. 현대 축구의 전형과도 같은 스타일을 내세운 피를로는 시스템의 개념이 변하고 있다는 점도 언급했다. '게임모델의 원칙에 따른 포지션의 동적 점유'라는 표현은 유동적인 축구를 추구하겠다는 개인적 신념이라 할 수 있다. 포지션에 요구되는 역할도 바뀌고 있다는 피를로의 축구관은 지극히 현대적이다.

본인의 축구관에 영향을 미친 팀으로는 요한 크루이프의 바르셀로나, 펩 과르디올라의 바르셀로나, 루이스 판 할의 아약스, 카를로 안첼로티의 밀란, 안토니오 콘테의 유벤투스를 꼽았다. 모두 볼 소유를 선호하는 팀들로서 선수 시절의 플레이스타일을 반영한다.

피를로의 각 단계별 설명은 포지셔널 플레이 원칙에 기초한다. 빌드업 단계에서는 마름모꼴°을 형성해 패스 경로를 늘리고 공간을 효과적으로 사용한다는 원칙을 강조했다. 전개 단계에서는 좌우를 넓게 사용하면서 뒷공간을 노린다. 동시에 라인 사이에도 선수를 배치해 공격 기점 역할을 수행하게 한다. 파이널서드 영역에서는 미리 계획한 플레이뿐 아니라 선수의 창의력을 중시해 공격을 만들어 간다.

°**마름모꼴** | 삼각형이 아니라 마름모 형태라는 표현을 선택해 전진 패스 경로를 의식하게끔 한다.

호날두를 기용하면서 포지셔널 플레이 정착을 노린다

선수 시절 피를로는 무슨 일이 있어도 당황하지 않는 멘탈과 풍부한 아이디어로 유명했다. 하지만 지도자가 된 이후에는 팀 구성 면에서 현대 축구 트렌드에 맞춘 비교적 정통 구조를 지향한다. 유벤투스 포메이션의 기본은 가변 시스템이다. 수비 시는 4-4-2, 공격 시는 3-1-4-2로 변하는 좌우 비대칭 시스템은 그리 드문 선택이 아니다.

특히 중요한 플레이어는 맨체스터시티에서 펩 과르디올라의 축구를 경험한 다닐루일 것이다. 수비에서는 레프트백, 빌드업 단계에서는 왼쪽 센터백이 되는 다닐루는 볼 전진에서 중요한 역할을 담당한다. 반대편에 기용되는 선수는 보다 공격적인 윙백으로 뛰어서 폭넓은 공격의 이점을 활용한다. 해당 포지션은 풀백 전문 선수뿐 아니라 공격력이 좋은 선수로 채워지는 경우가 드물지 않다.

중원에서 해야 할 일이 상황에 따라 바뀌기 때문에 기용하는 선수들도 플레이의 폭이 넓은 선수가 많다. 이러한 전술을 운용함에 있어, 운동량과 상황 판단력이 뛰어난 미국 국가대표 웨스턴 맥케니°가 두각을 나타낸다. 맥케니는 피를로 체제에서 비약적으로 성장하면서 주전을 꿰찼다.

고민이 되는 부분은 파이널서드 공략을 개인에게 의존한다는 것이다. 유동적으로 변하는 현대 축구 스타일에서 흔히 발생하는 현상이기도 한데, 중원 플레이가 지나치게 유동적으로 운영되다 보면 부분 전술을 결정

°웨스턴 맥케니 | 2016년 독일의 샬케 유소년에서 시작했다. 18세에 프로 데뷔

하기가 어려워진다. 결과적으로 팀 전체가 혼란에 빠져 연계 실수에서 역습을 맞는다. 감독이 특정 패턴을 지키는 메커니즘을 어느 수준까지 정해놓을 것인지는 영원한 고민거리라고 할 수 있다. 메커니즘을 고정하면 공격 패턴이 한쪽으로 치우칠 위험이 있고, 반대로 메커니즘이 없으면 개인의 기술과 판단에만 의존해야 한다.

그 결과로서 아르투르의 존재가 유벤투스의 심장이 되고 있는 점이 흥미롭다. 바르셀로나에서 영입한 게임메이커 아르투르가 없다면, 중원에 헌신적 스타일의 선수들만 남아 경기력 자체가 안정감을 잃을 것이다. 앵커의 포지션을 적극적으로 바꾸는 시스템의 폐해이기도 하다.

결과적으로 피를로의 첫 감독 도전은 한 시즌 만에 막을 내렸다. 신인 감독으로서는 내용이 나쁘지 않았지만, 세리에A 4위 피니시로는 유벤투스의 감독직을 지키기 어려웠다. 리그 4위는 유벤투스 수뇌진이 용인할 성적이 아니다. 더군다나 피를로는 유벤투스가 키운 인재가 아니라 중간에 합류한 진골 레전드다. 재임 중 피를로는 전방에 절대적 에이스 크리스티아누 호날두를 기용하면서 포지셔널 플레이를 정착시키려고 노력했지만, 결국 초보다운 미숙함을 드러내고 말았다.

최소한 이론적으로 보자면 피를로는 현대 축구를 추구한다. 하지만 오스트리아와 독일의 젊은 지도자들은 피를로의 이론을 "너무 기초적이다"라고 평가절하한다. 현대 축구 이론 위에 자신만의 철학을 보태지 못했기 때문이다. 희대의 천재 미드필더는 과연 지도자로서도 현대 축구에 맞춰 진화할 수 있을까?

관계도

영향 받은 5인의 지도자

요한 크루이프
사제지간

펩 과르디올라
브레시아 시절 동료

루이스 판 할
전술적 영향을
받았다고 발언

카를로 안첼로티
사제지간.
챔피언스리그 우승 달성

안토니오 콘테
사제지간.
리그 우승 달성

**안드레아
피를로**

젠나로 가투소
중원 명콤비로 활약했던 옛 동료

프랭크 램파드
뉴욕시티 시절 동료

로베르토 바조 브레시아 시절 동료

체사레 프란델리
사제지간. 유로2012 결승 진출

마르셀로 리피
사제지간. 2006년 월드컵 우승 달성

주의(종축) × 단계(횡축)

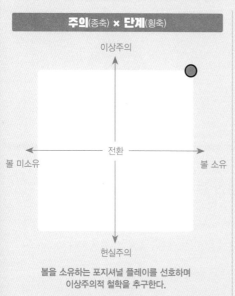

이상주의

전환

볼 미소유 ← → 볼 소유

현실주의

볼을 소유하는 포지셔널 플레이를 선호하며
이상주의적 철학을 추구한다.

게임모델

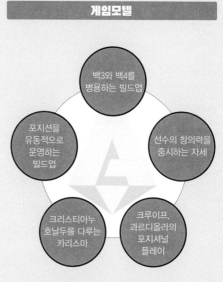

백3와 백4를
병용하는 빌드업

포지션을
유동적으로
운영하는
빌드업

선수의 창의력을
중시하는 자세

크리스티아누
호날두를 다루는
카리스마

크루이프,
과르디올라의
포지셔널
플레이

미래상

카를로 안첼로티 Carlo Ancelotti

은사 카를로 안첼로티처럼, 포지셔널 플레이 원칙을
이탈리아 문화와 융합하는 시도가 성공을 결정할 열쇠 중 하나가 될 것이다.
선수 기용 면에서 피를로는 안첼로티로부터 많은 배움을 얻었다.

젠나로 가투소
Gennaro Gattuso

경력 Career

국적	이탈리아
생년월일	1978년 1월 9일

선수 경력(MF)

1995-96~1996-97	페루자(ITA)
1997-98~1998-99	레인저스(SCO)
1998-99	살레르니타나(ITA)
1999-2000~2011-12	밀란(ITA)
2012-13	시온(SUI)

지도자 경력

2012-13	시온(SUI) 감독 겸 선수
2013-14	팔레르모(ITA) 감독
2014-15	OFI크레타(GRE) 감독
2015-16~2016-17	피사(ITA) 감독
2016-17	밀란(ITA) U19 감독
2016-17~2018-19	밀란(ITA) 감독
2019~2021	나폴리(ITA) 감독
2022~	발렌시아(ESP) 감독

균형 감각이 장점인
강철 카리스마

지도자 자격증 License

UEFA 프로
2014년 취득
이탈리아

UEFA A
2011년 취득
이탈리아

레인저스에서 배운 충성심과 터프한 플레이

젠나로 가투소는 이탈리아반도 동남쪽 코릴리아노 칼라브로 지역에서 태어났다. 유년 시절엔 일본 축구 만화 '캡틴 츠바사'를 즐겨 봤다고 한다. 가투소는 투쟁심 넘치는 플레이가 장점이었다. 그는 헌신적 플레이로 존재감을 키워 페루자에서 프로 경력을 시작했다. 17세에 프로에 데뷔했으니 순조로운 출발이라 할 수 있었는데, 선수로서 전기를 마련한 곳은 스코틀랜드 강호인 레인저스°였다.

육탄전을 사랑하는 리그에서 가투소는 빛을 발했다. 스스로도 "어쩌다 이탈리아에서 태어난 스코틀랜드인"이라고 자신을 칭할 정도였다. 몸을 내던져 상대 선수를 무너트리는 헌신적 플레이는 노동자 계급의 지지를 받는 레인저스의 이미지와 맞아떨어져 많은 팬들을 열광시켰다. 당시 감독이었던 월터 스미스°°로부터도 많은 것을 배웠다고 말한다.

"레인저스 시절 배웠던 것 중 가장 중요한 것은 충성심과 터프 플레이를 적절히 조합하는 요령이었다. 나는 안드레아 피를로처럼 재능을 갖지 못했다. 팀으로부터 도움을 받아야 존재할 수 있는 선수였다. 팀에 에너지를 불어넣는 일의 중요성을 레인저스에서 배웠다."

가투소는 세리에A로 승격한 살레르니타나의 영입 제안을 받아 세리에A로 복귀°°°했다. 아쉽게도 클럽은 세리에B로 강등되었지만, 가투소는 밀란 이적에 성공했다. 카를로 안첼로티 감독의 팀에서 '피를로의 투견'으로 활약했고, 이탈리아 국가대표팀에서도 궂은일을 도맡았다. 2006년 월드컵에서는 24년 만에 통산 네 번째 우승을 차지하는 멤버가 되었다. 오랜 전우들과 함께 싸웠던 대회였기에 독일월드컵은 그의 인생에서 잊을 수 없는 추억일 것이다.

°레인저스 | 산업혁명 이후 공업 도시로 번성한 지역에 거주하는 개신교 신자들이 클럽 서포터즈의 주축을 이룬다.
°°월터 스미스 | 1990–91시즌부터 장기간 레인저스를 맡아 리그에서만 총 10회 우승을 기록했다.
°°°세리에A로 복귀 | 41년 만에 1부로 승격해 가투소를 영입했다. 다비드 디미켈레, 마르코 디바이오 등도 영입해 강호들을 격파했다.

감독으로서도 용기와 균형감각을 강조

2012년에는 스위스 슈퍼리그의 시온으로 이적했는데, 2013년 2월에 감독 겸 선수로 임명되어 지도자 경력을 시작했다. 누구보다 터프한 이미지답게 가투소의 경력은 고난의 연속이었다. 3개월 만에 시온 감독직에서 해고된 후에 세리에B로 강등된 팔레르모 감독으로 부임했다. 하지만 그곳에서도 6경기 만에 경질되었다. 새로운 도전이었던 그리스 리그°에서는 임금 체불 문제로 물러났다. 세리에C(3부) 피사에서 2부 승격에 성공했지만 프런트와 불화를 겪었다.

2017년 밀란 프리마베라의 감독이 된 이후, 경질된 빈첸초 몬텔라에 이어 감독으로 승격했다. 시즌 종료 후 3년 재계약했지만, 한 시즌 만에 계약 해지에 합의했다. 9년 동안 우승 실적이 없었던 가투소는 2019년 취임한 나폴리에서 코파이탈리아를 제패했다. 첫 우승이었기에 너무나 기뻤다고 말한다.

감독으로서 가투소의 특징은 현역 시절과 마찬가지로 '용맹함'이라 할 수 있다. 나폴리 감독으로 부임하면서 포메이션을 4-3-3으로 바꿨다. 마우리시오 사리 전 감독의 시스템에 익숙했던 선수들에게 먼저 자신감 회복을 주문했다. 처음부터 다시 시작하자는 각오도 다졌다. 감독으로서 개성을 발휘하기보다 선수들의 심리를 먼저 어루만진 것은 가투소다운 결정이었다.

수비력이 뛰어난 디에고 뎀메°°의 영입은 팀의 안정감을 비약적으로 향상

° 그리스 리그 | 아크레타 감독
°° 디에고 뎀메 | RB라이프치히의 주축으로 170경기 이상 출전했다. 2020년 나폴리로 이적

시켰다. 나폴리는 뎀메를 홀딩미드필더로 기용하는 시스템을 선택하면서 밸런스를 개선했다. 볼 소유를 중시하는 현대적 지도자의 면모도 갖고 있지만, 가투소의 본령은 균형 감각에 있다.

옛 동료 피를로를 상대했던 2021년 2월 유벤투스전에서는 4-4-2 포메이션을 선택했다. 발이 빠른 로렌초 인시녜와 빅터 오심헨의 투톱 조합으로, 측면 공간을 공략하면서 역습을 노리는 계획으로 선제 득점을 뽑았다. 볼을 소유하면서 경기의 주도권을 쥔 쪽은 유벤투스였지만, 나폴리는 끈질긴 수비로 무실점 방어에 성공했다. 슈팅을 24개나 허용하면서도 유벤투스의 기대득점(eXpected Goal; xG)을 낮게 억눌렀다. 의식적으로 하프스페이스를 봉쇄해 상대를 측면으로 유도했고, 수비수 2명이 크로스를 차단하는 전략이 먹혔다. 경기 막바지에는 투톱까지 자기 진영으로 내려와 수비에 가담하는 등 승리를 추구했다.

2020-21시즌 세리에A 최종전에서 나폴리는 베로나와 비김으로써 챔피언스리그 출전권을 승점 1점 차이로 유벤투스에 내주고, 가투소는 나폴리와 헤어졌다. 불과 이틀 뒤 가투소는 피오렌티나의 감독으로 부임했지만, 3주 만에 의견 차이로 계약을 해지했다. 2022년 6월에 발렌시아 감독으로 선임되었다.

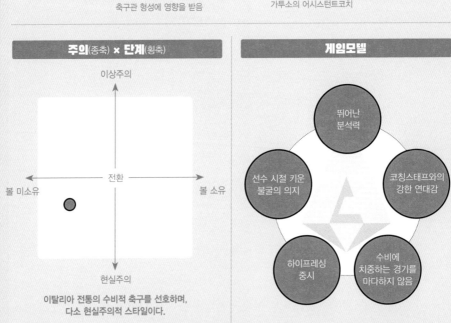

루이스 엔리케
축구관 형성에 영향 받음

막시밀리아노 알레그리

카를로 안첼로티
사제지간. 챔피언스리그
우승 경험

월터 스미스
사제지간. 레인저스 시절
가투소를 영입

안드레아 피를로
중원 명콤비로 활약했던 옛 동료

디에고 시메오네
"축구관이 비슷하다"라고 발언

펩 과르디올라
바이에른 시절 훈련을 견학하면서
여러 가지 아이디어를 습득

마르셀로 리피
사제지간. 2006독일
월드컵에서 우승

안토니오 콘테
축구관 형성에 영향을 받음

루이지 리시오
가투소의 어시스턴트코치

젠나로 가투소

주의(종축) × 단계(횡축)

이상주의

전환

볼 미소유 ← → 볼 소유

현실주의

이탈리아 전통의 수비적 축구를 선호하며,
다소 현실주의적 스타일이다.

게임모델

뛰어난
분석력

선수 시절 키운
불굴의 의지

코칭스태프와의
강한 연대감

하이프레싱
중시

수비에
치중하는 경기를
마다하지 않음

미래상

지네딘 지단 Zinedine Zidane

현역 시절의 카리스마를 앞세워 결단력으로 승부하는 스타일이란 점에서
지네딘 지단과 닮았다. 지단이 카세미루를 중용한 것처럼 가투소도
과감한 선수 기용으로 팀 밸런스를 유지한다.

세대교체가 정체된 전술의 나라, 이탈리아

여전히, 성공의 상징 안첼로티가 돋보이는 현실

과거 이탈리아는 많은 명장을 배출했다. 지도자 교육 면에서도 유럽 축구의 중심이었으며, 대표적 사례가 바로 카를로 안첼로티다. 그는 톱클래스 클럽에서 도전을 계속하면서 성공의 상징으로 자리매김했고, 유연한 관리 스타일과 전술 다양성으로 경쟁자를 압도한다.

안첼로티는 파르마와 유벤투스 감독을 거쳐 2001-02시즌 밀란의 지휘봉을 잡았다. 본인의 대명사가 된 '크리스마스트리(4-3-2-1)' 포메이션으로 세리에A를 석권하며 명문 부활이란 막중한 책임을 다했다. 중원 개념을 뒤집은 안드레아 피를로의 볼란치 기용은 지금까지 3인 미드필더 운용의 모델이 되었다.

볼란치 포지션에서 피를로가 경기를 만들고, 옆에서 수비력이 뛰어난 젠나로 가투소가 헌신적 플레이를 펼쳤다. 만능형 선수 클라렌스 시도르프는 공수 양면에서 균형을 유지했다. 브라질 출신 미드필더 카카를 기용해, 기존과 달리 2선 중앙 포지션에 무게중심을 두는 축구를 실현했다. 테크니션을 배치해야 할 2선 중앙에 폭발력과 추진력을 갖춘 카카를 기용한 시스템은 상식에 얽매이지 않는 안첼로티다운 발상이었다.

밀란에서 장기집권 체제를 구축했던 안첼로티는 이탈리아 지도자로서는 드물게 해외 리그에 도전하는 길을 선택했다. 2009년 감독으로 부임한 첼시에서 안첼로티는 화려한 전력을 영리하게 활용했다. 프랭크 램파드는 중앙 미드필더로서 각성했다. 중원에는 데쿠와 미하엘 발라크가 있었고, 마이클 에시엔이 리스크 관리를 담당했다. 최전방에 기용된 디디에 드로그바는 시즌 29골을 기록했다. 안첼로티의 첼시는 시즌 103골을 터트리며 프리미어리그를 멋지게 제패했다.

2011년 유럽 굴지의 우승 청부사는 파리생제르맹으로 날아갔다. 즐라탄 이브라히모비치 등 대어를 영입해 2012-13시즌 리그앙 우승을 달성했다. 2013년 6월에는 스페인의 레알마드리드 감독으로 취임해 크리스티아누 호날두를 중심으로 밸런스가 돋보이는 중원을 구축했다. 안첼로티는 4-4-2를 참신하게 활용했다. 투톱으로 백패스를 압박해 상대의 빌드업을 방해하는 조널마킹Zonal Marking은 독특한 균형감각으로 만들어낸 장인의 작품이었다.

선수단 관리의 달인 안첼로티가 유일하게 실패한 사례는 바이에른뮌헨이었다. 과르디올라의 후임자라는 난이도 높은 환경에서도 부임 초기에는 순조롭게 신뢰를 쌓아갔다. 하지만 장점이라고 할 수 있는 주축 선수 관리에서 실패하고 말았다. 주축 선수들과 안첼로티가 첨예하게 대립하면서 팀은 완전히 붕괴되었다.

다음 직장은 나폴리였다. 챔피언스리그에서 리버풀을 꺾는 등 전술에서 수완을 발휘했지만 18개월 만에 해임되었다. 급진적 스타일인 포지셔널 플레이에 익숙한 팀을 이어받았다는 점이 난제였을 것이다. 물론 안첼로티의 실력을 의심하는 사람은 없었다. 2019년 프리미어리그의 에버턴에 이어, 2021-22시즌을 앞두고 레알마드리드 감독직에 두 번째로 부임했다.

이탈리아 감독 계보를 잇는 주인공은 안토니오 콘테

성공적 해외 진출이란 관점에서 안첼로티의 뒤를 잇는 지도자가 바로 안토니오 콘테다. 공격적 축구를 선호할 뿐 아니라, 유벤투스에서 안첼로티의 애제자 피를로를 팀 주축으로 활용하는 재주를 선보였다. 현대적 전술 맥락에서 피를로를 부활시키는 전술 능력으로 유벤투스를 이탈리아 최정상으로 돌려놓았다.

콘테의 강점은 포지셔널 플레이를 재해석한 빌드업과 수비적 전술에도 대응하는 유연성이다. 로마에서 공격 축구를 피력했던 루디 가르시아를 상대해, 수비 전환으로 공간을 지웠던 모습이야말로 이탈리아인 감독의 본령이었다.

이탈리아 국가대표팀에서는 '약체 축구'에 대응하는 최고 수준의 유연함을 발휘했다. 헌신적인 엠마누엘레 자케리니에게 여러 가지 역할을 부여해, 이탈리아는 그의 위치에 따라 카멜레온처럼 팀 구성을 바꿀 수 있었다. 당시 이탈리아 대표팀은 콘테의 상징인 빌드업뿐 아니라 다양한 압박을 적절히 구분해 사용함으로써 상대에게 선택지를 허용하지 않았다. 그는 뛰어난 경기력으로 주위의 평가를 더욱 끌어올렸다.

해외 리그의 첫 도전은 첼시였다. 콘테는 3-4-3을 중심으로 클럽 신기록인 13연승을 달성하며 프리미어리그를 제패했다. 선수의 잠재력을 최대한 끌어내는 수완도 발휘했다. 빅터 모제스는 콘테와 만나 경력이 바뀐 선수 중 하나일 것이다. 공격적인 드리블로 두각을 나타냈던 모제스는 이탈리아 명장 아래서 윙백으로 변신했다. 강한 피지컬과 헌신적인 플레이로 측면을 바삐 오가며 첼시에서 빼놓을 수 없는 선수가 되었다.

2019-20시즌 부임한 인테르나치오날레에서 콘테는 두 번째 시즌 세리에 A 우승을 차지했다. 크리스티안 에릭센을 고집스럽게 기용해 끝내 부활시키는 등, 뛰어난 용병술과 다양한 빌드업 전술로 결과를 만들었다. 2021년 여름 인테르와 결별한 뒤, 11월 2일 토트넘 홋스퍼와 계약을 체결해 두 번째 프리미어리그 도전에 나섰다.

안첼로티와 콘테는 해외 리그에서도 성공한 이탈리아 감독 중 최고봉이라 할 수 있다. 레스터시티의 우승 기적을 썼던 클라우디오 라니에리도 간과할 수 없지만, 안정적 결과라는 측면에서는 두 사람이 단연 돋보인다.

갈레오네의 정신을 계승하는 후계자들

조반니 갈레오네의 축구 철학을 잇는 그룹도 이탈리아 지도자계에서는 중요한 비중을 차지한다. 한때 숨은 명장 갈레오네로부터 영향을 받은 지도자들이 이탈리아 무대를 석권했다. 실력을 발휘했던 첫 주자는 막시밀리아노 알레그리다. 바르셀로나를 수차례 봉쇄한 실적이 말해주듯이 알레그리의 최대 무기는 대처 능력이다.

축구가 아무리 예측불허라고 해도, 당시 밀란의 전력으로 리오넬 메시를 앞세운 바르셀로나의 공격을 완벽하게 막을 감독은 흔치 않다. 뛰어난 수비 대응력 위에 선수의 특성에 맞춘 공격 설계도 빼놓을 수 없다. 페널티에어리어 침투력이 뛰어난 케빈 프린스 보아텡의 중용과 중원부터 밀고 올라가는 안토니오 노체리노를 활용하는 공략법 등 알레그리는 다양한 패턴으로 강호를 상대했다.

선입관에 매몰되지 않는 전략의 대표적 사례가 마리오 만주키치의 측면 기용이다. 알레그리가 "갑자기 머리에 떠오른 기발한 방책"이라고 자평했듯이 만주키치는 공중전과 헌신적 플레이를 무기로 측면에서 눈부시게 빛났다. 풀백의 롱볼을 따낸 것은 물론 수비에서는 자기 진영까지 내려와 공간을 커버했다. 팀 동료 조르조 키엘리니는 "수비수인 동시에 미드필더인 그는 포워드로까지 뛰면서 팀을 견인했다"라고 극찬했다. 가족 문제로 빅클럽들의 러브콜을 고사했던 알레그리는 프리미어리그에 도전할 것이란 예상과 달리 2021년 유벤투스로 돌아왔다.

갈레오네 그룹 중에서 전술적 아이디어로 가장 높은 평가를 받는 주인공은 마르코 잠파올로다. 펩 과르디올라의 훈련 방법에 영향을 받았다고 직접 밝히기도 했으며, 삼프도리아에서 매력적인 축구를 보여주었다. 2019년 밀란에서 토리노를 거쳐 2022년 1월 삼프도리아 감독으로 재부임했다.

잔 피에로 가스페리니 역시 갈레오네 축구를 추종한다. 측면에서 삼각형 대형과 일대일 압박을 이용하는 다소 구시대적 시스템을 구사하지만, 2016년부터 지도해온 아탈란타에서 높은 평가를 받는다. 양쪽 측면 공격수들이 넓게 퍼지고 양쪽 윙백은 공격적으로 상대 진영에 침입한다. 센터백 역시 적극적으로 공격에 가담하는 등, 가스페리니의 스타일은 의도치 않게 현대 축구와 겹치는 면을 갖고 있다.

물론 가스페리니 본인의 진화도 간과해서는 안 된다. 선수들을 유동적으로 움직여 좌우 비대칭 로테이션하는 시스템은 유럽에서도 맹위를 떨쳤다. 왼쪽 하프스페이스는 선수를 배치하지 않고 쇄도용 공간으로 활용하는 반면, 오른쪽 하프스페이스에는 요십 일리치치를 배치했다. 천재형 미드필더를 2선 중앙이 아니라 최전방 스트라이커로 기용해 선수의 테크닉을 극대화할 수 있었다. 실력자를 보유한 아탈란타는 챔피언스리그의 다크호스이자 세리에A의 희망이 되었다.

진화해야 할 코베르치아노

많은 명장을 배출했으면서도, 이탈리아 축구계에서 지도자의 세대교체는 정체된 상태다. 이탈리아 대표팀의 로베르토 만치니 감독을 위협할 만한 젊은 지도자가 필요하다. 이탈리아의 지도자 교육 중심지라고 할 수 있는 곳이 피렌체 근교에 있는 코베르치아노다. 이곳을 졸업하면 UEFA프로 자격증을 취득한다. 졸업논문은 서고에 보존되어 일반인도 열람할 수 있다.

코베르치아노의 역사는 1950년대 초반에 시작된다. 이탈리아축구협회가 피렌체 동부에 대지를 매입해 선진 시설을 만들었다. 애초에 축구 선수와 지도자가 다른 스포츠 관계자와 의견을 교환할 장소를 제공하겠다는 목적을 갖고 있었다. 이런 발상은 축구가 노동자의 스포츠라는 배경에서 유래했다. 축구의 발전을 목표로 다른 종목으로부터 학술적 지식을 흡수하겠다는 욕구에서 비롯된 것이다.

코베르치아노는 점차 원래 목적에서 벗어나 이탈리아 대표팀의 합숙 장소로 변모했다. 또 다른 측면이 바로 '지도자 교육 중심지'다. 피렌체에서 운영되는 UEFA프로 자격증 코스는 매년 10월에 시작된다. 7월까지는 강의 수업을 듣고, 9월 최종 시험을 통과해야 한다. 지도자 교육은 톱레벨이지만 강의 시간이 짧은 점은 문제로 지적된다. 전통에 무게를 두는 정책은 좋지만, 경쟁국보다 변화 속도가 느리다는 한계도 안고 있다. 선수 출신자를 우대하는 부분 역시 문제로 지적된다.

분위기 변화가 감지되지만, 이탈리아 지도자 교육은 최근 10년간 변신에 몸부림치고 있다는 표현이 적절할 것이다. 현대 축구에 적응할 기반을 갖추고도 스스로 전통에 발목이 잡히는 모양새다. 이런 상황에서도 젊은 지도자들이 속속 등장하고 있어 이탈리아는 '전술의 나라'로서 재기를 노린다. 뜻을 이루려면 무엇보다 코베르치아노가 진화해야 한다는 과제를 안고 있다.

유럽 밖의 저평가 블루칩

유럽 4대 리그 외에도 세계 곳곳에서 명장 후보들이 실력을 연마 중이다.
존 케네디, 제시 마쉬, 에르난 크레스포, 마르셀로 가야르도 등이
언제 유럽 빅리그 무대에 등장할지 기다리는 것은 흥미진진하다.

존 케네디
John Kennedy

> 셀틱의 본모습을
> 되찾으려는 불굴의 사나이

경력 *Career*

국적	스코틀랜드
생년월일	1983년 8월 18일

선수 경력(DF)

1999-2000~2007-08	셀틱(SCO)
2008-09	노리치시티(ENG)

지도자 경력

2011-12~2018-19	셀틱(SCO) U20 코치
2013-14	셀틱(SCO) U19 감독
2018-19	셀틱(SCO) 코치
2021~	셀틱(SCO) 감독대행

지도자 자격증 *License*

UEFA 프로
2014년 취득
웨일스

UEFA A
시기불명

UEFA B
2009년 취득
스코틀랜드

셀틱에 인생을 바친 사나이

클럽 스태프와 옛 동료들이 하나같이 '장차 셀틱을 책임질 지도자'라고 인정하는 사람이 있다. 불굴의 사나이 존 케네디는 셀틱이라는 클럽에 인생을 바쳤다.

글래스고에서 20km 떨어진 벨쉴에서 태어난 케네디는 어릴 적부터 축구에 빠져 지냈다. 가족 모두가 셀틱을 열광적으로 응원했고, 할아버지인 지미 델라니°는 맨체스터유나이티드와 셀틱에서 뛴 선수였다. 델라니는 날카로운 돌파와 정확한 크로스로 수비수를 괴롭히는 공격수였다. 은퇴

°지미 델라니 | 현역 시절 오른쪽 윙어. 셀틱에서 143경기 68골을 기록했다.

후에도 셀틱의 홈경기를 빠짐없이 챙겼다고 한다.

케네디는 누구보다 셀틱을 사랑했던 할아버지의 영향을 받았다. "여섯 살 때 돌아가셨지만 할아버지는 내게 큰 존재였다. 늘 할아버지처럼 되고 싶다는 생각이 프로선수로 이끈 동기가 되었다."

셀틱 유소년에서 함께 뛰었던 숀 말로니조차 경탄할 만큼 케네디는 빼어난 유망주였다. 유소년 팀에서 1군 훈련에 참여한 횟수가 가장 많았고, 당시 최연소 프로 데뷔° 기록도 세웠다. 실력을 인정받아 2003-04시즌 1군 주전으로 자리 잡아 인상적 경기력을 선보였다. 챔피언스리그 바르셀로나전은 지금까지 회자되는 경기다.

케네디는 세계적 공격수들을 모두 틀어막아 현장에서 2차전을 지켜본 카를로 안첼로티가 영입을 원했을 정도였다. 올드펌 더비°°에서도 활약해 명실상부한 팀의 주축이 되었다. 그러나 국가대표팀 데뷔전에서 비극이 벌어졌다. 루마니아전에서 무릎을 심하게 다친 것이다. 이 한 경기가 케네디의 운명을 뒤흔들었다.

미국의 저명한 의사 리차드 스테드먼 박사°°°는 많은 운동선수를 위기에서 구했지만, 그의 수술도 케네디를 구할 수 없었다. 3년 가까운 재활을 거쳐 복귀했지만, 무릎 부상이 재발했다. 불굴의 정신으로 필드 위에 다시 섰지만 무릎에 달린 폭탄을 제거할 수 없었다. 당장 은퇴해도 이상하지 않을 정도로 연속된 부상에도 불사조처럼 부활을 반복하며 강한 정신력을 보여주었다. 하

°바최연소 프로 데뷔 | 16세 231일
°°올드펌 더비 | 같은 연고지 글래스고의 최대 맞수 레인저스와의 맞대결을 말한다.
°°°리차드 스테드먼 박사 | 박지성의 무릎 수술을 담당하기도 했던 세계적 명의

지만 그는 26세에 은퇴를 결정할 수밖에 없었다. 케네디는 오랜 재활 생활에도 자신을 헌신적으로 지지했던 셀틱 스태프와 서포터즈를 잊을 수 없었다.

아르테타가 생각나는 탁월한 개인 지도

은퇴 후, 케네디는 클럽 스카우트로 제2의 인생을 시작했다. 지도자 자격증을 획득하자 2011-12시즌 셀틱 U19팀 지도를 맡았다. 케네디는 수년간 유소년 감독으로 경험을 쌓은 뒤, '노르웨이 클롭' 로니 데일라 감독에 의해 1군 코치로 승격했다. 이후 브렌던 로저스의 코칭스태프로서 무패 우승의 황금기를 경험했다.

은사 로저스 감독이 레스터시티로 가면서 동행을 제안했지만, 케네디는 셀틱에 남기로 했다. 돌아온 닐 레넌 감독을 어시스턴트코치로서 보좌하며 착실히 단계를 밟았다. 로저스 감독은 "셀틱에 취임할 당시에는 케네디에 대해 몰랐다. 첫 만남부터 훌륭한 지도자라는 사실을 직감했다. 그의 철학은 명확했다. 셀틱을 향한 충성심과 헌신적 자세는 칭찬받아야 마땅하다"라고 평가했다.

옛 동료 말로니는 "선수 개인을 성장시키는 수완이 케네디의 특징"이라고 말한다. 판단력이 돋보였던 센터백 출신답게 수비수 조련에 일가견이 있다. 개인 지도를 직접 경험한 에릭 스비아트첸코°는 이렇게 말한다. "미

°에릭 스비아트첸코 | 덴마크 국가대표 센터백. 2015~18년 셀틱에서 뛰었다.

팅을 하면서 플레이에 대해 피드백을 받았던 것이 기억에 남는다. 태클로 팀을 위기에서 구한 경기 영상을 보면서 태클 타이밍을 칭찬해줬다. 더 나아가 '어떤 포지션에 있어야 태클 상황 자체를 만들지 않을 수 있는지'에 대해서도 논의했다."

세세한 부분까지 파고드는 개인 지도는 아스널의 미켈 아르테타와 닮았다. 소개한 일화는 수비 기술을 조련하는 능력을 강조하지만, 다른 능력도 뛰어나다. 마틴 오닐 감독으로부터 선수를 곁에서 도와주는 관리 방법을 배운 덕분에 의사소통도 중시한다. 훈련장에서는 선수와 열정적으로 의견을 나눈다. 결과적으로 많은 선수가 다양한 의견을 개진해 연대감을 키울 수 있게 된다.

빠른 공격과 대담한 유망주 등용

현지 저널리스트에 따르면, 케네디는 로저스로부터 영향을 받아 4-2-3-1을 선호한다. 전선에서 포지션 체인지를 반복하면서 속도감 있게 공격하는 스타일을 추구한다. 적극적 압박이 그런 공격을 뒷받침한다.

젊은 선수의 발탁도 기대된다. 런던 출신 카라모코 뎀벨레가 가장 눈에 띈다. 유럽 빅클럽도 뜨거운 시선을 보내는 드리블러 뎀벨레를 성장시키는 일이 셀틱의 목표이기도 하다. 같은 10대 나이의 공격수로서 아스널에서 획득한 암스트롱 오코플렉스도 호시탐탐 기회를 노린다. 대담한 유망주 발탁은 유소년 팀 감독 시절의 경험에서 함양된 능력일 것이다. 로저스의 영향을 생각하면, 수비는 하이프레스와 미들프레스를 병용할 것으로 보인다.

아일랜드 국가대표 출신인 대미언 더프는 셀틱에서 코칭스태프로 일하는데, 케네디의 전술 능력을 두고 흥미로운 발언을 남겼다. "전술의 세밀함은 세계 최고 수준일 것이다. 내 경험상 그 수준까지 치밀하게 축구를 생각하는 지도자는 없다. 다른 지도자가 케네디처럼 경기를 이해하기란 불가능하다. 그는 상대 전략을 놓치지 않고 어떻게 대응해야 할지를 재빠르게 판단한다. 그 능력에 공포감마저 든다."

케네디를 돕는 코칭스태프 중에서는 개빈 스트라칸°과 스티븐 맥마너스를 눈여겨볼 만하다. 스트라칸은 닐 레넌 감독이 높이 평가하는 젊은 지도자로서 명장 고든 스트라칸의 아들로 유명하다. 맥마너스는 현역 시절 셀틱에서 주장을 역임한 선수 출신으로 리저브팀에서 승격했다. 케네디와 마찬가지로 센터백이자 셀틱 출신에다 나이 등 여러모로 닮은 구석이 있어 오랜 전우라 할 수 있다. 젊은 지도자들로 구성된 코칭스태프는 셀틱에 새로운 바람을 불어넣고 있다.

2020-21시즌 셀틱은 세트피스에서 다량 실점을 기록하며 숙적 레인저스의 독주를 허용했다. 어려운 시기에 케네디가 감독대행을 맡아 팀을 잘 이끌었다는 평가를 받는다. 2021년 6월 셀틱은 호주 지도자 안제 포스테코글루 감독을 영입해 케네디는 수석코치로 복귀했다. 케네디의 충성심과 젊은 혈기도 좋지만, 아직 때가 아니라는 클럽 수뇌부의 판단으로 보인다.

° 스트라칸 | 스코틀랜드 영웅 '고든 스트라칸'의 아들. 한때 저널리스트로 활동하기도 했다.

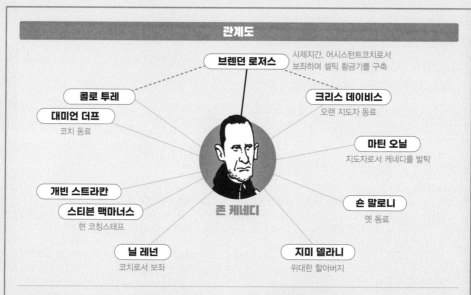

관계도

브렌던 로저스
사제지간. 어시스턴트코치로서
보좌하며 셀틱 황금기를 구축

콜로 투레

대미언 더프
코치 동료

크리스 데이비스
오랜 지도자 동료

마틴 오닐
지도자로서 케네디를 발탁

개빈 스트라칸

스티븐 맥마너스
현 코칭스태프

손 말로니
옛 동료

닐 레넌
코치로서 보좌

지미 델라니
위대한 할아버지

존 케네디

주의(종축) × 단계(횡축)

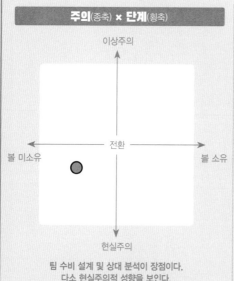

이상주의

전환

볼 미소유 ——————— 볼 소유

현실주의

팀 수비 설계 및 상대 분석이 장점이다.
다소 현실주의적 성향을 보인다.

게임모델

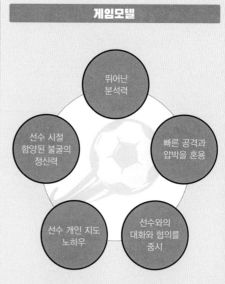

뛰어난
분석력

선수 시절
함양된 불굴의
정신력

빠른 공격과
압박을 혼용

선수 개인 지도
노하우

선수와의
대화와 협의를
중시

미래상

디에고 시메오네 Diego Simeone

장래가 촉망되는 신예였지만 부상 탓에 진가를 발휘하지 못하고 축구화를 벗어야 했다.
이런 경험이 디에고 시메오네처럼 강인한 정신력을 배양했다.
수비 조직 정비에도 정평이 났으며 승리를 향해 돌진하는 스타일이다.

28

제시 마쉬
Jesse Marsch

4-2-2-2와 연동을 중시하는
미국 기대주

경력 Career

국적	미국
생년월일	1973년 11월 8일

선수 경력(MF)

1995-96~1996-97	DC유나이티드(USA)
1997-98~2004-05	시카고파이어(USA)
2005-06~2009-10	치바스USA(USA)

지도자 경력

2009-10~2011-12	미국 국가대표팀 코치
2011-12~2012-13	몬트리올임팩트(CAN) 감독
2013-14~2014-15	프린스턴타이거스(USA) 코치
2015-16~2017-18	뉴욕레드불스(USA) 감독
2018-19	RB라이프치히(GER) 코치
2019-20~2020-21	레드불잘츠부르크(AUT) 감독
2021	RB라이프치히(GER) 감독
2022~	리즈유나이티드(ENG) 감독

지도자 자격증 License

- **UEFA 프로** 2018년 취득 스코틀랜드
- **UEFA A** 2017년 취득 장소불명
- **UEFA B** 2009년 취득 스코틀랜드

프린스턴대학에서 시작된 은사 브래들리와의 인연

미국은 축구 불모지에서 유럽 클럽에 유망주를 수출하는 유망주의 산실로 변모했다. MLS의 발전도 한 가지 요인이겠지만, 영향력의 크기란 면에서 대표팀의 약진을 무시할 수 없다. 컨페더레이션스컵에서 유럽 챔피언 스페인을 꺾었던 경기가 가장 인상적이었다. 2010년 월드컵 조별리그를 통과하는 등, 미국 대표팀은 훌륭한 경기력으로 팬들을 열광시켰다. 그 팀의 지휘관이 바로 밥 브래들리였다.

미국이 자랑하는 명장 브래들리는 브루스 아레나°의 어시스턴트코치로 지

°브루스 아레나 | 미국 국가대표팀에서만 8년간 재임하는 등, 미국에서 가장 성공한 감독 중 한 명이다. 현재 뉴잉글랜드레볼루션 감독

도자 경력을 시작했다. 국내에서 지명도를 높인 브래들리는 미국 국가대
표팀 감독으로 활약했다. 이후 미국인 감독으로는 드물게 해외 도전에 나
섰다. 첫 도전은 이집트 대표팀이었고, 2014년에는 노르웨이 스타백 감독
에 취임해 유럽 클럽의 미국인 감독 1호가 되었다. 프랑스 2부 르아브르에
서는 팀을 승격 직전까지 이끌었다. 2016년에는 프리미어리그 스완지시티
를 맡았다. 결과적으로 단명°했지만, 프리미어리그에서 지휘봉을 잡은 첫
번째 미국인이 되었다.

　"유럽 리그에서 성공하는 미국인 감독이 되겠다"라는 브래들리의 꿈을
이어받은 주인공이 바로 제시 마쉬다. 현재 미국인 지도자 중에서 가장 두
각을 나타내는 마쉬는 브래들리의 애제자로도 유명하다. 두 사람은 프린
스턴대학교 축구부에서 처음 만났다. 브래들리 감독은 당시 골잡이로 활
약했던 마쉬를 영입하려고 손편지를 보내 설득했다고 한다. 마쉬의 공항
도착에 맞춰 직접 운전해 마중을 나갔을 만큼 공을 들였다.

　마쉬의 스트라이커 재능은 브래들리 감독의 철저한 조련 아래서 꽃을
피웠다. 엄격한 피드백으로 성장한 마쉬는 대학 리그 득점왕을 차지했다.
브래들리는 자신이 어시스턴트코치로 합류한 DC유나이티드에 마쉬를 추
천했다. 마쉬는 DC유나이티드에 합류했고, 2년 뒤 시카고파이어스 감독
으로 부임하는 브래들리를 다시 따라갔다.

　두 사람의 절대적 신뢰는 흔들리지 않아 2006년 치바스USA에서 재회했
다. 마쉬는 본인의 현역 시절에 대해 "팀에서 가장 재능 있는 선수는 아니

°단명 | 2016년 10월 3일 감독으로 부임했다가 12월 27일 해임되었다.

었지만 어느 팀에서든 존재감이 있는 선수가 되려고 노력했다"라고 말한다.

브래들리는 마쉬가 선수로 뛸 때부터 지도자로서의 잠재력을 높이 평가했다. 2009년에는 마쉬를 미국 국가대표팀의 스태프로 영입해 경험을 쌓게 했다. 뉴욕레드불스를 MLS 정상으로 이끈 마쉬는 RB라이프치히의 어시스턴트 코치로 합류했다. 브래들리의 길을 잇겠다는 듯이 유럽 도전에 나선 것이다. 레드불 그룹의 랄프 랑닉을 보좌하면서 실력을 검증받은 뒤, 2019년 레드불 잘츠부르크 감독에 취임했다. 유럽 축구 은사인 랑닉에 대해서 마쉬는 "처음에는 스승, 나중에는 아버지처럼 되었다. 나의 상사이자 친구 같은 존재였다"라고 말한다.

챔피언스리그에서 화제가 된 격정의 하프타임 팀토크

2019년 감독으로 부임한 잘츠부르크에서 마쉬는 첫 시즌부터 국내 2관왕을 달성했다. 챔피언스리그에서도 리버풀을 몰아붙여 단숨에 뜨거운 주목을 받았다. 전반전에만 0-3으로 뒤진 경기를 3-3까지 쫓아간 퍼포먼스가 인상적이었다. 하프타임 중 선수들에게 뜨겁게 동기 부여하는 동영상은 마쉬의 지도 스타일을 상징한다. 영어와 독일어를 섞은 '열혈 스피치'로 강호 리버풀을 두려워하는 선수들을 격동시켰다. 마쉬는 본인의 지도 철학을 이렇게 설명한다.

"유럽에서 축구는 '헤엄칠까, 물에 빠질까' 둘 중 하나다. 사람들은 결과만 중시하는 바람에 농락당한다. 하지만 팀은 착실한 성장 과정이 없으면 결과를 남길 수 없다. 그래서 나는 결과 지상주의가 아닌 팀 분위기를 중시한다. 가장 중요한 것은 성장이며 어떤 팀을 목표로 하는지를 공유하는 일이다. 그렇게 파고들면 결과까지 제어할 수 있게 된다. 나도 훈련이나 전술을 좋아한다. 하지만 내가 생각하는 최고의 열쇠는 인간관계다. 내가 유럽에 온 이유는 그런 생각이 톱레벨에서도 통하는지를 확인하고 싶었기 때문이다."

유럽에서 성공과 실패를 모두 겪은 브래들리의 노하우는 마쉬에게 다양한 가르침을 줬다. 스스로 강조하는 요소 중 하나가 적응력이다. 브래들리와 자주 논의했던 마쉬는 언어 소통을 중요한 과제로 받아들였다. 영국에서도 마쉬는 표현과 억양의 차이 탓에 어려움을 겪었다. 그런 문제를 해결하고자 마쉬는 독일어를 열심히 배웠다. 유럽 문화와 가치관도 익혀 자연스럽게 현지 리듬에 적응할 수 있었다.

감독으로서 또 다른 무기는 육성 능력이다. 젊은 선수에게 투자하는 레드불 그룹 철학에 동조해 마쉬는 잘츠부르크에서 많은 유망주를 개화시켰다. 팀 내 다양성을 생각해 아시아 출신 선수들에게도 기회를 부여했다. 미나미노 타쿠미와 황희찬°이 좋은 사례다. 2021년 미국에서 데려온 브렌든 아론슨°°도 기대주 중 하나다.

°미나미노 타쿠미와 황희찬 | 2015년 나란히 잘츠부르크에 합류했다. 미나미노는 리버풀, 황희찬은 울버햄프턴으로 각각 스텝업했다.
°°브렌든 아론슨 | 2000년생 공격형 미드필더. '미국의 카이 하베르츠'로 불린다.

4-2-2-2와 격렬한 압박으로 주도권을 쥐다

RB라이프치히 전임 감독인 율리안 나겔스만처럼 마쉬도 포메이션에 의존하지 않고 유연한 팀을 추구한다. 4-3-1-2와 다이아몬드 4-4-2를 혼용하지만, 그의 철학이 가장 잘 표현되는 포진은 4-2-2-2다. 전방부터 4명이 압박하는 4-2-2-2 포메이션은 사우샘프턴의 랄프 하센휘틀도 채용하고 있다.

압박 단계에서 중시하는 것이 바로 '살Sal 원칙'이다. 뉴욕 시절 지도했던 수비수 살 지조°가 했던 말에서 유래한 표현이다. 지조는 마쉬 축구가 성공하려면 "팀 전체가 연동하는 플레이에 열쇠가 있다"라고 말했다. 첫 번째 선수의 압박 시작에 연동해서 팀 전체가 움직여야 압박이 성립된다는 의미다. 마쉬가 분석 담당자에게 스프린트 데이터를 중심으로 수집하라고 주문하는 이유이기도 하다. 속공 스프린트 횟수와 속도뿐 아니라 첫 번째 선수의 스프린트에 연동해 움직이는 선수의 시점도 데이터화해서 분석된다.

압박 옵션은 주로 두 가지다. 첫째, 투톱이 상대의 횡패스 옵션을 막아 종패스를 차단하는 4-2-2-2다. 두 번째는 2선 중앙이 상대 홀딩미드필더를 맨투맨으로 누르는 4-3-1-2다. 전방 압박으로 볼을 빼앗으면 다이나믹한 전환으로 짧은 역습을 시도한다. 드리블과 대각선 패스를 자주 사용하면서 빠르게 상대 진영으로 침투하는 스타일은 젊은 공격수들의 성장을 촉진한다.

마쉬는 2021년 여름 바이에른뮌헨으로 떠난 나겔스만의 뒤를 이어 RB라

° 살 지조(Sal Zizzo) | 양쪽 윙어로도 뛸 만큼 공격력을 갖춘 라이트백. 2021년 샌디에이고로얄스(미국 2부)를 끝으로 현역 은퇴했다.

이프치히 감독에 부임했지만, 첫 시즌 전반기를 넘기지 못한 채 사임했다. 아쉬움은 컸지만 미국 내에서는 여전히 미래의 미국 대표팀 감독으로 손 꼽히고 있다. 스코틀랜드 클럽°도 관심을 보였는데 2022년 3월 리즈유나 이티드 감독으로 선임되었다.

°**스코틀랜드 클럽** | 명문 셀틱이 마쉬 영입에 관심을 보인다는 보도가 있었다.

관계도

봄 브래들리 선수 및 코치 시절 사제지간

라이프치히에서
어시스턴트코치로서 보좌
랄프 랑닉

잭 로스
스코틀랜드 지도자 코스에서 만나
친분이 있음

사제지간

위르겐 클롭
본인의 축구 철학과 닮았다고
언급하는 존경의 대상

제시 마쉬

마틴 커닝
스코틀랜드 지도자 코스에서
만나 친분이 있음

살 지조
선수로서 마쉬에게
날카로운 조언을 남김

주의(종축) × 단계(횡축)

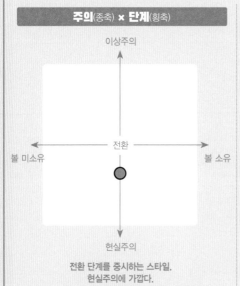

이상주의

볼 미소유 ← 전환 → 볼 소유

현실주의

전환 단계를 중시하는 스타일.
현실주의에 가깝다.

게임모델

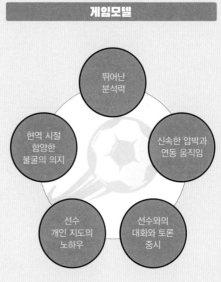

뛰어난
분석력

현역 시절
함양한
불굴의 의지

신속한 압박과
연동 움직임

선수
개인 지도의
노하우

선수와의
대화와 토론
중시

미래상

위르겐 클롭 Jürgen Klopp

강렬한 압박과 격정적인 동기부여 스타일 등. 위르겐 클롭과 공통점이 많다.
팀 전체가 연동하는 압박 전술이야말로 마쉬의 전매특허다.

29

다니 부이스

Danny Buijs

실리주의로 승리를 추구하는
'네덜란드 시메오네'

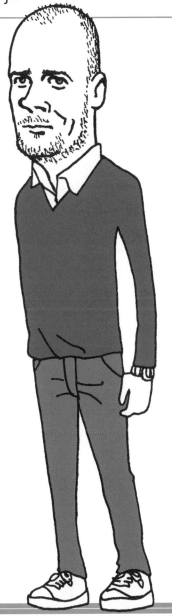

경력 Career

국적	네덜란드
생년월일	1982년 6월 21일

선수 경력(DF)

2001-02~2003-04	엑셀시오르(NED)
2004-05~2005-06	흐로닝언(NED)
2006-07~2008-09	페예노르트(NED)
2008-09~2010-11	ADO덴하흐(NED)
2011-12	킬마녹(SCO)
2012-13	스파르타로테르담(NED)
2013-14~14-15	코자켄보이스(NED)

지도자 경력

2014-15~2015-16	코자켄보이스(NED) 코치
2016-17~2017-18	코자켄보이스(NED) 감독
2018-19~	흐로닝언(NED) 감독

지도자 자격증 License

UEFA 프로
2018년 취득
네덜란드

UEFA A
2016년 취득
네덜란드

UEFA B
시기불명
네덜란드

10대 시절부터 독학한 분석 능력

네덜란드 축구의 기본은 아름다운 패스 연결로 구성된 공격으로 상대를 압도하는 것이다. 그런 전통과 특징을 생각하면 다니 부이스 감독은 다소 이질적 존재다. 철저하게 승리를 추구하는 모습에서 네덜란드 시메오네°라는 별명까지 붙었다. 말 그대로 실리적 접근으로 결과를 만드는 스타일이다. 부이스 스스로 "지는 것이 싫다. 수백 킬로미터나 이동한 원정에서 패하면 기분이 최악이다"라고 말하듯 승리에 올인한다.

현역 시절부터 부이스는 냉철함이 돋보이는 분석가였다. 명문 페예노르트 아카데미에서 10년 동안 실력을 쌓아 유스 팀에 데뷔하려다가 포기했다. 당

°네덜란드의 시메오네 | 자국 언론들은 부이스를 자주 시메오네와 비교한다.

시 1군에는 브렛 에머턴°이 뛰고 있었다. 실력 차이를 냉정히 자각한 부이스는 경쟁에서 이기기 힘들다는 결론을 내렸고 엑셀시오르로 이적해줄 것을 요청했다.

당시 엑셀시오르는 페예노르트 소속 유망주들이 실전 경험을 쌓는 클럽으로 운영되었다. 승산 없는 도전보다 선수로서 성장할 수 있는 길을 선택한 것이다. 클럽이나 에이전트라면 모를까 10대 선수가 냉정하게 자신의 진로를 판단하는 사례는 흔치 않다. 누구보다 본인의 플레이를 정확히 평가하는 능력을 지녔다는 증거다.

원래 풀백으로 축구를 시작했다가 부상 등으로 현역 말미에는 미드필더로 전향했다. 엑셀시오르와 흐로닝언을 거쳐 2006년 친정인 페예노르트로 돌아왔다. 스코틀랜드에서 한 시즌을 보내기도 했던 부이스는 주로 중소형 클럽에서 뛰었다. 코자켄보이스(네덜란드 3부)에서 선수 생활을 마감한 뒤 감독을 맡으면서 지도자로서의 능력을 뽐내기 시작했다. 승률 55%를 기록한 덕분에 네덜란드 축구계에서 인정받아 감독 경력 2년 만에 1부 클럽으로 올라갈 수 있었다. 그것도 자신이 선수로 뛰었던 흐로닝언이다.

갑자기 찾아온 1부 감독 기회에 본인도 놀라워했다. "완전히 다른 세상이다. 사실 코자켄은 아마추어에 가까운데 지금 나는 1부 클럽에 있다. 스태프도 여러 명이 달라붙어 함께 일한다. 일 자체도 흥분된다. 개인적인 성장 면에서도 이렇게 젊은 나이에 1부 감독을 맡은 것은 행운이다."

°브렛 에머턴 | 호주 국가대표로 활약했던 풀백. 적극적인 공격 가담이 장점이었다.

네덜란드 최초의 노트북 감독

부이스를 발탁한 사람은 2017년부터 2년간 흐로닝언에서 테크니컬디렉터로 일했던 론 얀스다. 감독으로 300경기 이상 출전했던 얀스는 2020년 트벤테에서 지휘봉을 잡았다. 당시 새 감독을 찾기 위해 바빴던° 얀스는 부이스의 영입 과정을 이렇게 설명했다.

"코자켄보이스 선수들에게 여러 정보를 얻었다. 동시에 팀 훈련 장면도 관찰했다. 내가 직접 가면 눈에 띌 수 있으니 관계자를 보냈다. 긍정적인 보고가 들어와서 면접을 보기로 했다. 부이스 본인은 '노트북 감독'이 아니라고 생각하는 듯한데, 면접 도중 노트북을 이용해 자기 축구의 비전과 훈련 기법을 설명했다. 성장하고 싶다는 열망이 강해 보였다. 우리가 찾던 인재라는 확신이 들었다."

2018-19시즌 흐로닝언을 맡은 젊은 부이스는 연말 순위가 15위까지 떨어지며 고전했다. 위기에 처한 신임 감독을 구한 주인공이 바로 얀스였다. 겨울 이적시장에서 흐로닝언은 선수를 6명이나 영입해 반등에 성공했고, 결국 리그 8위라는 호성적으로 시즌을 마무리했다. 부이스는 유로파리그 예비 라운드 순위까지 달성한 수완을 인정받아 2020년 2월 재계약에 성공했다.

네덜란드 언론들은 감독 면접 일화를 들며 부이스를 '네덜란드 최초의 노트북 감독'이라고 묘사한다. 3부 시절, 로널드 쿠만이 있던 에버턴을 찾아가 1주일 동안 프리미어리그 클럽의 훈련을 지켜봤다는 일화도 유명하다. 쿠만

°**바빴던** | 당시 얀스는 감독 후보 22명의 면접을 보았다.

282

도 영리하고 의욕적인 부이스에게 흥미를 느껴 훈련 참관을 허락했다고
한다. 비록 지도자 경력의 출발점은 3부였지만, 항상 배우고자 하는 열정
과 톱리그에 도전하겠다는 의지는 결코 뒤처지지 않는다.

아틀레티코를 떠올릴 만한 견고한 4-4-2

4-4-2 포메이션으로 상대 공격에 반응하기보다는, 백패스를 신호로 하
이프레스를 건다는 면에서 확실히 아틀레티코마드리드와 닮았다. 센터포
워드가 상대 센터백을, 양쪽 날개가 상대 풀백을 각각 마크한다. 일대일
대결에서 이기면 단번에 역습으로 전환한다. 공간을 촘촘하게 봉쇄한다는
인식이 강해, 중앙의 패스 줄기를 철저히 막는다. 주요 공격 전술은 역압
박 속공이다.

상대 진영에 롱패스를 넣은 뒤에 전방 압박으로 볼을 회수하는 작전이
효과적이다. 따라서 전방에는 헌신적이고 운동량이 풍부한 선수들을 배치
한다. 팀 주축 수비수로 활약했던 이타쿠라 코°는 적극적인 수비 라인 조
절로 공헌했다. 역압박 단계에서 전후 간 거리를 짧게 유지해 동료들의 세
컨드볼 횟수를 지원했다.

빌드업에서는 센터백이 높은 위치까지 볼을 운반하는 플레이를 선호한
다. 동시에 풀백이 오버랩하므로 빌드업에서는 비교적 리스크를 감수하는

°이타쿠라 코 | 1997년생 일본 수비수. 원래 소속인 맨체스터시티에서 임대되었다. 2021-22시즌은 샬케
임대 중이다.

스타일이다. 2020-21시즌에는 이타쿠라를 중앙에 기용하는 백3 전술도 구사해 빌드업 옵션을 늘리려고 노력했다. 하지만 수비가 어중간해진다는 단점도 발생했다. 2020년 여름 영입한 아리언 로번°은 흥미로운 옵션이었다.

"경력 막바지이기 때문에 로번에 관해서는 서두르지 않는 접근이 중요했다. 90분 풀타임 출전에 적응하기가 쉽지 않은데, 그렇다고 다른 선수들과 똑같이 훈련하면 부상이 온다. 그런 면에서 감독과 코칭스태프는 인내심을 갖고 로번의 컨디션을 최고조로 유지해야 한다."

로번은 클럽과 네덜란드 국가대표팀에서 안쪽으로 치고 들어가 슛을 때리는 패턴으로 결정적 득점을 양산했다. 고국 네덜란드에서 현역을 마무리하려는 로번이 기대만큼 해준다면 흐로닝언의 중위권 탈출도 불가능한 목표가 아니다. 경험에서 우러나오는 긍정적 영향력도 부이스가 기대하는 구석이다.

"라커룸 안에서의 존재감은 당연히 크다. 개인적으로도 로번은 흥미로운 대상이다. 16~17년간 톱레벨에서 뛴 선수는 어떤 마음가짐으로 훈련에 임할까? 어떤 훈련법이 유효할까? 우리로서는 톱레벨에서 통하는 방법들을 배울 기회다."

네덜란드 최초의 노트북 감독은 두 시즌을 통해 훌륭히 신뢰를 쟁취했다. 테크니컬에어리어에서 열정적으로 팀을 이끄는 모습도 인상적이다. 선수들에게는 고강도 훈련을 주문한다. 바우스는 확실한 분석력과 팀을 뛰게 하는 열정적 통솔력을 겸비했다. 조만간 스텝업할 가능성이 엿보인다.

°아리언 로번 | 2021년 7월 현역 은퇴를 선언했다.

관계도

디에고 시메오네
네덜란드 언론은 자주
부이스를 시메오네에 비유함

로날드 쿠만
1주일간 에버턴에 합류해
훈련 견학

론 얀스
부이스를 발탁한
테크니컬디렉터

대니 부이스

알폰스 아츠
흐로닝언 어시스턴트코치,
UEFA프로 자격증 소지자

사샤 마스
2020년 합류한
젊은 골키퍼 코치

주의(종축) × 단계(횡축)

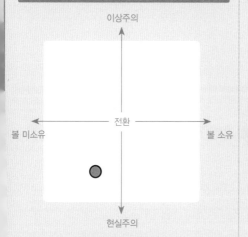

이상주의

볼 미소유 ← 전환 → 볼 소유

현실주의

철저히 승리를 추구한다.
네덜란드에서는 드문 스타일이기 때문에 주목받고 있다.

게임모델

백3를 기본으로
빌드업

흙수저 출신
특유의 생존력

수비 전환과
하이프레스로
상대를 차단

격정적인
동기부여 스타일

거친 충돌도
마다하지 않는
강렬한 캐릭터

미래상

디에고 시메오네 Diego Simeone

철저히 승리를 추구하는 열정적 스타일. 상대 약점을 철저히 공략하는
승부사 타입이다. 디에고 시메오네처럼 톱레벨에서 활약하는 모습을 꿈꾼다.
특히 어린 선수들이 부이스를 존경한다.

세바스티아노 포체티노
Sebastiano Pochettino

현대 이론에서 아버지를
넘어선 피지컬 전문가

경력 Career	
국적	아르헨티나
생년월일	1995년 1월 24일
선수 경력	없음
지도자 경력	
2016~2020	토트넘홋스퍼(ENG) 피지컬코치
	*2019년까지는 스포츠과학팀
2021~	파리생제르맹(FRA) 피지컬코치

지도자 자격증 License

*전문 분야가 피지컬코치여서 지도자 자격증이 아니라 컨디
셔닝 계통의 자격증 보유

학술 지식을 갖춘 피지컬 전문가

마우리시오 포체티노는 토트넘홋스퍼를 장기간 이끄는 동안 팀에 공격적
인 축구 스타일을 심었다. 2016년 포체티노는 당시 22세였던 아들 세바스티
아노를 스포츠과학팀 스태프로 발탁했다. 압도적으로 어린 나이는 프리미어
리그에서도 최연소였기에 주목받았다.

부친 마우리시오는 "토트넘 선수들과 멋진 관계를 유지하고 있다. 내 아들

286

이라서가 아니다. 어디까지나 그는 세바스티아노다. 선수들도 그를 스태프 중 한 명으로서 존중한다. 장차 내가 아닌 다른 감독과도 일하리라 생각한다. 그러므로 내 아들로서 평가되는 것은 의미가 없다"라고 말한다.

부친의 엄격함은 현지 기자 기엠 발라게°도 인정하는 부분이다. 마우리시오는 모든 스태프에게 최선을 다하는 자세를 요구한다. 실력을 갖춘 사람만 뽑는 것은 물론이다. 아들이라고 해도 편애 없이 여타 스태프와 동등하게 대한다. 세바스티아노도 주어진 과업을 훌륭히 달성했기에 어린 나이에 인정을 받고 있다. 토트넘에서는 교체 선수의 워밍업을 지원°°하는 등 열정적으로 팀을 돕고 있다.

바르셀로나에서 태어난 세바스티아노는 아르헨티나와 스페인의 이중국적 보유자다. 카탈루냐어와 스페인어를 유창하게 구사할 뿐 아니라 영어와 불어 소통도 가능하다. 그리스어와 이탈리아어도 어느 정도 할 줄 안다고 한다. 걸출한 커뮤니케이션 능력으로 케임브리지대학교 영어 검정시험에도 합격했다.

세바스티아노는 스페인에서 유년 시절을 보내고 2013년 잉글랜드 사우샘프턴의 솔렌트대학에 입학했다. 축구 지도자 과정으로 유명한 학교다. 이곳에서 스포츠과학을 전공했는데, 그중에서도 컨디셔닝 분야에 큰 관심을 뒀다고 한다. 스포츠심리학과 운동생리학 지식을 배우면서 선수를 지원하는 부분을 파고들었다. 인턴십을 통해 많은 프로선수를 돕는 경험을

° **기엠 발라게** | 바르셀로나와 런던을 거점으로 활동하는 스페인 출신 저널리스트. 주로 잉글랜드와 스페인의 기사를 담당한다. 펩 과르디올라의 자서전을 집필한 것으로 유명하다.
°° **워밍업을 지원** | 초기에는 선수의 워밍업만 맡았지만, 서서히 코칭스태프의 메시지를 전달하는 등 역할을 넓히는 중이다.

쌓아 수석으로 학업을 마쳤다. 전공 교수들도 그의 재능을 높이 평가한다.

프로로 일하면서 명문 파리-사클레대학교에서 석사 과정을 밟고 있다. 학술 지식 면에서는 부친을 압도한다. 세바스티아노는 마우리시오의 파리생제르맹 감독 부임에 맞춰 코칭스태프에 합류했다. 유창한 불어 능력으로 선수, 스태프와 의사소통을 하는 모습에 현지 언론도 놀라워했다. 발라게는 세바스티아노의 성격에 대해 이렇게 설명한다. "그의 인간적 매력은 겸손함과 차별 없이 상대를 대하는 의사소통 능력이다. 저널리스트에게도 친절하다. 평소에도 인사를 잊지 않는다. 어린 나이에도 성숙한 인성을 갖췄다는 사실을 알 수 있다."

요리스의 경기력을 끌어올린 골키핑 훈련

그라운드 밖에서는 선수들과 친구처럼 지내지만, 훈련 중에는 누구보다 진지하다. 파리생제르맹에서는 워밍업의 강도를 중시한다. 마우리시오는 선수들에게 "더 강하게 붙어!"라고 소리치고, 그 옆에서 세바스티아노도 선수를 격려한다. 압박 강도를 요구하는 스타일인 만큼 선수들의 컨디셔닝이 열쇠가 된다. 수면 연구에도 정통한 덕분에 선수들의 생활 습관° 면에서도 여러 가지 조언을 할 것이다. 많은 학술 세미나에서 발표도 하는 등, 지도자계의 관심을 받고 있다.

°생활 습관 | 토트넘에서는 선수 컨디션을 검사하기 위한 타액검사를 도입했다.

토트넘 시절 위고 요리스의 경기력을 향상시킨 '골키퍼 맞춤형 피지컬 트레이닝'은 세바스티아노의 방법론을 단적으로 보여준다. 우선 골키퍼가 갖춰야 할 능력을 세밀하게 분석하고, 어느 근육 부위를 쓰는지를 파악한다. 세이브에 필요한 움직임을 세분화해서 최종적으로 훈련을 설계한다. 피트니스 훈련에서는 필요한 근육만 단련할 수 있지만, 실제 기술 훈련에서는 종합적인 움직임이 필요하기 때문이다.

또한 훈련에서는 단순한 반복을 피해야 한다. 현대적 훈련 이론을 공부한 세바스티아노는 다양성과 부하를 조절해 단독 세션에서 선수가 따분함을 느끼지 않도록 한다. 물론 훈련을 진행하면서 나타나는 문제는 실시간으로 해결해 나간다.

아직 세바스티아노는 피트니스 전문가로 일하고 있어 장차 부친처럼 축구 감독의 길을 갈지는 미지수다. 하지만 루이 파리아처럼 피지컬 전문 지식을 갖춘 감독의 수요도 높아지고 있다. 어린 나이에 귀중한 경험을 쌓고 있어 향후 훌륭한 지도자로 성장할 가능성이 있다.

마우리시오 포체티노
아버지 겸 스승.
견고한 신뢰 관계를 유지 중

헤수스 페레스
마우리시오 포체티노의 오른팔로
알려진 스페인 출신 코치

미겔 다고스티노
마우리시오 포체티노의
오랜 코치

세바스티아노 포체티노

토마스 레이살스
2016-17시즌부터 파리생제르맹 유소년을
총괄하는 젊은 지도자

주의(종축) × 단계(횡축)

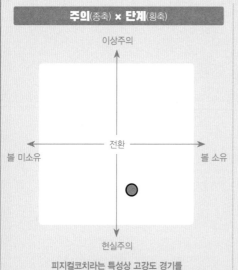

이상주의

전환

볼 미소유 ← → 볼 소유

현실주의

피지컬코치라는 특성상 고강도 경기를
선호할 것으로 추정된다.

게임모델

피지컬
분야 지식

부친으로부터
물려받은
의사소통 능력

현대적
훈련 이론에
정통

대학 졸업
후에도 배움을
이어 가는 노력

미래상

마우리시오 포체티노 Mauricio Pochettino

본인이 축구 감독이 되길 원하는지는 불확실하지만,
장래 목표는 위대한 아버지 마우리시오 포체티노일 것이다.
뛰어난 의사소통 기술을 무기로 아버지처럼 선수에게 존경받는 존재가 될 수 있을까?

티에리 앙리
Thierry Henry

경력 Career

국적	프랑스
생년월일	1977년 8월 17일

선수 경력(FW)

1994-95~1998-99	모나코(FRA)
1998-99	유벤투스(ITA)
1999-2000~2006-07	아스널(ENG)
2007-08~2009-10	바르셀로나(ESP)
2010~2011	뉴욕레드불스(USA)
2011-12	아스널(ENG)
2012~2014	뉴욕레드불스(USA)

지도자 경력

2016	아스널(ENG) U18 코치
2016~2018	벨기에 국가대표팀 코치
2018-19	모나코(FRA) 감독
2019-2021	몬트리올임팩트(CAN) 감독
2021~	벨기에 국가대표팀 코치

아르센 벵거가
총애한 제자

지도자 자격증 License

UEFA 프로
2018년 취득
웨일스

UEFA A
2016년 취득
웨일스

UEFA B
2015년 취득
웨일스

벵거가 인정한 독보적 스트라이커

프랑스 국가대표팀이 자랑하는 전설적 스트라이커 티에리 앙리는 지도자로서 기쁨과 슬픔을 모두 맛보면서 새로운 도전을 이어가고 있다. 파리 근교 레쥴리에서 자란 앙리는 클레르폰테인에서 영재 교육을 받은 선수 중 한 명이다. 16세 나이로 모나코°에 입단해 유소년 팀에서 재능을 인정

°모나코 | 1987년부터 1994년까지 7년간 몸담았다. 1993-94시즌에는 챔피언스리그 준결승에 진출했다.

받았다. 당시 모나코를 이끌던 아르센 벵거 감독은 어린 천재의 능력을 놓치지 않았다. 젊은 선수의 잠재력을 꿰뚫어보는 눈이 뛰어났던 벵거와의 만남은 앙리의 경력에 큰 영향을 미친다.

프랑스에서 실력을 인정받은 앙리는 모나코에서 이탈리아 유벤투스로 이적한다. 전술의 나라를 새로운 도전 무대로 삼고자 했던 판단은 냉혹한 현실에 부딪혔다. 카를로 안첼로티 감독은 당시 "앙리는 자신이 레프트윙이 아니라는 사실을 깨닫지 못했다"라고 말했다. 끊임없는 전후진 움직임이 필요한 측면 공격수 포지션은 앙리의 공격 센스를 제한했다. 엄격한 팀 전술에 얽매이자 앙리는 빛을 잃었고 결국 벤치로 밀려났다.

하지만 구원의 손길이 날아왔다. 모나코 시절 은사였던 벵거였다. 아스널에서 새롭게 지휘봉을 잡은 벵거는 앙리가 꼭 필요하다고 판단했다. 곧 팀을 떠날 니콜라스 아넬카의 후임으로 전방에서의 공격을 맡기려 한 것이다. 앙리는 "마치 학교로 돌아가서 스트라이커의 아름다움을 다시 배우는 것 같았다"라고 말했다. 그의 말대로 그는 아스널에서 다시 태어났다.

벵거의 신뢰에 보답이라도 하듯 앙리는 활짝 개화했다. 9번 재능에 눈을 뜨자 2001-02시즌 24골로 득점왕에 등극했다. 2002-03시즌에 득점왕 경쟁에서는 밀렸지만 득점 수를 24골로 유지했다. 무엇보다 도움을 20개나 기록해 역대 최다 기록을 작성했다. 2003-04시즌에도 앙리는 에이스로서 아스널 황금기를 견인했다. 팀 득점의 약 40%에 해당하는 30골을 기록해 득점왕 타이틀을 차지했다. 무패 우승 신화를 쓴 아스널에서 앙리는 스루패스 공급자 데니스 베르캄프와 함께 최고의 공격 콤비를 이뤘다.

아스널에서 찬란한 한 시대를 마감한 앙리는 2007년 바르셀로나로 이적했다. 아스널에서는 에이스였지만, 새 팀에서는 절대적 존재 리오넬 메시를 돕는 역할°을 맡아야 했다. 최고의 감독 펩 과르디올라와 인연도 쌓을 수 있었다. 2008-09시즌 31세가 된 앙리는 측면을 맡아 세계적 공격진을 적확하게 지원했다. 시즌 초반에는 주전 자리를 놓고 치열하게 경쟁해야 했지만, 결국 19골로 시즌을 마무리하며 자신의 실력을 보여주었다. 말년에는 뉴욕레드불스를 첫 우승으로 이끄는 활약을 펼쳤다.

선수 시절 명성만 못한 지도자 행보

현역 은퇴 후 앙리는 영국 「스카이스포츠」의 해설위원으로 변신했다. 주로 과르디올라의 축구를 구체적으로 설명해 많은 시청자들에게 사랑받았다. 지도자 교육 중심지인 웨일스에서 UEFA-A 자격증도 취득했다. 동세대 지도자들과 다양한 의견을 나누며 새로운 관점을 습득해 나갔다.

2016년 8월 벨기에 국가대표팀의 어시스턴트코치로 임명되어 로베르토 마르티네스 감독으로부터 지도 이론을 흡수했다. 마르티네스는 앙리의 고지식한 성격에 대해 호평했다. 2018-19시즌 도중에 친정인 모나코 감독에 취임했지만 참담한 결과°°만 낳았다. 4-4-2, 4-2-3-1, 4-3-3 포메이션을 혼용했는데 결과적으로는 기본 틀을 안정화하는 데에 실패했다.

°**돕는 역할** | 공간 쇄도, 측면에서 시간 끌어주기 등 바르셀로나에서 플레이의 폭을 넓혔다.
°°**참담한 결과** | 부임한 지 3개월 만에 해임되었다.

과르디올라처럼 자기 진영부터 빌드업해서 전진하는 시도도 상대 전방압박의 먹잇감이 되었다. 후방부터 볼이 올라오지 않자 전방에 있어야 할 라다멜 팔카오까지 볼을 받으러 내려와야 했다. 결국, 전방에 에이스 골잡이가 사라진다는 문제가 발생했다.

몬트리올임팩트에서는 백3을 기본으로 하는 점유 스타일을 시도하기도 했다. 2021년 개인 사정으로 감독직에서 물러난 앙리는 다시 마르티네스 감독의 벨기에 대표팀 코칭스태프로 합류했다. 이름값이 워낙 커서 앙리를 감독으로 영입하려는 클럽이 적지 않다. 하지만 아직 감독으로서는 이렇다 할 성과를 내지 못하고 있다.

아르센 벵거

사제지간

로베르토 마르티네스
벨기에 대표팀에서
코치로서 보좌 중

펩 과르디올라

사제지간

파트리크 비에이라
아스널 시절 동료

숀 말로니
벨기에 대표팀
코칭스태프 동료

티에리 앙리

데니스 베르캄프
아스널에서 투톱으로 뛰었던
옛 동료

제이미 캐러거
TV 해설위원 시절 동료

주의(종축) × 단계(횡축)

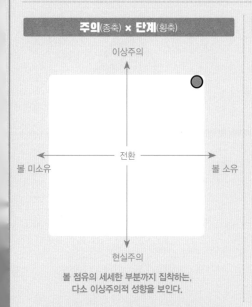

이상주의

전환

볼 미소유 ↔ 볼 소유

현실주의

볼 점유의 세세한 부분까지 집착하는,
다소 이상주의적 성향을 보인다.

게임모델

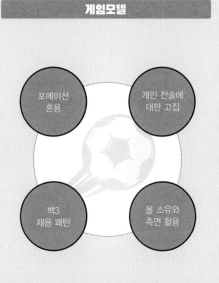

포메이션
혼용

개인 전술에
대한 고집

백3
채용 패턴

볼 소유와
측면 활용

미래상

지네딘 지단 Zinedine Zidane

선수 시절의 명성이 오히려 족쇄로 작용하는 상태.
지단처럼 과감한 결단력으로 승부하는 모습을 터득해야 한다. 세세한 개인 지도는
호평받지만 그 부분만 고집하지 말고, 감독으로서 단계를 밟아 나가야 한다.

파트리크 비에이라
Patrick Vieira

경력 *Career*

국적	프랑스
생년월일	1976년 6월 23일

선수 경력(MF)

1993-94~1995-96	칸(FRA)
1995-96	밀란(ITA)
1996-97~2004-05	아스널(ENG)
2005-06	유벤투스(ITA)
2006-07~2009-10	인테르나치오날레(ITA)
2009-10~2010-11	맨체스터시티(ENG)

지도자 경력

2011-2012	맨체스터시티(ENG) 아카데미 코치 겸 매니저
2013-2015	맨체스터시티(ENG) 리저브팀 감독
2015-16~2017-18	뉴욕시티(USA) 감독
2018-19~2020-21	니스(FRA) 감독
2021~	크리스털팰리스(ENG) 감독

역경을 뚫고 프리미어리그로
돌아온 사나이

지도자 자격증 *License*

UEFA 프로
2015년 취득
웨일스

UEFA A
2013년 취득
웨일스

카펠로와 벵거가 키운 신세대 미드필더

아스널의 무패 우승 멤버 중에서도 파트리크 비에이라는 상대 중원을 압도적 피지컬로 제압했다. 전방에서는 데니스 베르캄프와 티에리 앙리가 꾸민 절대적 투톱이 득점을 양산했다. 오른쪽 측면에서 프레드릭 융베리가 빠른 드리블로 상대 수비를 뚫었고, 왼쪽 측면은 로베르 피레스가 안쪽으로 포지션을 이동하면서 적극적으로 득점 기회를 만들었다.

화려한 공격진을 뒤에서 지원했던 주인공이 비에이라와 지우베르투 시우바였다. 요즘 축구에도 충분히 통용될 만큼 시대를 앞서갔던 중앙 조합이야말로 아스널이 무패 우승 신화를 쓸 수 있었던 밑거름이었다. 특히 비에이라는 아스널에서 활약했던 당시부터 최고 수준의 피지컬과 테크닉을 겸비해 '신세대 미드필더'로 불렸다.

세네갈의 수도 다카르에서 태어난 비에이라는 가봉 출신 아버지와 헤어진 어머니를 따라 프랑스로 건너갔다. 할아버지가 프랑스 군대에 복역한 경험이 있어, 비에이라는 프랑스 국적을 받을 수 있었다. 유소년 육성으로 유명했던 칸에서 17세에 프로로 데뷔했고, 19세에 이미 주장 완장을 찰 정도로 에이스가 되었다.

1996년 이적한 밀란에서는 주로 리저브 팀에서 뛰었다. 당시 1군에는 프랑스 국가대표로도 활약했던 수비 달인 마르셀 드사이가 있었다. 파비오 카펠로 당시 감독이 수비적 전술을 중시하는 바람에 어린 비에이라는 출전 기회를 얻기 어려웠다. 그래도 선수 본인은 당시를 긍정적으로 회상한다.

"멋진 경험이었다. 알레산드로 코스타쿠르타, 로베르토 바조, 조지 웨아 같은 선수와 뛰는 상황 자체가 소년 시절로 돌아간 듯했다. 카펠로 감독의 전술 훈련도 수준이 높았다. 전술 훈련에서는 마르셀 드사이와 데메트리오 알베르티니가 같은 포지션이었기 때문에 두 사람으로부터 기술적 부분에 대해 많이 배웠다."

2003년부터 2006년까지 비에이라는 아스널의 주장, 프랑스 대표팀°의

°프랑스 대표팀 | 1997년 처음 소집되어 A매치 107경기 8골을 기록했다.

주축으로 활약했다. 이탈리아 유벤투스로 이적해서는 스쿠데토 획득에도 공헌했다. 갈치오폴리 스캔들로 유벤투스가 2부로 강제 강등되자 비에이라는 인테르나치오날레로 자리를 옮겼다.

2010년에는 맨체스터시티에 합류해 은퇴 후 지도자의 길로 들어섰다. 맨시티 아카데미의 코치로 출발했고, 2013년 리저브 감독으로 승격했다. 시티 풋볼그룹 안에서도 유망한 지도자로 평가받아 뉴욕시티의 지휘봉을 잡는 등, 클럽이 꾸준한 성장 기회를 제공했다.

미국에서 성공했지만 고국 프랑스에서는 좌절

비에이라는 앙리와 함께 웨일스에서 지도자 자격증을 취득했다. 축구 스타일은 빌드업에 무게를 둔다. 안드레아 피를로가 있었던 뉴욕시티는 자기 진영부터 골키퍼까지 관여하는 패스워크로 상대 압박을 벗어나려고 노력했다.

당시 팀의 키플레이어는 잉글랜드 출신 윙어 잭 해리슨°이었다. 현재 리즈 유나이티드에서 뛰는 해리슨은 압도적 돌파력으로 측면 공격을 주도했다. 비에이라는 위험 부담을 감수하는 용맹한 공격을 펼쳐 MLS에서 충분한 실적을 남겼다. 맨투맨으로 들어가는 하이프레스도 파괴력이 발군이었다. 특히 빌드업이 정비되지 않은 팀은 뉴욕시티를 상대로 애를 먹곤 했다.

지도자로서 착실히 올라간 비에이라는 2018년 프랑스 니스 감독으로 취임

°잭 해리슨 | 주로 왼쪽 측면에서 뛴다. 2018년 리즈에 합류해 2020년 프리미어리그로 승격했다.

했지만, 높아진 경기 수준에 적응하지 못했다. 포메이션을 결정하지 못한다는 점이 첫 번째 걸림돌이었다. 감독의 혼돈은 그대로 팀 전체에 퍼졌고, 선수들은 "승리 공식을 볼 수 없다"라며 감독을 비판했다.

비에이라는 스쿼드가 충분하지 못한 니스에서 자신이 추구하는 이상적 축구 철학을 심지 못했다. 결국 현실과 이상 사이에서 균형을 잡지 못한 채 해임되고 말았다. 하지만 주력 선수가 다수 팀을 떠났다는 사실을 생각하면 시즌 7위는 그리 나쁜 성적이 아니었다.

2021년 여름 비에이라는 런던을 연고로 하는 프리미어리그 클럽 크리스털팰리스에서 유럽에서의 두 번째 기회를 잡았다. 그동안의 경험 덕분인지 니스에서보다는 나아진 모습으로 팀을 이끌고 있다. 리그 중반으로 접어드는 2021년 12월 현재, 팰리스는 10~11위권을 유지하고 있다. 비에이라는 이탈리아 카타냐에서 실패한 뒤, 아틀레티코마드리드에서 대성공을 거둔 디에고 시메오네의 사례를 참고하는 것이 좋을 것이다.

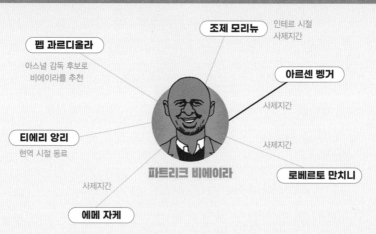

펨 과르디올라
아스널 감독 후보로
비에이라를 추천

조제 모리뉴
인테르 시절
사제지간

아르센 벵거
사제지간

사제지간

티에리 앙리
현역 시절 동료

로베르토 만치니

사제지간

파트리크 비에이라

에메 자케

주의(종축) × 단계(횡축)

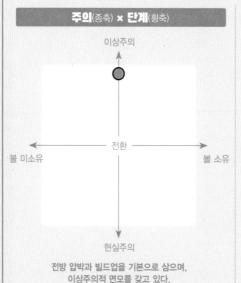

이상주의

볼 미소유 ← 전환 → 볼 소유

현실주의

전방 압박과 빌드업을 기본으로 삼으며,
이상주의적 면모를 갖고 있다.

게임모델

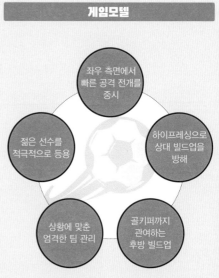

좌우 측면에서
빠른 공격 전개를
중시

젊은 선수를
적극적으로 등용

하이프레싱으로
상대 빌드업을
방해

상황에 맞춘
엄격한 팀 관리

골키퍼까지
관여하는
후방 빌드업

미래상

조제 모리뉴 José Mourinho

시티풋볼그룹 소속인 데다 웨일스에서 지도자 자격증을 취득해
'현대적 포지셔널 플레이'를 추구할 것처럼 보이지만, 플레이스타일과 관리 기법은
조제 모리뉴 쪽에 가깝다. 과연 프랑스에서 맛본 실패를 잉글랜드에서 만회할 수 있을까?

숀 말로니
Shaun Maloney

현실주의를 추구하는
마르티네스의 오른팔

지도자 자격증 License

UEFA 프로
2020년 취득
스코틀랜드

UEFA A
선수시절 취득

UEFA B
선수시절 취득

마르티네스와 만나 위건의 심장이 되다

숀 말로니는 말레이시아°에서 태어나 다섯 살 때 스코틀랜드 에버딘으로 이주했다. 발재간을 인정받아 셀틱에 입단했지만, 명문 클럽의 치열한 주전 경쟁에 막혀 출전 기회를 얻지 못했다. 부상 등 불운까지 겹쳐 2005-06시즌에야 재능을 꽃피울 수 있었다. 당시 고든 스트라칸 감독 아래서 레프트윙어

°말레이시아 | 헬리콥터 조종사였던 부친이 일했던 말레이시아 보루네오섬의 미리에서 출생했다.

로 보직을 변경한 말로니는 최고의 활약을 펼쳤다. 시즌 종료 후 PFA 선정 '스코틀랜드 올해의 선수', '스코틀랜드 올해의 영플레이어'를 차지했다.

빛나는 성취로 축구계에 이름을 알린 말로니는 애스턴빌라에서 첫 빅리그 도전에 나섰다. 하지만 향수병 등의 악재가 겹쳐 두 시즌을 끝으로 친정 셀틱으로 돌아왔다. 마음의 고향에서 자신감을 되찾은 말로니는 2011년 위건애슬레틱 이적에 성공했다. 이곳에서 그의 경력에 큰 변화가 일어난다.

스페인 출신 로베르토 마르티네스 감독은 부상으로 고생하던 말로니가 컨디션을 정비할 수 있도록 시간을 주었다. 말로니는 서서히 팀의 중심 선수로 자리 잡았다. 왼쪽 윙어 포지션에서 중앙으로 들어가는 섀도우스트라이커, 중원 아래쪽으로 내려와 수비를 돕는 역할 등 다방면으로 공헌했다. 마르티네스 감독의 점유 스타일에 적응한 말로니는 패스플레이의 심장 역할°을 해냈다.

위치 선정이 정확했던 말로니는 적은 볼터치로 팀을 움직일 수 있었기에, '프리미어리그에서 스페인 축구에 가장 잘 적응한 스코틀랜드 선수'라는 호평도 받았다. 위건으로서는 빼놓을 수 없는 플레이였다. 왼쪽 윙백으로 뛴 칠레 국가대표 출신 장 보세주르와의 콤비네이션은 팀 공격을 조율하는 옵션이었다. 말로니는 키가 작았지만 속도와 힘을 앞세운 상대 수비수들을 괴롭혔다. 민첩한 플레이와 빠른 판단도 발군이었다. 중거리슛이나 정확한 프리킥으로 득점을 노리는 능력까지 지녀 승부처에서 중요한 골을 만들었다.

°**심장 역할** | 위건은 반대 측면에 드리블러인 빅터 모제스를 자주 기용했기 때문에 말로니는 볼을 지켜 내면서 팀플레이의 기점 역할을 했다.

포지셔널 플레이를 상대에 맞춰 조정하는 현실 감각

현역 은퇴 후, 말로니는 브렌던 로저스가 있는 셀틱의 U20 감독으로 취임했다. 2018년에는 마르티네스 감독의 제안으로 벨기에 대표팀 코칭스태프에 합류했다. 두 사람은 2018러시아월드컵에서 벨기에의 호성적을 만들었다.

지도자 말로니가 중시하는 철학은 포지셔널 플레이다. 현역 시절 마르티네스로부터 배운 축구를 계승해 "포지셔널 플레이 원칙에 의거한 매력적인 축구를 추구한다"라고 설명한다. 위건 시절부터 마르티네스와 말로니는 전술론을 주제로 대화를 나눴다. 특히 선수인 말로니가 감독인 마르티네스에게 많은 질문을 했다고 한다.

당시 경험은 그가 지도자의 길로 들어선 계기가 되었다. 요한 크루이프의 이름을 딴 '요한 크루이프 인스티튜트'가 운영하는 온라인 과정도 수료했고, 스포츠 경영까지 독학하면서 쌓은 식견°을 코칭 현장에서 살리고 있다.

마르티네스의 축구 철학을 생각하면, 포지셔널 플레이를 바탕으로 유연하게 상대에 맞춰 조정하는 부분이야말로 지도자로서의 말로니 축구의 무기다. 위건 시절에는 '약체 포지셔널 플레이'를 정착시켜 백5 수비 중심으로 공간을 없애는 현실적 전술을 채용했다. 벨기에 대표팀에서는 브라질을 상대로 뒤로 물러나면서 역습을 노리는 현실적 접근으로 승리를 쟁취

°식견 | 다양한 스포츠 경영 전문가가 진행하는 강연을 청취했다.

했다. 볼 소유를 중심으로 하면서, 현실적으로는 상대를 분석해 대응법을 바꾸는 균형 감각이야말로 말로니 축구의 본질이다. 실제로 말로니는 "공수를 분리해 생각하면 큰 실수"라면서 공수 양면에서의 균형 감각을 중시한다.

그는 벨기에 대표팀 코치로 일하면서 '세계 최고 선수들을 지도한다'라는 귀중한 경험을 쌓고 있다. 특히 로저스와 마르티네스가 공통적으로 지닌 선수들과의 의사소통 능력은 그에게 좋은 공부가 되고 있다. 말로니 본인도 "로저스와 마르티네스는 감독으로서의 의사소통 능력이 뛰어나서 정말 많이 배운다"라고 말한다.

2021년 12월 말로니는 벨기에 대표팀에서 톱플레이어들을 지도°한 경험을 인정받아 스코틀랜드 1부 히버니언 감독으로 부임했다. '벨기에의 두뇌'로 불렸던 지능형 지도자 말로니가 첫 감독 도전에서 어떤 결과를 남길지 기대된다.

°**톱플레이어들을 지도** | 특히 케빈 더브라위너를 지도하면서 톱플레이어가 갖춰야 할 자질을 재확인했다고 말한다.

관계도

위르겐 클롭
사제지간.
챔피언스리그 우승 멤버

로베르토 마르티네스
사제지간.
선수 관리 요령을 배움

요한 크루이프
사제지간

펩 과르디올라
포지셔널 플레이 중시

숀 말로니

티에리 앙리
벨기에 대표팀에서 함께
코치를 경험

존 케네디
현역 시절 동료

크리스 데이비스
셀틱 시절 동료

주의(종축) × 단계(횡축)

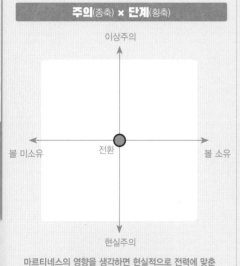

이상주의

볼 미소유 ← 전환 → 볼 소유

현실주의

마르티네스의 영향을 생각하면 현실적으로 전력에 맞춘
스타일을 선택할 것이다.

게임모델

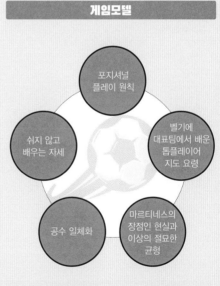

포지셔널
플레이 원칙

벨기에
대표팀에서 배운
톱플레이어
지도 요령

마르티네스의
장점인 현실과
이상의 절묘한
균형

공수 일체화

쉬지 않고
배우는 자세

미래상

마우리시오 포체티노 Mauricio Pochettino

포지셔널 플레이를 바탕으로 한 철학과 유연성을 적절히 조화하는 스타일이다.
선수단 관리 능력을 중시하는 자세도 마우리시오 포체티노를 떠올리게 한다.

34

에르난 크레스포

Hernán Crespo

상대 횡패스 봉쇄에 능한
개화 직전의 돌격대장

경력 *Career*	
국적	아르헨티나
생년월일	1975년 7월 5일

선수 경력(FW)

1993-94~1995-96	리버플레이트(ARG)
1996-97~1999-2000	파르마(ITA)
2000-01~2001-02	라치오(ITA)
2002-03	인테르나치오날레(ITA)
2003-04	첼시(ENG)
2003-04~2004-05	밀란(ITA)
2005-06	첼시(ENG)
2006-07~2008-09	인테르나치오날레(ITA)
2009-10	제노아(ITA)
2009-10~2011-12	파르마(ITA)

지도자 경력

2014-15	파르마(ITA) U19 감독
2015-16	모데나(ITA) 감독
2018-19	반필드(ARG) 감독
2019-20~2020-21	데펜사-이-후스티시아(ARG) 감독
2021	상파울루(BRA) 감독
2022~	알두하일(QAT) 감독

지도자 자격증 *License*

UEFA 프로
2013년 취득
이탈리아

UEFA A
불명

UEFA B
불명

'세상에서 가장 사랑하는' 파르마에서 지도자 경력 시작

2002년 한일 월드컵이 다가올 무렵, 아르헨티나 대표팀을 이끌던 마르셀로 비엘사 감독은 고민에 빠졌다. '최전방 스트라이커 자리에 누구를 세울 것인가' 하는 것이었다. 과거 2개 대회에서 에이스로 활약했던 가브리엘 바티스투타는 서서히 체력이 떨어진다는 지적을 받고 있었고, 젊은 에르난 크레스포는 당시 세계 최강 리그로 여겨지는 이탈리아 세리에A에서 활약 중이었다.

비엘사는 바티스투타를 주전으로 선택했지만, 결과적으로 그 판단은 실패였다. 언론의 우승 후보로 손꼽혔던 아르헨티나는 조별리그 탈락이란 대굴욕을 맛봤다. 세대교체 필요성을 남기고, 아르헨티나가 배출했던 골잡이 바티스투타는 쓸쓸히 대표팀을 떠나야 했다. 팬들의 눈길은 후계자

크레스포에게 향했다.

크레스포는 유소년 때부터 몸담았던 리버플레이트에서 프로로 데뷔했다. 프로의 세계는 초년생에게 친절하지 않았다. 당시 감독이었던 다니엘 파사레야의 발탁 덕분에 데뷔 시즌은 순조롭게 흘러가 주로 '슈퍼서브' 역할을 했다. 하지만 1994년 복귀한 엔초 프란체스콜리°와의 주전 경쟁에서 밀려 만족스러운 출전 시간을 얻지 못하는 나날이 계속되었다.

그러던 중 1996년 코파리베르타도레스 우승과 올림픽에서의 활약이 전환점이 되었다. 이탈리아 도전에 나선 크레스포는 파르마에서 젊은 지도자 카를로 안첼로티의 모험에 동참했다. 당시 파르마는 팀의 중심이었던 잔프랑코 졸라를 팔고, 젊은 선수들을 대담하게 선택했다. 18세의 골키퍼 잔루이지 부폰이 골문을 맡았고, 릴리앙 튀람과 엔리코 키에사도 활약했다.

이런 분위기에서 스트라이커로 보강된 선수가 바로 크레스포였다. 안첼로티 아래서 크레스포는 공격 콤비 키에사와 함께 득점을 양산하면서 상대 수비진을 허물었다. 1996년부터 2000년까지 80골을 기록하는 대활약을 했지만, 재정난에 빠진 파르마를 떠나야 했다.

2000년 크레스포는 로마 인기 클럽인 라치오로 이적했다. 하필 그 시점에 숙명의 라이벌 AS로마가 피오렌티나의 바티스투타를 영입하는 바람에, 아르헨티나 대선배와 경쟁해야 했다. 라치오에서 26골로 득점왕을 차지했지만 잦은 부상에 시달렸다. 2년 뒤 이적한 인테르나치오날레에서는 크리스티안 비에리를 돕는 임무를 맡았다. 최대 라이벌이었던 바티스투타가 이탈리아 무

°**엔초 프란체스콜리** | 마른 체형과 화려한 테크닉으로 '엘프린시페(왕자)'라는 애칭을 얻었던 우루과이의 레전드 포워드

대를 떠나자 크레스포는 새로운 도전을 찾아 프리미어리그로 날아갔다.

이적 당시 첼시에서 지휘봉을 잡았던 클라우디오 라니에리 감독은 크레스포를 중용했다. 하지만 차기 감독인 조제 모리뉴가 다른 선수를 선택하는 바람에 그는 이탈리아 무대로 복귀하기로 했다. 은사 안첼로티와 재회(임대)한 밀란에서 크레스포는 최고의 경기력을 되찾을 수 있었다. 그 후 모리뉴의 요청으로 첼시에 복귀해 2005-06시즌 프리미어리그 우승컵에 입을 맞췄다.

이후 인테르와 제노아를 거쳐 사랑하는 파르마로 복귀했다. 크레스포가 '세상에서 가장 사랑하는'이라는 수식어를 붙이는 클럽에서 화려했던 현역 생활을 마감했다. 바티스투타의 후계자로서 기대를 받으며 세계적 클럽에서 활약하긴 했지만, 한 클럽에서 안정적으로 머물지는 못했다. 2006년 월드컵에서는 후안 로만 리켈메와 좋은 호흡을 보였지만 8강에서 개최국 독일에 승부차기로 패했다. 크고 작은 부상도 대표팀 은퇴를 재촉했다.

크레스포는 파르마 유소년 코치로 지도자 생활을 시작했다. 당시 클럽은 재정난이 극심해서 샤워실 온수가 나오지 않을 정도였다고 한다. 2015년에는 모데나 감독으로 부임했지만 성과를 내지 못해 9개월 만에 해임되었다. 친정 파르마의 부회장 겸 홍보대사로 잠시 일하다가 고국 아르헨티나에서 일선 현장에 복귀했다. 반필드에서의 두 번째 감독 도전도 참담한 결과°로 끝났다.

지도 능력을 의심받던 크레스포는 데펜사에서 처음 호평을 받았다. 데

°**참담한 결과** | 2019-20시즌 개막 초부터 1승 1무 3패로 부진해 9개월 만에 해임되었다.

펜사 팬들은 창단 첫 코파수다메리카나 제패에 열광했다. 클럽은 젊은 감독의 게임모델을 신뢰함으로써 위업을 뒷받침했다. 크레스포가 우승컵을 획득하리라고 예상했던 이가 거의 없었기에 성취감은 더 컸다.

'가짜 풀백'을 활용하는 빌드업 전술

브라질 강호 상파울루°에서는 다채로운 빌드업으로 눈길을 끌었다. 백 3 전술을 바탕으로 골키퍼를 적극적으로 빌드업에 관여하도록 했다. 골키퍼의 양옆에는 센터백 2명이 서고, 중원을 향하는 종패스가 전진의 열쇠가 되었다. 크레스포는 미드필더 로테이션을 통해 종패스 줄기를 만드는 접근법을 선호했다.

앵커와 센터하프가 나란히 서서 종패스를 받았다. 한쪽 윙백이 가짜 풀백°°처럼 중앙으로 흘러드는 패턴도 준비하는 등 빌드업이 매우 유연했다. 백 4처럼 센터백 2명을 골키퍼의 양쪽에 세우고 남는 센터백 1명은 풀백 자리에 위치한다. 이렇게 독특한 포지셔닝 덕분에 풀백이 자유롭게 움직일 수 있다.

상대가 맨투맨으로 압박해 들어온다고 가정해 보자. 중원의 앵커가 수비라인까지 내려와 상대 압박을 유인한다. 그리곤 앵커가 있던 자리로 다른 동료가 이동해 압박을 우회한다. 윙백으로 좌우 폭을 확보하면서 중앙 영역의

°상파울루 | 2021년 2월에 2년 계약을 맺었으나 10월 사임했다.
°°가짜 풀백 | 펩 과르디올라의 전술. 풀백이 중앙으로 이동해 미드필더처럼 기능하는 메커니즘이다.

포지션 체인지를 동시에 구사하는 패턴이다. 백3 앞에 미드필더 1명, 그 앞에 공격수 4명을 세우는 3-1-4-2 포메이션이다.

라치오의 시모네 인자기가 애용하는 포메이션과 닮았는데, 실제로 크레스포는 친정의 경기를 자주 관전한다고 한다. 측면 전개는 미드필더와 센터백이 담당한다. 심플한 백패스 또는 중앙 쪽에서 원투 패스 연결을 준비한다. 데펜사 시절에는 선수 개개인의 기량 부족을 잘 짜여진 포지셔널 플레이로 만회해 실적을 남겼다.

윙백이 중앙 쪽으로 드리블해 상대 압박을 회피하는 전술 패턴도 흥미롭다. 윙백과 윙어가 측면 앞뒤로 서는 상태가 시작점이다. 센터백이 윙백에게 볼을 보내면 중앙 미드필더가 내려와 원래 있던 영역을 비운다. 그러면 윙백이 그 자리로 드리블해 들어가고, 센터백과 앵커가 양쪽에서 돕는다. 수비 라인과 횡패스를 주고받으면 중앙 영역에서 자유로운 빌드업이 가능해진다.

여기서 프리 상태가 된 선수가 하프스페이스에서 기다리던 공격수에게 전진 패스를 보내는 공격 패턴이다. 기본 틀은 백3 앞에 미드필더 1명을 두는 '3+1 빌드업'이다. 리스크를 줄이면서 공격적인 플레이가 가능해진다. 상대가 센터백 3명을 강하게 압박하면 롱킥으로 전진한 뒤에 상대 진영에서 하이프레스로 볼 탈취를 노린다.

좀 더 공격적 옵션인 '3+2 빌드업'도 있다. 여기에서도 미드필드의 포지션 체인지가 기본이다. 앵커가 왼쪽 윙백 포지션으로 흘러간다. 비운 자리로 공격수 1명이 내려와 빌드업의 기점 역할을 한다. 윙백 위치로 이동했던 앵커는 드리블로 다시 중앙 쪽으로 볼을 운반해도 된다. 이런 포지션 체인지는 상대를 교란한다. 윙백 자리에 들어간 선수는 넓은 양쪽 측면을 활용할 수 있어 상대가 압박을 시도할 가능성을 없애는 것이 '2+3 빌드업'의 포인트다.

크레스포의 빌드업 전술은 골키퍼의 관여도가 높고 후방 인원수가 적기 때문에 아무래도 상대 압박을 초래하기 십상이다. 위험 부담이 큰 방법이기에 크레스포는 선수들의 전방 롱패스를 허용한다. 스트라이커를 향하는 롱패스는 빌드업이 막혔을 때 상황을 리셋하는 방법이기도 하다.

이밖에 '2+4 빌드업'도 있다. 공격수 1명을 내려 미드필드 숫자를 늘려 전진하기 쉬운 상황을 만드는 방법이다. 중앙에 서는 2명은 더블볼란치처럼 패스를 받아줄 뿐 아니라 측면 쪽으로 자리를 이동해 패스 줄기를 창출할 수도 있다.

횡 방향 이동을 이용한 수비 무너트리기

크레스포의 팀은 특유의 상대 수비 공략법을 구사한다. 미드필더가 횡 방향으로 이동하는 방법이다. 측면 공격수가 중앙으로 이동하거나 하프스페이스에 있던 선수가 자유롭게 이동한다. 이런 움직임의 핵심은 '상대의 사각에서 움직인다'는 것이다. 예를 들어, 오른쪽 센터하프는 자신 쪽으로 오는 패스 줄기가 막혔을 때, 옆으로 이동해 새로운 패스 코스를 만든다.

이렇게 대담한 움직임을 반복하는 것이야말로 크레스포 축구의 플레이스타일이다. 종 방향 쇄도˚와 잘 조합하면 위력은 배가된다. 하프스페이스에 있던 선수가 뒷공간으로 쇄도해 마크맨을 원래 자리에서 벗어나게 하면 그 공간을 다른 동료가 쉽게 노릴 수 있다. 다이나믹한 쇄도를 반복해서 상대 수비진을 괴롭히는 공격 전술이다.

심플한 패스와 공간 쇄도를 조합해 측면부터 적극적으로 땅볼 크로스를 공급한다. 하프스페이스에서 뒷공간으로 빠져 들어가는 플레이와 드리블 시도를 혼용하면 상대 수비진이 대응하기 어려운 공격을 가할 수 있다. 페널티박스 안에 최대한 많은 선수를 넣어 상대 수비가 봉쇄해야 할 타깃을 정하기 어렵게 만드는 것이다.

수비 방법은 전방 압박을 기본으로 한다. 최대 장점은 센터백 3인과 앵커 1인이 상대의 종패스를 끊는 패턴이다. 4-2-3-1 형태로 기다리고 있다가 홀딩미드필더가 상대 종패스를 인터셉트한다. 센터백이 측면을 커버해야 할 때가 많기 때문에 앵커가 수비 라인에 가담할 책임을 진다.

아탈란타의 잔 피에로 가스페리니 감독이 강점으로 삼는 맨투맨 압박도 있지만, 난이도가 높은 방법이긴 하다. 실제로 데펜사는 하이프레스에 실패하는 장면이 잦아 팀 전체의 위험 관리 능력이 문제로 대두되었다. 이런 부분을 어떻게 개선할 것인지가 크레스포의 향후 성공을 좌우하는 포인트라 할 수 있다.

안첼로티가 레알마드리드의 어시스턴트코치 후보로 크레스포를 고려했을 만큼 둘은 돈독한 사제관계를 유지한다. 크레스포 본인이 스승으로부터 선수를 다루는 요령을 많이 배웠다고 밝히기도 했다. 훈련 기법과 동기

°**종 방향 쇄도** | 더블볼란치는 중앙을 메울 뿐 아니라 측면 방향으로 빠르게 이동해 미끼 역할도 수행한다. 상대를 유인해 종패스 코스를 창출한다.

부여 관리는 모리뉴 스타일을 선호하고, 수비 면에서는 마르셀로 비엘사를 이상으로 여긴다. 현역 시절에 이미 비엘사가 선수들의 능력 최대치를 어떻게 끌어내는지 배웠기 때문이다.

상파울루 도전이 실패로 끝나긴 했지만, 이탈리아 무대에서 쌓았던 특별한 인연을 생각하면 언젠가 세리에A 지도 현장에서 역량을 발휘할 기회를 얻을 수도 있을 것이다.

카를로 안첼로티 파르마와 밀란 시절
사제지간

조제 모리뉴
인테르 시절 사제지간

마르셀로 비엘사
아르헨티나 대표팀 시절
사제지간

시모네 인자기
라치오 경기를 자주 관전

에르난 크레스포

다니엘 파사레야
리버플레이트 시절 사제지간

후안 브란다
상파울루 재임 시절 코치

주의(종축) × 단계(횡축)

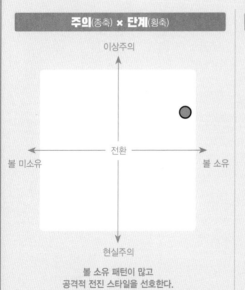

이상주의

전환

볼 미소유 · 볼 소유

현실주의

볼 소유 패턴이 많고
공격적 전진 스타일을 선호한다.

게임모델

젊은 지도자
중에서도 걸출한
빌드업 패턴

많은 곤경을
경험하면서
강해진 정신력

모리뉴로부터
배운 훈련 기법

안첼로티로부터
배운 선수 관리
요령

미래상

마르셀로 비엘사 Marcelo Bielsa

포지셔널 플레이를 기본으로 하는 빌드업은 치밀하게 패턴화되어 있다. 이미지와 창의성을
중시하는 펩 과르디올라보다는 '마르셀로 비엘사의 철저히 조련하는 스타일'을 연상시킨다.
수비에서 철저한 맨투맨을 고집하는 면도 비엘사의 영향이 강하게 드러난다.

35

마르셀로 가야르도

Marcelo Gallardo

리버플레이트 방식을 정립한
남미 최고 유망주

경력 *Career*

국적	아르헨티나
생년월일	1976년 1월 18일

선수 경력(MF)

1992-93~1998-99	리버플레이트(ARG)
1999-2000~2002-03	모나코(FRA)
2003-04~2006-07	리버플레이트(ARG)
2006-07~2007-08	파리생제르맹(FRA)
2008	DC유나이티드(USA)
2008-09~2009-10	리버플레이트(ARG)
2010-11	나시오날(URU)

지도자 경력

2011-12	나시오날(URU) 감독
2014~	리버플레이트(ARG) 감독

지도자 자격증 *License*

UEFA 프로
미소지

UEFA A
미소지

UEFA B
미소지

*남미에서 활동하기 때문에 UEFA 지도자 자격증은 미소지 상태

리버플레이트 역사상 최고의 지도자

부에노스아이레스에서 태어난 마르셀로 가야르도는 어려서부터 디에고 마라도나를 동경했다. 아르헨티나 선수답게 작은 체구에도 뛰어난 드리블 능력을 앞세워 테크니션으로 성장했다. 10세에 이미 지역 클럽에서 실력을 인정받아 명문 리버플레이트로 스카웃되었다. 17세에는 1군 데뷔를 신고하면서 아르헨티나 리그의 주인공으로 맹활약했다. 팬들은 가야르도의 아름다운 플레이에 감탄하면서 '인형el Muñeco'이라는 별명을 붙여주었다. 상대 수비를 가차없이 무너트리는 공격력이 일품이었다.

가야르도의 독특한 드리블 타이밍은 유럽 스카우트의 관심을 모았고, 1999년 프랑스 모나코 이적에 성공했다. 유럽 첫 클럽에서 가야르도는 루도빅 지울리와 호흡을 맞춰 최전방 공격수인 다비드 트레제게에게 도움을 제공했다. 1999-2000시즌에는 리그앙 '올해의 선수'에 선정되는 등 유럽 무대에 완벽히 적응했다. 2004년 친정 리버플레이트의 주장으로 복귀했지만, 여러 가지 문제로 큰 공헌을 하진 못했다.

유럽으로 돌아가기로 한 가야르도는 리그앙의 파리생제르맹을 선택했다. 프랑스에서 한 시즌을 보낸 뒤, 미국의 DC유나이티드로 이적했다. 현역 마지막 클럽은 우루과이의 나시오날이었다. 2010년 합류한 나시오날에서 가야르도는 열정적 플레이로 서포터즈의 사랑을 독차지했다.

아르헨티나 국가대표팀에서는 부상이 잦아 이렇다 할 존재감을 보이지 못했다. 2002년 한일월드컵에서 아르헨티나는 조별리그 탈락에 그쳤는데, 가야르도는 본선에서 벤치만 달구는 굴욕을 당했다. 미미했던 국가대표팀 경력은 선수 본인에게도 현역 최대의 후회로 남았다.

현역 은퇴 선언으로부터 불과 열흘 뒤, 우루과이 강호 나시오날을 이끌던 후안 라몬 카라스코°가 사임했다. 가야르도에게 뜻하지 않던 감독 데뷔 기회가 찾아든 것이다. 며칠 전까지만 해도 동료였던 선수들을 감독으로 지도해야 하는 경험은 그의 가치관까지 크게 흔들어 놓았다. 가야르도는 당시 상황에 대해 "개인적으로 감독 경험치를 빠르게 습득할 수 있었던 시간이었다"라고 회상한다.

다행히 가야르도는 직접 뛰면서 배운 축구에 대한 이해도와 함께 감독에게 요구되는 성품을 겸비한 인물이었다. 2011-12시즌 젊은 감독 가야르도의 지

°후안 라몬 카라스코 | 우루과이 대표팀 감독까지 역임했던 베테랑 지도자

휘 아래 나시오날은 국내 리그를 제패했다. 우승 후, 그는 "감독으로서 어떻게 해나가야 할지를 다시 한번 고심하고 싶다"라는 이유로 감독직에서 물러났고, 2014년 친정 리버플레이트 감독에 부임했다. 예전부터 "언젠가 리버플레이트 감독이 되고 싶다"라고 말해왔으니 꿈이 실현된 것이다.

기술고문으로 일하던 옛 동료 엔초 프란체스콜리가 그를 감독으로 추천했다. 가야르도는 나시오날 감독 시절부터 함께 일했던 어시스턴트코치 마티아스 비스케이, 피지컬코치 마르셀로 투르보비츠를 대동해 친정 리버플레이트에서 새로운 팀을 짰다. 부임 첫 시즌에 리버플레이트는 코파 수다메리카나에서 우승했다. 리버플레이트의 국제 대회 타이틀은 1997년 이후 처음이었으며, 선수와 감독 양쪽으로 해당 대회를 제패하는 첫 사례로 기록되었다.

이때부터 가야르도의 감독 행보는 탄탄대로를 걸었다. 2019년 통산 세 번째 코파수다메리카나 우승을 차지하며 클럽 역사상 최고의 감독이란 찬사를 받았다. 현재 남미 축구계의 젊은 지도자 중에서도 가야르도는 군계일학이다.

바르셀로나°가 이미 에르네스토 발베르데의 후임자로 접촉했을 정도로 명성이 유럽까지 퍼졌다. 펩 과르디올라 감독도 한 인터뷰에서 "선수가 유출되는 상황에서도 일관성 있게 팀을 지도한다. 놀라운 능력이다. '올해의 감독' 후보로 가야르도가 뽑히지 않는다면 이상할 것 같다"라며 극찬했다.

°바르셀로나 | 스페인 언론들은 가야르도가 제안을 거절했다고 보도했다.

자신이 떠나도 전력이 유지되는 시스템을 구축하다

가야르도는 클럽 내 인재를 지속적으로 유럽에 빼앗기는 환경을 젊은 선수 발굴로 대응했다. 리버플레이트는 세바스티안 드리우시와 엠마누엘 맘마나를 제니트상트페테르스부르크로 보내면서 막대한 현금을 챙겼다. 클럽은 이 돈을 유망주 발굴에 재투자했다.

레버쿠젠으로 이적한 에세키엘 팔라시오스도 리버플레이트 출신이다. 가야르도는 이런 정책에 발맞춰 유소년 육성 개혁에 적극적으로 참여 중이다. 리버플레이트는 스카우트 10명을 아르헨티나 각지에 파견해 재능을 놓치지 않도록 확실한 네트워크를 운영한다. 이웃 국가에도 적극적으로 스카우트를 파견한다.

유소년 선수가 1군에서 정착하기 쉬운 환경을 갖출 수 있는 게임모델의 일관성 유지도 중요하다. 이 부분은 가야르도가 직접 요구하는 정책이기도 하다. 클럽 내 모든 연령대 팀에 백4 전술을 동일하게 적용한다. 좌우 풀백에는 공격적인 선수를 기용하고, 미드필더는 기술이 뛰어난 선수의 몫이다. 센터백은 수비 라인을 높게 유지하기 위해 필요한 기동력과 대인 능력을 겸비해야 한다. 가야르도가 직접 유소년 지도자에게 본인이 원하는 게임모델을 상세히 설명한다.

각 연령대 경기를 영상으로 촬영하기 때문에, 1군 코칭스태프는 원하는 시간에 어린 선수들의 플레이를 확인할 수 있다. 아카데미 책임자는 3개월에 한 번씩 1군 코칭스태프에 선수를 추천한다. 가야르도는 "내가 떠나도 팀이 약해지는 일이 발생하지 않는 체제를 구축하려 한다"라고 말하며 시스템 개혁에 적극적으로 임한다.

비엘사의 영향으로 중앙 두께를 중시

전술적으로 마르셀로 비엘사의 영향을 크게 받은 가야르도는 두터운 중앙 배치를 통한 압박을 중시한다. 포메이션은 기본 4-4-2 외에도 4-3-1-2, 4-2-3-1, 4-2-2-2, 4-3-3을 구사한다. 2020년 팔라시오스가 이적하자 3-5-2 전술을 시도하는 등, 선수들의 특성에 맞춰 손에 쥔 카드들을 적극적으로 활용하는 스타일이다.

하지만 어떤 포메이션이라도 중앙 영역을 숫자로 메우는 것이 원칙이다. 4-4-2에서도 양쪽 측면 공격수를 따로 배치하지 않을 때가 많다. 전형의 폭을 확보하는 것은 어디까지나 풀백의 역할이다. 공수 양면에서 가야르도의 팀은 중앙 영역을 촘촘하게 유지한다.

빌드업에서는 짧은 패스로 후방부터 경기를 만들어 가는 스타일을 선호한다. 이때 열쇠는 수비 라인을 돕는 홀딩미드필더 엔소 페레스(1986년생)다. 발렌시아에서도 뛴 적이 있는 페레스는 2017년 리버플레이트에 합류해 팀 전술의 중추 역할을 한다. 베테랑이 중앙에서 빌드업을 정확히 지원하면서 볼을 양 측면으로 전개해 주니, 젊은 공격진은 안정적으로 전방에서 승부를 걸 수 있다.

수비는 촘촘한 중앙 영역에서 볼을 빼앗고, 공격은 측면을 넓게 사용하는 비엘사 축구를 추구한다. 경기 중에 측면을 넓게 사용하는 4-3-3으로 전환하는 것도 패턴 중 하나다. 교체 선수에게 "반대편 측면 공격수가 자유로운 상황이면 그쪽으로 전개할 것"이라고 지시하는 경우가 많다.

남미 최고 감독으로서 명성을 얻은 가야르도는 이미 클럽 레전드로 존경받는다. 머지 않아 유럽 도전°에 나설 가능성이 크다.

°유럽 도전 | 유럽 진출에 대비해 코칭스태프에게 불어 공부를 하도록 지시했다.

관계도

마르셀로 비엘사

아르헨티나 대표팀 시절
사제지간

엔초 프란체스콜리

리버플레이트의 프런트로서
가야르도를 감독으로 추천

펩 과르디올라

가야르도에 대해 호평

마르셀로 가야르도

마르셀로 투르보비츠

피지컬코치로서 가야르도 보좌 중

마티아스 비스케이

코치로서 가야르도 보좌 중

주의(종축) × 단계(횡축)

이상주의

볼 미소유 ← 전환 → 볼 소유

현실주의

양 측면을 넓게 사용하면서
적극적으로 주도권을 쥐는 '비엘사 스타일'이다.

게임모델

선수 특성을
살린 포메이션
선택

적극적인
유망주 발탁

중앙 영역을
지우는 압박

클럽의
미래까지 염두에
둔 시스템 구축

사이드체인지로
속공 개시

미래상

마르셀로 비엘사 Marcelo Bielsa

남미 최고의 젊은 감독이란 호평에 걸맞은 실적을 남겼다.
수비와 공격에서 치밀한 메커니즘을 설계하는 전술 능력을 뽐낸다.
전술 다양성도 마르셀로 비엘사에 필적할 만하다.

가브리엘 에인세
Gabriel Heinze

리베로 시스템을 부활시킨
비엘사의 정통 후계자

경력 Career

국적	아르헨티나
생년월일	1978년 4월 19일

선수 경력(DF)

1996-97	뉴웰스올드보이스(ARG)
1997-98	바야돌리드(ESP)
1998-99	스포르팅(POR)
1999-00~2000-01	바야돌리드(ESP)
2001-02~2003-04	파리생제르맹(FRA)
2004-05~2006-07	맨체스터유나이티드(ENG)
2007-08~2008-09	레알마드리드(ESP)
2009-10~2010-11	마르세유(FRA)
2011-12	로마(ITA)
2012-13~2013-14	뉴웰스올드보이스(ARG)

지도자 경력

2015	고도이크루스(ARG) 감독
2016-2017	아르헨티노스주니어스(ARG) 감독
2017-18~2019-20	벨레스사르스필드(ARG) 감독
2020~2021	애틀란타유나이티드(USA) 감독

지도자 자격증 License

UEFA 프로
미소지

UEFA A
미소지

UEFA B
미소지

*남미에서 활동하기 때문에
UEFA 지도자 자격증은 미소지 상태

명장 메노티의 지원으로 감독 도전을 결심

독일인 아버지와 이탈리아인 어머니° 사이에서 태어난 가브리엘 에인세는 아르헨티나에서 선수 경력을 시작했다. 어릴 때부터 좋아했던 뉴웰스올드

°독일인 아버지와 이탈리아인 어머니 | 금발 외모 탓에 아르헨티나에서 '그링고(외국인)'라는 별명으로 불린다.

보이스에서 프로 경력을 시작했는데, 데뷔 후 얼마 되지 않아 유럽 스카우트의 관심을 모았다. 한 시즌 뒤에 스페인의 바야돌리드로 이적했지만, 첫 시즌 출전 기회를 얻지 못하고 스포르팅에서 임대 생활을 했다.

바야돌리드로 복귀해 팀의 잔류에 공헌했고, 2001년 파리생제르맹으로 이적한 후에는 마우리시오 포체티노°와 함께 수비진에서 호흡을 맞췄다. 파리생제르맹의 완강한 거부로 바르셀로나 이적은 무산되었지만, 2004년 맨체스터유나이티드로 이적해 주전 레프트백으로 활약했다. 2004-05시즌에는 클럽 내 '올해의 선수'로 선출되기도 했다.

2007년 레알마드리드로 이적해 스쿼드플레이어°°로 공헌했고, 이후 로마에서도 활약했다. 선수 생활을 시작했던 친정 뉴웰스로 복귀해 뛰다가 2014년 현역에서 은퇴했다. 현역 시절 에인세는 완성도 높은 선수였다. 빠른 판단과 기술을 바탕으로 상대 공격수를 효과적으로 제압하는 플레이는 일품이었다.

많은 스타플레이어와 함께했던 현역 생활을 정리한 에인세는 모국 아르헨티나에서 지도자 경력을 시작했다. 하지만 결심하기까지는 쉽지 않았다. 마르셀로 비엘사가 마르세유 감독 시절 코칭스태프 합류를 권했지만, 은퇴 후 계획을 세우지 못했던 에인세는 은사의 제안을 고사한 바 있다.

그의 지도자 경력을 적극적으로 추천한 인물은 아르헨티나 레전드인 루이스 메노티였다. 대선배 메노티는 "은퇴 후 평온한 생활을 꿈꾸지 말

°마우리시오 포체티노 | 2001년부터 2003년까지 파리생제르맹에서 뛰었다.
°°스쿼드플레이어 | 당시 레알마드리드에는 센터백에 파비오 칸나바로와 페페, 레프트백에 마르셀루가 포진했다.

고 계속 도전해야 한다. 지금까지 축구로부터 받았던 것들을 돌려줘야 한다"라며 그를 독려했다. 결국 에인세는 아르헨티나에서 제2의 인생을 열기로 했다.

출발 역시 순탄치 않았다. 2015년 고도이크루스에서 감독으로 데뷔했으나 지도자 자격증이 없었던 탓에 문제에 휘말린 끝에 해임되고 말았다. 재기의 기회를 잡은 곳은 아르헨티노스 주니어스였다. 2부로 강등된 아르헨티노스는 신인 양성소로 이름이 높았을 뿐 아니라 전방부터 압박을 가하는 에인세의 축구 스타일과도 잘 맞았다.

팀은 경기 막판까지 거세게 압박을 가했고, 적은 볼터치로 신속하게 공격하는 스타일을 구사했다. 아르헨티노스는 1부 승격이란 최대 목표를 달성했고, 에인세도 지도자로서 한 단계 올라섰다. 벨레스사르스필드의 감독으로 취임해서 코파수다메리카나에 두 번이나 출전했다. 2020년에는 미국 애틀란타유나이티드 감독으로 취임해 처음으로 외국 무대에 도전했다.

대명사가 된 리베로 스타일

에인세 축구의 특징은 '리베로 전술 부활'로 불리는 빌드업이다. 센터백이 원래는 앵커가 맡는 영역으로 오버래핑 전진한다. 미드필더가 수비 라인까지 내려와 포지션 체인지를 반복하면서 센터백을 밀어 올리는 패턴도 활용한다. 팀 발터와 공통점이 많은 '센터백 전진 빌드업'에서 센터백은 드리블 전진뿐 아니라 높은 곳까지 올라가서 패스를 받기도 한다. 상대 압박을 희롱하는 듯한 이 전술은 에인세 전술의 대명사가 되었다.

공간을 사용하는 패턴도 다양하다. 중앙미드필더가 아래까지 내려오는 장면이 자주 보인다. 공격 시 빌드업은 2-3-5와 3-2-5 전형을 기본으로 삼는다. 상대 진영에 공격수 숫자를 늘리고, 포지션 체인지와 공간 쇄도를 이용해 상대를 무너트린다. 상대의 수비 블록이 무너지지 않으면 끈질기게 볼을 점유한다. 센터백과 골키퍼까지 볼을 내리는 선택도 눈에 띤다. 수비 시에는 맨투맨 압박을 최우선시한다. 상대 진영에 남은 공격수들에게도 적극적인 수비 임무를 부여한다. 이런 스타일이 가능한 것은 고강도 훈련이 뒷받침되기 때문이다.

카를로스 테베스가 "에인세야말로 비엘사의 정통 후계자"라고 평가했듯이, 축구 스타일 면에서 비엘사에게 가장 근접했다고 할 수 있다. 에인세의 새로운 도전에 팬들의 눈길이 모이고 있다.

관계도

맨체스터유나이티드 시절
사제지간

알렉스 퍼거슨

마르셀로 비엘사

아르헨티나 대표팀 시절
사제지간

마우리시오 포체티노

파리생제르맹 시절 동료

루이스 엔리케

로마 시절 사제지간

즈데넥 제만

로마 시절 사제지간

디디에 데샹

마르세유 시절 사제지간

니콜라스 파블로비치

벨레스부터 애틀란타까지
함께한 코치

가브리엘 에인세

페드로 마테오 레이바스

스페인 출신 코치,
미국 바르셀로 아카데미 제휴 기관에서
지도자 생활

마리아노 토에틀리

벨레스부터 애틀란타까지
함께한 코치

주의(종축) × 단계(횡축)

이상주의

볼 미소유 ← 전환 → 볼 소유

현실주의

하이프레스와 특유의 빌드업을 적절히 섞어
공격적 전술을 구현한다.

게임모델

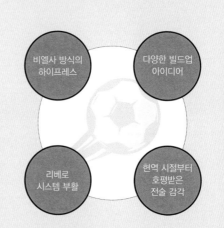

비엘사 방식의
하이프레스

다양한 빌드업
아이디어

리베로
시스템 부활

현역 시절부터
호평받은
전술 감각

미래상

마르셀로 비엘사 Marcelo Bielsa

종 방향 포지션 체인지를 기본으로 하는 빌드업 철학은 독자적 아이디어다.
수비 면에서는 거친 맨투맨 압박으로 '마르셀로나 비엘사의 정통 후계자'라는 평가를 받는다.

현대 축구는 경이적 속도로 진화하고 있어 젊은 지도자들에 대한 수요가 커지고 있다. 이런 환경에서는 무엇보다 폭넓은 경험과 지식의 조화가 중요하다.

율리안 나겔스만은 랄프 랑닉의 철학과 볼 점유를 융합한 축구 철학으로 종합 점수 면에서 타의 추종을 불허하는 지도자로 각광받는다. 더불어 포지션 체인지를 쉼 없이 시도하면서 유동성을 극대화하는 근미래近未來 축구를 실현 중이다. 리버풀의 페페인 레인데르스는 모국 네덜란드와 포르투갈의 축구 철학을 융합했다. 동시에 위르겐 클롭으로부터 압박 전술을 배워 현대 축구가 요구하는 필수 지식들을 흡수 중이다.

위의 두 사례처럼 한 가지 철학에 집착하지 않는 지도자가 필요한 세상이다. 다양한 출신 배경도 성공 요소로 작용한다. 펩 과르디올라가 현역 말년에 이탈리아와 멕시코에서 뛰었던 경험도 지도자의 길과 무관하지 않다. 획일적인 관점만으로는 현대 축구에 적응할 수 없기 때문이다. 어떤 경력을 쌓았는지도 점점 중요해진다.

레드불 그룹이 존재감을 키워 가는 현상도 흥미롭다. 랑닉 철학을 추구하는 레드불 그룹은 재능을 갖춘 젊은 지도자들을 적극적으로 영입한다. 그룹 전체가 공유하는 명확한 게임모델이 존재하기에, 젊은 지도자들로서는 문턱이 낮아진 셈이다.

전 세계에서 우수한 재능을 발굴하는 스카우트 조직과 함께 게임모델에 적응하는 선수를 육성하는 아카데미 투자야말로, 레드불 그룹 내에서 젊은 지도자가 능력을 발휘하기 쉬운 환경을 조성한다. 젊은 지도자들에게 어시스턴트코치로 일할 기회를 지속적으로 부여하는 정책도 의미가 크다.

졸트 뢰브와 다니 뢸이 좋은 사례다. 두 사람은 레드불에서 시작해 랄프 하센휘틀의 팀에서 어시스턴트코치로 일하면서 경험을 쌓았다. 각자 순조롭게 성장하고 있어 장차 유능한 감독 후보로 기대를 모은다.

반면, 시티오브풋볼 그룹은 고전하고 있다. 과르디올라의 후계자를 육성하겠다는 바람과 달리 파트리크 비에라는 프랑스에서 실패를 맛보았다. 미켈 아르테타를 아스널에 빼앗긴 이후, 뒤를 이을 젊은 지도자를 빨리 찾아야 하는 상황이다.

현재의 모습만으로 모든 것을 예측하기는 어렵다. 이 책에서 다루지 않은 어떤 지도자가 갑자기 톱레벨로 뛰어오를 수도 있다. 하지만 현재 주목받는 젊은 지도자는 몇 년 뒤의 축구계를 예측할 수 있는 참고자료가 되기에 충분하다.

유키 코헤이